SCRIPTURE WINDOWS

성경을 여는 창

비블리오 드라마로의 초대

피터 핏젤 지음
고원석 옮김

한국장로교출판사

SCRIPTURE WINDOWS
Towards a Practice of Bibliodrama

by
Peter A. Pitzele, Ph. D.

Translated by
Won Seok Koh

English Edition © 1998 Peter Pitzele Published by Torah Aura Productions
Korean Edition © 2016 by Publishing House The Presbyterian Church of Korea

All rights reserved. No part of this book may be reproduced or transmitted in any form or by any means, electronic or mechanical, including photocopying, recording, or by any information storage or retrieval system, without permission in writing from the publisher. For information, address Torah Aura Productions, 4423 Fruitland Avenue, Los Angeles, CA 90058.

Publishing House
The Presbyterian Church of Korea
Seoul, Korea

비블리오
드라마로의
초대

감사의 글

내게 비블리오드라마의 도구를 전해 준 모레노 여사(Zerka Moreno)에게,
내게 비블리오드라마의 문을 열어 준 랍비 스티브 쇼(Steve Shaw)에게,
내게 비블리오드라마의 방법을 보여 준 리프카 월튼(Rivkah Walton)에게,
내게 비블리오드라마의 언어를 보여 준 리사 골드버그(Lisa Goldberg)에게
심심한 감사의 뜻을 표합니다.

그 무엇에도 설파당하지 않고 깨어지지도 않고 세월과 함께 낡아지지도 않으면서 성경은, 마치 이 땅 위의 모든 영혼에게 속한 것인 양, 모든 인간에게 모든 시대를 통하여 쉽게 자신을 내어 주고 있다. 그것은 모든 언어로, 모든 시대에 말한다. 온갖 예술에 공헌을 하면서도 그것들과 겨루지 않는다. …… 2천 년의 세월이 흐르는 동안 읽고 조사했지만, 인류는 그 완전한 의미를 밝히는 일에 아직 성공하지 못하고 있다. 오늘에도 여전히 성경은 우리에게 낯설고 여전히 파악되지 않았다. 마치 우리가 아직 읽기를 시작조차 못한 듯이.

—아브라함 요수아 헤셸, 「사람을 찾는 하느님」 중에서*

*번역은 이현주 역, 「사람을 찾는 하느님」(한국기독교연구소, 2007), 300쪽을 따랐다.

차례

옮긴이의 초대글 / 08
지은이의 초대글 / 12

서문 : 비블리오드라마 맛보기 / 21
Ⅰ부 : 짧은 형태의 비블리오드라마 / 37
    1장. 비블리오드라마의 용어 / 38
    2장. 첫 걸음 / 78
    3장. 장면의 구성요소 / 114
Ⅱ부 : 긴 형태의 비블리오드라마 / 153
    4장. 본문 선택과 준비 / 154
    5장. 웜업 / 172
    6장. 연기 1 : 접근성 / 194
    7장. 연기 2 : 주제 / 218
    8장. 종결 : 놀이를 끝내다 / 278
    9장. 성찰 / 286
    10장. 비블리오드라마의 유익 / 298
Ⅲ부 : 부록 / 307

에필로그 : 비평 / 338
감사의 글 / 342

옮긴이의 초대글

"다시는 성경을 똑같은 방식으로 읽지 않으련다."
(앨리샤 오스트리커, 시인)

시대가 변함에 따라 교육의 형태에도 큰 변화가 일고 있다. 현대 사회는 교육이 지식 전달의 기능을 넘어서서 사고하는 방식, 소통하는 능력, 공감하는 경험을 길러 주기를 바라고 있다. 신앙교육도 이제는 신앙의 규범을 지식으로 전달하는 것이 아니라 하나님에 대한 경험을 기억하고 새로운 체험을 불러일으키는 교육이 되어야 한다. 성경을 새롭게 읽어 나갈 수 있는 기회를 기독교교육은 제공해야 한다. 비블리오드라마는 이러한 신앙교육의 한계를 극복하고자 최근에 등장한 성경학습 방법이다.

비블리오드라마의 특징을 짧게 언급한다면, 첫째, 비블리오드라마는 성경에 대한 체험교육을 지향한다. 학생들을 이야기의 긴장 속으로 몰입케 한 후 다양한 개인적 입장을 드러냄으로써 교사가 제시하는 해답이 아니라 성경말씀에 대한 자기 체험과 깨달음에 이르게 한다. 둘째, 비블리오드라마는 교육의 전인적 측면을 고려하여 감성과 침묵, 몸의 언어에 귀 기울이는 교육이다. 셋째, 비블리오드라마는 즐거움(유희)을 지향한다. 비블리오드라마에 참여하는 학생들은 자신이 느낀 바를 자유롭게 표현할 수 있기 때문에 놀이하듯 즐겁고 많은 웃음을 자아낸다.

「비블리오드라마로의 초대」는 이러한 비블리오드라마의 특징을 생생하게 드러내고 있는 책이라고 감히 말할 수 있다. 지은이 피터 핏젤은 유태계 미국인으로서 하버드 대학에서 영문학을 전공(Ph. D.)했고 오랫동안 문학과

드라마를 대학에서 가르쳤다. 심리극의 창시자 야콥 모레노(Jacob Moreno)의 미망인 젤카 모레노(Zerka Moreno)와 20년 이상 심리극 활동을 함께했던 아버지의 영향에 힘입어 일찍부터 심리극에 친숙했던 핏젤은, 이 심리극 활동을 통해 생동감 있는 성경공부의 가능성을 발견하게 되었고, 이러한 과정 속에서 유럽을 중심으로 활발하게 진행되어 왔던 비블리오드라마의 영역에 관심을 가지며 자신의 활동영역을 전환하게 되었다.

그러나 성경공부의 심리극적 요소의 한계를 느낀 핏젤은 심리극 요소를 최소화하는 대신 유대 전통의 성경 해석 방식인 미드라쉬(Midrash)를 현재의 성경 읽기에 접목시킨 독자적인 비블리오드라마, '비블리오로그'를 개발하게 되었다. 비블리오로그는 2000년 9월 독일의 세게베르크(Segeberg)에서 열린 학술대회 "미드라쉬로서 비블리오드라마"에서 핏젤 자신이 소개하면서 학계에 알려지게 되었다. 핏젤은 뉴욕 유니언 신학교 교수와 미드라쉬 연구소장을 역임했으며, 대표 저서로는 *Our Fathers' Wells : A Personal Encounter with the Myths of Genesis*(1995), 「비블리오드라마로의 초대」(*Scripture Windows : Towards a Practice of Bibliodrama*, 1998) 등이 있다.

「비블리오드라마로의 초대」의 특징을 간략하게 언급하도록 하겠다.

1. 「비블리오드라마로의 초대」는 비블리오드라마를 실제적으로 익힐 수 있는 책이다. 현재 국내에 출판된 비블리오드라마 전문 서적으로는 크론도르퍼(B. Krondorfer)의 「비블리오드라마」(황헌영·김세준 옮김, 2008)와 마르틴(G. M. Martin)의 「몸으로 읽는 성서」(손성현 옮김, 2010)가 있다. 이 두 권의 책은 비블리오드라마가 무엇인지를 이해할

수 있는 훌륭한 책이지만, 주로 이론적-학문적 차원에서 설명하고 있기 때문에 비블리오드라마의 실제적인 과정을 파악하기에 어려움이 있다. 비블리오드라마 초보자들이나 신학과 철학 등의 학문적 소양을 갖추지 못한 사람들이 내용을 파악하는 데도 적지 않은 노력을 필요로 한다. 하지만 「비블리오드라마로의 초대」는 비블리오드라마에 대한 이론적 틀을 소개하는 것뿐만 아니라, 비블리오드라마의 실제적인 요소와 구체적인 사례까지 묘사하고 있어서 구체적이고 입체적인 차원에서 비블리오드라마가 무엇인지 파악할 수 있다.

2. 「비블리오드라마로의 초대」는 비블리오드라마 초보자와 전문가들 모두를 고려한 책이다. 본서는 초보자가 비블리오드라마를 익힐 수 있도록 비블리오드라마의 용어와 과정, 주요 기법에서부터 설명을 시작하고 있다. 동시에 이 책은 비블리오드라마 전문가가 비블리오드라마 디렉터로서 갖춰야 할 전문적 능력과 기법을 꼼꼼하게 설명하고 있다. 「비블리오드라마로의 초대」는 초보자에게는 비블리오드라마에 대한 기초적인 지식을, 전문가에게는 비블리오드라마 디렉터가 간직해야 할 전문적 소양을 제공하는 책이다.

3. 「비블리오드라마로의 초대」는 기독교교육 현장을 고려하고 있는 책이다. 교육현장의 상황에 따라 비블리오드라마를 활용할 시간이 다르다는 것을 고려한 지은이는 Ⅰ부에서는 짧은 형태의 비블리오드라마를, Ⅱ부에서는 긴 형태의 비블리오드라마를 구분해서 설명하고 있다. 교육현장에 따라 성경학습에 긴 시간을 할애할 수 있다면 Ⅱ부의 내용

을, 짧은 시간만을 할애할 수밖에 없는 현장에서는 Ⅰ부의 내용을 살펴본다면 현장에 맞게 비블리오드라마를 활용할 수 있을 것이다.

마지막으로 이 책이 출판되기까지 수고해 준 많은 분들께 감사의 마음을 표하고자 한다. 먼저 비블리오드라마에 대한 연구의 시발점을 제공한 김세준 박사께 감사를 드린다. 김세준 박사와의 만남이 있었기에 비블리오드라마에 대한 연구를 시작할 수 있었고, 이 책의 번역에까지 이르게 되었다. 이 책의 번역본이 나오기까지 도움을 준 제자, 이지현, 김은혜, "비블리오드라마 교육연구소 : 놀래 그래" 연구원, 손인원, 계흥규, 송미영, 도용정, 이사라에게 고마움을 표한다. 아울러 번역 초기 과정에서 도움을 준 문지혜, 장영선, 조민정, 최희진에게 고마움을 표한다. 끝으로 이 책의 번역 출판을 흔쾌히 허락해 준 한국장로교출판사 사장 채형욱 목사님과 책의 편집과 출판 과정에서 꼼꼼히 수고해 준 정현선 국장, 이슬기 과장, 그리고 한국장로교출판사의 모든 직원들에게 깊은 감사의 마음을 전한다.

다음세대의 신앙교육에 관심을 갖고 있는 이 땅의 모든 분들을 감히 "비블리오드라마"로 초대하고자 한다. 모쪼록 「비블리오드라마로의 초대」가 한국 기독교교육의 도약을 위한 마중물이 되기를 기대한다.

2016년 9월
서울 아차산 기슭에서
고원석

지은이의 초대글

"비블리오드라마를 통해 예수 그리스도 만나기"

비블리오드라마가 유대인들과 그리스도인들의 성경에 널리 활용되고 있는 지금, 이런 질문이 생긴다. 유대교의 비블리오드라마와 기독교의 비블리오드라마에는 어떤 차이가 있을까? 다시 말해서, 기독교적 비블리오드라마만이 가지고 있는 특징은 무엇일까? 이 물음에 대답하기 위해 하나의 이야기를 나누고 싶다.

나는 아주 오래전에 미네소타 주(州) 세인트 폴(St. Paul)에 있는 루터교 신학교에서 신약성경을 가지고 비블리오드라마 세미나를 인도했던 경험이 있다. 이 세미나에 참여한 학생들은 설교학 수업을 듣는 십여 명의 신학생들이었다.

나는 요한복음 1 : 29~42을 펼쳐 들었다. 이 본문은 자기 형제 안드레로부터 메시야를 만났다는 말을 들은 시몬이 예수를 만나 베드로란 이름을 얻게 되는 이야기이다. 먼저 나는 1 : 29~34을 읽었다. 이 본문에서 세례 요한은 예수를 "세상 죄를 지고 가는 하나님의 어린 양"이라고 증언하고 있다. 세례 요한의 말을 들은 사람들 중에 제자 안드레가 있었다. 이어서 다음 구절(35절 이하)을 읽었다. "다음 날 요한이 다시 자기 제자 두 사람과 같이 서 있다가, 예수께서 지나가시는 것을 보고서, '보아라,' ……"

이 순간 본문을 읽던 나는 세례 요한처럼 팔을 들어 오른편의 빈 공간을 가리켰다. 나는 요한복음의 말씀을 읽어 나갔다. "보아라, 하나님의 어린 양이다." 그때 한 젊은 여학생이 내가 가리키는 곳을 보는 순간, 그녀의 눈에는 금세 눈물이 고였다.

나는 그녀의 눈물에 신경을 쓰지 않았다. 대신에 나는 참여자들을 안드레의 역할로 초대했다. 그리고 그가 예수께서 머무시는 장소에 갔을 때(1 : 39), 무엇을 보았는지 살펴보도록 했다. "안드레, 당신이 거기서 본 것은 무엇이었나요?"

이어서 나는 안드레에게 물었다. "왜 당신은 형제 베드로에게 가고 있나요?"(1 : 40-41). 그러면서 우리는 형제간의 관계를 알아보기 위해, 그리고 무엇 때문에 시몬이 결국 안드레와 함께 예수란 분을 만나러 가기로 결정했는지 살펴보기 위해 시몬의 역할을 연기했다. 마지막에 내가 베드로에게 물었다. "베드로라는 이름이 당신에게 어떤 의미인가요?"(1 : 42)

세미나를 마친 후에, 나는 눈물을 글썽였던 여학생에게 비블리오드라마 과정 중에 무엇을 느꼈는지 물었다. 그 여학생은 내가 손을 들어 올려 가리킨 그곳에서 예수님을 보았다고 말했다. 심지어 내게 이야기하는 그 순간에도 그녀의 눈은 반짝이고 있었다.

이것은 거의 30년 전의 일로, 그 이후에도 나는 예수를 등장시킨 비블리오드라마에서 눈물을 흘리는 경우를 셀 수 없을 만큼 경험했다. 그 눈물은 마음의 눈물, 기독교의 심정에서 우러나온 눈물이었다. 그것은 기독교 전통, 가정, 신앙교육, 그리고 개인적인 열의를 통해 준비되었던 것이다. 사람들은 예수를 살아 있는 사랑으로 경험했던 것이다.

신약성경에서 예수 그리스도라는 존재에 비할 것은 아무것도 없다. 물론 나는 유대 공동체에서 비블리오드라마를 진행하던 중 눈물을 흘리는 경우를 많이 보았다. 구약성경은 여러 면에서 인간적인 비통함을 가지고 있는 책이다. 즉, 성경에는 형제간의 상처와 노예로서의 억압과 해방, 상실과 비애가 있다. 사람들이 성경 인물의 입장이 되어 그들의 고통스러운 이야기에 참여할 때, 사람들은 공감과 동일시의 눈물을 흘린다. 구약성경의 인물들은 우리와 똑같은 사람들이다. 기독교인들이 구약성경을 함께 공유할 수 있는 이유는 성경이 가지고 있는 휴머니즘과 감성 때문이다. 이 휴머니즘적 감성은 사람들의 마음을 열어 함께 고통스러워 하고, 또 함께 위로를 얻는다.

하지만 예수가 지녔던 아우라, 2,000년 이상 기독교 역사를 통해 이어져 온 예수의 성스러움은 기독교 비블리오드라마 실천가들에게 특별한 기회를 제공한다. 비블리오드라마는 예수를 생동감 있게 대면할 수 있는 기회를 주기 때문이다. 사람들은 예수의 입장이 되는 과정에서 마음이 새롭게 열리는 경험을 하게 된다.

예수와 관련된 비블리오드라마의 또 다른 사례를 여러분에게 소개하려고 한다.

나는 복음주의 교회의 강단에 선 적이 있다. 그 교회 목회자가 나를 초대해서 비블리오드라마 형식의 설교를 부탁하였기 때문이다. 우리가 선택한 본문은 요한복음 11 : 35, "예수께서는 눈물을 흘리셨다."라는 짧은 구절이었다.

요한복음 11장의 내용을 다시 들려준 뒤에, 나는 회중에게 말했다. "여러분들도 아시다시피, 본문에는 예수께서 왜 눈물을 흘리셨는지 나타나지 않습니다. 어떤 사람은 예수께서 나사로에 대한 사랑 때문에 눈물을 흘렸다고 말합니다. 어떤 사람은 왜 예수께서 나사로를 고쳐 주시지 않았을까 궁금해 합니다. 그리고 또 하나의 의문이 여기 남아 있습니다. 왜 예수께서 눈물을 흘리셨을까요? 이 물음에 대답하기 위해, 나는 여러분을 예수의 역할로 초대하려고 합니다. 마리아와 마르다의 형제인 나사로가 죽었다는 소식을 방금 들었습니다. 우리는 당신이 눈물을 흘렸다는 이야기를 들었습니다. 왜 그랬지요? 왜 당신은 눈물을 흘렸지요? 당신의 눈물에 대한 이야기를 들려 주지 않겠습니까?"

침묵이 흐른다. 나는 초대의 말을 전한 뒤, 회중을 침묵 가운데 두곤 한다. 이런 침묵은 아주 유익하다. 이 시간은 회중에게, 특별히 비블리오드라마에 익숙하지 않은 사람들이나 예수의 입장에서 답변할 말을 찾고 있는 사람들에게 시간을 제공하기 때문이다. 이제 그들이 대답을 시작하고, 예수의 눈물 속에 감춰진 의미를 발견한다. 공감의 눈물, 개인적 상실의 눈물, 회한(悔恨)의 눈물, 인간적 연약함의 눈물. 이 눈물은 예수의 인간성, 우정, 외로움을 표현하고 있다. 이렇게 다양한 목소리를 통해 다양한 눈물의 의미가 드러난다. 이렇게 예수와 동일시를 통해 두 번째 경험이 이루어진다.

마지막으로 예수를 비블리오드라마 속으로 초대할 수 있는 세 번째 가능성이 있다. 이것은 대면(encounter)을 통해서다. 예를 들어 마가복음 10 : 13, 어린아이들을 예수께 데려온 사람들의 이야기를 살펴보도록 하자.
본문에 따르면, 제자들은 어린아이들이 다가오는 것을 막으려고 한다. 하지만 예수께서는 그런 제자들을 꾸짖으신다. 나는 참여자들로 하여금 어린아이들을 데리고 온 무리들 중 한 사람이 되게 하였다. 그리고 그들에게 "왜 당신은 아이들을 데리고 왔나요? 무엇을 바라는 것이죠?"라고 물었다. 그리고 나서 사람들에게 제자의 역할을 연기하도록 부탁하며 "왜 당신은 그 사람들이 예수에게 가까이 오는 것을 막으려고 했나요?"라고 물었다.
이제 장면을 연기할 준비가 끝났다. 난 참여자 중 한 사람에게 어린이의 역할을, 그리고 다른 사람에게는 제자의 역할을, 또 다른 사람에게는 어른의 역할을, 마지막으로 다른 한 사람에게 예수의 역할을 연기하도록 부탁했다. 그들이 자신의 역할에 몰입할 수 있도록 본문에 등장하는 다양한 등장인물들과 인터뷰를 나눈 뒤, 나는 어린이에게 "네가 예수께 어떤 식으로 다가갈 것인지 보고 싶구나."라고 말했다. 어린이 연기자가 예수께 다가가기 시작했다. "네가 예수께 말하고 싶은 것이 있다면 듣고 싶구나." 그러자 어린이 연기자가 예수께 말하기 시작했다.

이제 예수 연기자에게 어린이의 말에 반응하도록 요청했다. "예수님, 이 어린이에게 한마디 해 주세요."

이런 식으로 대면은 시작된다. 거기에는 다른 어린이들도 있을 수 있고, 예수의 역할을 맡아 대면을 경험하고자 하는 다른 사람들도 있다. 이렇게 예수는 생동감과 교감이 있는 모습으로 현재화한다.

이제 처음 질문으로 돌아가 보자. "유대교적 비블리오드라마와 기독교적 비블리오드라마에는 어떤 차이가 있을까?" 간단히 대답을 한다면, 그 차이는 예수 그리스도다. 능숙한 디렉터는 예수를 무대 위로 초청할 수 있을 것이다.

모두가 알다시피, 유대인들은 예수를 메시야로 받아들이지 않는다. 구약성경의 이야기는 다양한 사람들과 예언적 인물로 가득하지만, 그들 중에 메시야의 권위를 가지고 있는 사람은 한 사람도 없다. 아브라함이든 예레미야든, 사라든 미리암이든, 구약성경에 등장하는 남녀 인물 중 메시야란 존재하지 않는다. 그들이 아무리 성인(聖人)이라 하더라도 그들은 어디까지나 인간에 불과하다. 그들은 인간의 사랑과 실패, 성공에 대해 잘 알고 있다. 오직 하나님 한 분만이 유대인들에게는 절대적으로 거룩한 분이다. 그래서 나는 이 책에서 하나님을 등장시키는 특별한 비블리오드라마 접근방법에 관해 적어 놓았다.

아내 수잔(Susan)과 내가 함께 개발한 성경학습은 여러 이름으로 불렸다. 1980년대 초반에 역할극을 방법론으로 수용하여 개발한 우리의 작업을 '성경 심리극'이라고 불렀다. 이 작업을 유대 공동체에 활용했을 때 우리는 이 성서적 놀이(biblical play)를 '현대판 미드라쉬'라고 불렀다. 미드라쉬는 주석과 스토리텔링을 결합시킨 고대 유대의 해석 전통을 기록한 것이다.

그 후 우리는 이 작업에서 심리극의 심리치료적 차원을 제거하고 '비블리오드라마'라고 불렀다. 최근에는 우리의 작업을 유럽에 소개하면서 '비블리오로그'(Bibliolog)라고 불렀다. 그때 이미 유럽에서는 성서 해석의 한 방법으로 '비블리오드라마'라는 이름이 정착된 상황이었기 때문이다. 이 책은 독일어와 핀란드어, 러시아어와 히브리어로 번역되었다. 그리고 이제 고원석 박사의 열정과 노고에 힘입어 한국어로 번역되었다.

비블리오드라마가 하나의 운동(movement)으로 확산되고 있는 상황을 보면서, 우리는 굉장한 어떤 놀라움을 금할 수 없다. 현재 전 세계 수만 명의 사람들이 이 책과 우리의 비블리오드라마 모델을 활용하고 있다. 여전히 문맹인들이 많은 남아프리카 줄루(Zulu)에서조차 이제 성경을 비블리오드라마를 통해 학습하고 있다. 비블리오드라마는 뉴욕의 전통 유대인들에서부터 캘리포니아의 그리스도인들에게까지, 또 미네소타의 가톨릭 교인들에서부터 함부르크의 루터교 목회자들에게까지 교파를 초월해서 활용되고 있다.

비블리오드라마는 세계 각처 다양한 신앙 전통 속에서 수행되고 있는 신학 교육의 일부분이 되었다. 폴란드와 이스라엘에서는 종교 간의 대화를 위해 활용되기도 하고, 수감자들을 위해 사용되기도 한다. 성경이 전파되는 곳마다 비블리오드라마도 전파되고 있다. 이러한 비블리오드라마의 확산이 한국에서도 계속 이어지기를 바란다.

2016년 9월

피터 핏젤(Peter Pitzele)

서문
비블리오드라마 맛보기

수업이 진행되고 있는 모습 : 15명의 성인들로 구성된 성경공부반 학생들이 모여 앉아 에덴 동산 이야기를 읽다가 다음 구절에 이르게 되었다.

> 그래서 주 하나님은 그(아담)를 에덴 동산에서 내쫓으시고, 그가 흙에서 나왔으므로, 흙을 갈게 하셨다. 그를 쫓아내신 다음에, 에덴 동산의 동쪽에 그룹들을 세우시고, 빙빙 도는 불칼을 두셔서, 생명나무에 이르는 길을 지키게 하셨다(창 3 : 23-24, 새번역).

나는 학생들에게 이 에피소드에 대한 생각을 나누는 대신, 우리가 이 이야기 속으로 들어가서 그것을 연기하자고 제안하였다.

"이 장면을 '드라마'라는 측면에서 바라봅시다. 하나님을 떠나야 하는 이 순간에 하와는 무슨 말을 하고 싶을까요?" 학생들은 이미 이런 수업방식을 경험했기에 고개를 끄덕이는 것으로 내 의견에 동의해 주었다. "이제 자신을 이야기 속의 하와라고 상상해 봅시다. 하와, 당신은 지금 어떤 기분이 드나요?"
참여자들은 한 명씩 손을 들어, 하와의 마음을 대변하려고 했다.

하와 1 : "난 하나님에게 배신감을 느낍니다. 그분의 기만과 이중성, 저주에 화가 납니다. 내가 다시 하나님을 신뢰하기까지는 꽤 오랜 시간이 걸릴 것 같아요."

하와 2 : "쫓겨난 것은 당연하지만 나는 여길 떠나고 싶지 않아요. 그래서 방황하기도 하고 숨기도 했어요. 그러다가 뒤를 돌아보았죠. 내가 아는 모든 것들이 여전히 남아 있더군요."

하와 3 : "그런데 말이죠, 이 이야기에서 하나님은 '아담을 내쫓았다'라고 되어 있는데, 나에 대해서는 아무 이야기도 없어요. 여기서도 나는 투명인간 같은 신세지요. 언제나 모든 것이 하나님과 아담 간의 일이거든요."

하와 4 : "바로 그 점이 중요해요. 그러니까 난 쫓겨난 게 아니에요. 고향을 그리워하고 우울해하는 건 바로 아담이라고요. 나는 선악과를 먹고 싶었던 것만큼이나 이곳을 벗어나고 싶은 욕구로 가득해요. 에덴에서는 내가 할 수 있는 게 아무것도 없어요. 아무런 미래가 없어요. 항상 아담과 하나님 중심이었으니까요. 하지만 저 바깥세상에는 내가 할 수 있는 일이 무궁무진할거예요."

디렉터 : "그래서 당신은 어떤 기분이 드나요?"

하와 4 : "흥분되는군요. 힘과 가능성이 느껴져요. 내 안에서 무엇인가 꿈틀거리고 있어요. 내겐 목적이 있어요. 난 '모든 생명체의 어머니'가 될 거예요. 그게 바로 내가 해야 할 역할인 거죠."

하와 5 : "내게 물으신다면, 그다지 나쁜 거래는 아닌 것 같아요."

누군가 이렇게 덧붙였다. 한 남자가 손을 들고, 하와가 되어 말하기 시작했다.

하와 6 : "내 생각엔 훨씬 더 잘됐다고 생각해요. 어쩌면 난 에덴을 진짜 떠난 게 아니에요. 정말 추방당한 사람은 아담이에요. 아담은 이곳에서 살아간다는 것이 어떤 기분인지를 다시는 느끼지 못할 거예요. 아담은 완전히 추방되지만, 제 자신의 일부는 여전히 이곳에 남아 있어요. 제 일부는 다시 돌아올 수 있죠. 에덴은 엄마의 배 속과 같아요. 에덴은 내 안에도 있죠."

아담 1 : "제가 아담을 대신해서 말해도 될까요?"

다른 참가자가 물었다.

디렉터 : "물론이죠."

아담 1 : "하나님의 저주는 나를 향하고 있습니다. 하나님은 하와를 내쫓지 않으셨어요. 그런데도 그녀는 나를 따라서 떠나고 있습니다. 왜 그러는 걸까요?"

하와 7 : "내가 선택한 일이니까요."

디렉터 : "왜 그 일을 선택하셨죠?"

하와 7 : "내가 원하는 일이었거든요. 나는 나가서 당신과 함께 살고 싶었어요. 우리는 함께 창조되었잖아요. 당신이 어떻게 생각할지 모르겠지만, 우리가 한 몸이라는 사실은 부정할 수가 없죠."

아담 1 : "난 당신 때문에 우리가 에덴 동산을 잃어버렸다고 생각했어요. 그래서 화가 났죠."

하와 7 : "그러니까 난 동산에 나를 위한 공간이 어디에도 없다는 사실에 화가 났어요. 우리 두 사람을 위한 공간도 없었죠. 항상 당신과 하나님뿐이었으니까요."

디렉터 : "그래서 당신이 일부러……."

하와 7 : "글쎄요, 그보다는 뱀에게도 책임을 물어야 할 거예요."

디렉터 : "그나저나 뱀은 지금 어디에 있을까요?"

"여기요!" 그들 중 한 학생이 의자에서 바닥으로 장난스럽게 내려오면서 말했다.

"당신도 우리와 함께 떠날 건가요?" 하와가 물어보았다.

"뱀은 문제만 일으킬 거예요." 아담이 말했다. "당신은 하나님께서 '원한'과 '상처'에 대해서 뭐라고 말씀하셨는지 들었잖아요."

"글쎄요." 뱀이 말했다. "당신은 하나님이 이것을 먹으면 죽는다고 당신에게 하셨던 말씀을 들었잖아요? 그런데 당신들은 여전히 이렇게 살아 있다고요."

"이해할 수가 없군요." 아담이 정말로 당황한 모습으로 말했다. "당신 말은 하나님을 신뢰해서는 안 된다, 그런 말인가요?"

뱀이 말했다. "하나님과 함께 있으면 인간은 사물에 대한 감각을 믿지 못하게 된다고 할 수 있겠지요. 세상은 눈에 보이는 것과는 완전히 다르니까."

"우리, 뱀도 데리고 같이 가요." 하와가 말했다. "나중에 필요할 때가 있을 것 같아요."

비블리오드라마란 무엇인가?

아주 간단하게 설명하자면, 비블리오드라마는 성경에 나오는 인물을 연기하는 역할극이라 할 수 있다. 드라마에서 연기할 인물은 성경에 직접 등장하는 경우(아담 또는 하와)도 있고, 이야기를 읽으면서 상상력을 동원하여 그 존재를 추측할 수 있는 경우(노아의 아내, 또는 아브라함의 어머니)도 있다. 비블리오드라마에서 사람들은 목소리나 행동으로 구체화할 수 있는 특정 대상이나 이미지(에덴 동산의 뱀이나 모세의 지팡이)를 연기하기도 한다. 또 특정한 공간(요단강이나 시내산)이나 영적인 존재(천사, 하나님, 사탄)가 말을 하거나, 전설 속의 존재들(릴리스[역자주 : 유대 전설에 나오는 아담의 첫 아내로, 하와에게 쫓겨났다.] 또는 소돔의 음란한 다섯 판사)이 등장하는 경우도 있다. 그리고 다양한 관점에서 작업하기 위해 역사상의 인물들(필로, 어거스틴, 마이모니데스[역자주 : 유대 철학자이자 의사, 1135 - 1204])을 등장시키기도 한다. 우리는 역할극을 통해 이들의 존재와 생각을 상상하고, 그것에 생명을 불어넣을 수 있을 것이다.

그런 점에서 비블리오드라마는 드라마의 형태를 띤 해석학이다. 히브리 전통과 연관 지어 표현한다면, 비블리오드라마는 미드라쉬(Midrash)의 한 형태라고 말할 수 있다. 미드라쉬는 고대 말기 랍비들의 성경 해석 작업과 밀접한 관계를 맺고 있는, 하나의 산물인 동시에 과정을 지칭하는 단어다. 랍비들은 성경 읽기 활동을 강화시켜 주는 재담(才談)이나 비유, 익살을 통해 성경을 해석하고자 하였다. 미드라쉬는 '탐색하고 연구하다'라는 히브리 어원에서 유래한다. 미드라쉬는 기록된 문서(text)의 의미와 그 안에 담긴 통찰을 살펴봄으로써 우리의 이해를 풍성하게 하고, 성경과 깊은 관계를 맺도록 돕는다. 하지만 더 넓은 의미에서 미드라쉬는 그 이후의 시대, 그리고 우리가 살고 있는 시대까지 확장된다. 이를 좀 더 자유로운 관점에서 보면, 미드라쉬는 움직임, 노래, 시각 예술, 그리고 드라마와 같은 행위를 수용함으로써 문서 해석의 영역을 넘어선다. 이러한 행위들은 선조들이 전통적으로 했던 것과 마찬가지로 성경 이야기 속에 담겨진 의미를 조명하는 데 큰 도움을 준다.

왜 비블리오드라마인가?

우리 시대에는 종교와 성경에 큰 관심을 가지고 있는 세 집단이 있다. 첫째는 신앙적으로 독실한 사람들이다. 그들에게 성경은 의심할 수 없는 영역이자, 교리와 율법, 그리고 도덕적 의무를 충당하는 공급원이다. 둘째는 교수들과 학자들이다. 그들은 대부분 성경을 문학, 고고학, 정치, 사회, 그리고 역사의 현안을 내포하고 있는 거대한 문집(文集)으로 보고, 이 종교적 텍스트를 연구하고 가르치는 데 일생을 헌신한다. 마지막으로는 작가, 예술가, 시인, 연기자, 음악가와 같이 창의성을 가진 사람들이다. 그들은 유대-기독교 문화에서 배출된 창조적인 작품을 통해 영감을 얻으려 한다.

그러나 성경은 이미 여러 세대를 지나면서 위에서 언급한 세 집단을 제외한 일반 대중에게 본래 의미를 잃어버리고 있다. 성경 속 이야기와 이미지들이 여전히 우리의 몸속을 흐르고, 우리의 꿈을 사로잡고 있는데도 말이다. 일반교양을 갖춘 사람들은 말할 것도 없고, 소위 '영적으로 깨어 있는 사람들'(the spiritually awakening)이나 '영적으로 갈급한 사람들'(the spiritually hungry)의 대부분도 성경을 자신들의 삶을 위한 자양분이나 이정표로 삼지 않는다. 그들은 성경을 자기 영혼의 거울이나 창으로 보지 않는다.

우리의 대중문화는 신화와 영혼을 자주 언급하지만 물려받은 전통을 확인하거나, 진정으로 갈급한 영혼이 깃들어 있는 신화를 재발견하도록 이끌지 못한다. 현대의 지도자나 영성 전문가는, 전문적인 설교나 종교 사역에 종사하고 있지 않더라도 인간의 경험과 감정의 원형(archetypes)을 발견하기 위해 성경을 읽는다. 경험과 감정의 원형은 우리 선조들이 고민했던 문제(의미)와 질문에 연결시켜 주기 때문이다. 우리는 '가부장제'와 '제도 종교', 그리고 우리의 과거에서 벗어나려고만 하지, 성경 속의 옛 인물들이 여전히 우리의 모습과 기원, 그리고 나아가야 할 방향을 말해 준다는 사실을 알지 못한다.[1]

그렇다고 해서 내가 여기서 성경이 우리 문화 속에 자리매김해야 한다는 것을 강조하려는 것은 아니다. 나는 신앙공동체나 학교, 학원, 신학교 혹은 가정에서 어린이나 어른에게 성경을 가르치고자 하는 사람들을 위해 이 글을 쓰고 있다. 상황에 따라 다르겠지만, 독자 여러분들은 더 이상 성경의 가치를 받아들이지 않는 사람들에게 성경을 가르치고 있다. 우리는 성경을 유일한 최고의 법전(the great code)이며, 최고의 도덕적·영적 교재이자, 문학 교육의 필독서라고 생각했던 믿음에 더 이상 의존할 수 없게 되었다. 성경의 가르침을 받았던 사람들이 가지고 있던 성경에 대한 권위와 존경심은 가장 전통적인 신앙 속에서만 찾아볼 수 있을 뿐이다. 교회나 회당에서 거처를 잃어버린 성경은 유랑하고 있으며, 이제 교회의 승인이 없이 그 정당성을 입증해야 한다.

성경은 이제 과거의 위대한 문학과 같은 운명에 처해 있다. 성경은 공격받고 있다기보다는 아예 무시되고 있다. 사람들은 성경에 아무런 관심이 없고, 성경을 봐야 하는 이유를 알려고 하지 않는다. 결과적으로 성경은 어느 때보다 교사를 더 기다리고 있다. 이제는 성직복, 랍비의 설교, 박사 학위, 저서 목록 등에 의존하던 비중이 줄었으며, 미래에는 더 그러할 것으로 예측된다. 앞으로 성경은 해박하면서도 열정적인, 학구적이면서도 재치가 있는, 그리고 책과 현실 모두에서 지혜를 얻는 교사를 필요로 할 것이다. 성경을 격하시키지 않으면서 우리에게 현실감을 불러일으키고 잠에서 깨움으로써 성경을 생명력 있는 이야기로 만들 수 있는, 그래서 우리를 압도할 수 있는 교사를 원할 것이다. 성경을 사랑하는 사람들은 새로운 방식을 배우고, 새로운 언어를 터득하고, 새로운 발걸음을 내디뎌야 한다. 우리가 이렇게 하지 못한다면, 성경은 결국 광신자를 양산하는 데 그치고 말 것이다.

비블리오드라마는 성경을 가르치는 도구이자 학습 공동체를 만드는 특별한 도구다. 비블리오드라마는 브로드웨이에서 펼쳐지는 전위극(아방가르드) 같은 성경 해석의 역할을 수행한다. 전위극이 고전 드라마를 대체할 수 없었던 것처럼, 비블리오드라마 역시 전통적인 성경공부를 대체할 수 없다. 하지만 성경을 가르치기 위해 새로운 도구를 찾는 환경에서라면 비블리오드라마가 적격이다.

비블리오드라마의 시작

비블리오드라마는 예상하지 못했던 상황에서 시작되었다.

1984년 봄, 나는 사무엘 클락스브룬 박사(Dr. Samuel Klagsbrun)의 초청으로, 그가 목회심리학 교수로 있던 유대 신학교(Jewish Theological Seminary)에서 가르치게 되었다. 나는 이 제안에 두려움을 느끼면서도, 도저히 거절할 수가 없었다. 이 제안이 두려웠던 이유는 내가 당시 유대교에 대한 특별한 지식이 없기도 했고, 또 신학교 자체의 권위가 주는 두려움도 있었기 때문이다("당신은 도대체 누구십니까?"와 같은 질문이나 조소 말이다). 하지만 클락스브룬 박사가 나의 상사였다는 것보다는 그가 내 멘토이자 친구였기 때문에 마음처럼 그의 제안을 거절할 수 없었다. 그가 부탁한 수업은 리더십에 관한 것이었는데, 학생들은 이 수업을 목회자의 삶을 체험할 수 있는 소중한 기회로 여기고 있었다.

긴장할 만큼 긴장해 있던 나는 두 가지 기술로 무장하고 신학교 수업에 임했다. 첫 번째로 나는 영문학 박사였기에, 최소한 글을 신중하게 읽는 법을 알고 있었다. 그리고 두 번째로 훈련된 사이코드라마 치료사로서 사람들을 역할극 경험에 참여시킬 수 있는 기술을 가지고 있었다. 이 수업에서 나는 급히 이 두 가지 능력을 결합시킬 수밖에 없었다. 이 수업에서는 모세의 이야기에 집중하여 리더로서 모세가 고난 가운데 느꼈을 어려움에 초점을 맞추었다. 학생들은 모세의 리더십을 보여 준다고 생각하는 사건을 선택했다. 나는 그들에게 모세의 입장이 되어 내 질문에 대답하도록 했다.

그날은 나의 생애에서 가장 긴 시간이었다. 그러나 너무나 놀랍게도 학생들은 신화적인 리더를 인간적인 관점에서 바라보고, 그의 갈등과 고뇌를 탐색해 보는 경험이 매우 유용하고 흥미로웠다고 말해 주었다. 그들에게서 나는 꾸밈없는 열정을 느낄 수 있었다.

나는 이때 처음으로 '미드라쉬'라는 말을 듣게 되었다. 미드라쉬는 성경에 대한 해석, 스토리텔링, 그리고 해석학적 상상력에 대한 방대하고 오래된 전통이었다. 그리고 미드라쉬는 이야기 안에 있는 공백을 메우고, 성경의 모순과 불연속성을 설명해 주며, 현재의 삶에 적용점을 찾으려 했다. 비교적 최근까지 미드라쉬 연구는 역사학자들에게 한정되어 있었으나, 현대에 접어들면서 미드라쉬를 오늘날에도 여전히 유의미한 성경 해석의 한 형태로 보는 견해가 생겨났다. 그 후에 알게 된 사실이지만, (그리고 자료를 읽으면서 더 확신하게 되었다.) 미드라쉬에는 특별한 민담적 요소가 들어 있었다. 이것은 현재까지도 이어져 오고 있는 구전 및 문학 전통에 속하는 것으로, 성경을 아주 신선하게 바라볼 수 있게 해 준다. 사실 난 이것을 알지 못한 채, 수천 년 동안 성경과 지속적으로 나눴던 대화에 발을 들여놓게 된 것이다.

이것을 시작으로 내 사역의 새로운 장이 펼쳐졌다. 나는 다시 다른 수업에 초청되어, 그곳에서 다시금 역할극을 이용해 성경 이야기를 다양한 차원에서 탐색했다. 그리고 읽고 또 연구하기 시작했다. 나는 다원적이고 상호적인 해석학적 놀이(극)에 점점 빠져들게 되었다. 다른 사람들과 함께 연기하고 가르치는 경험을 가질 때마다 새로운 기회를 얻을 수 있었다. 몇 년에 걸쳐서 나는 회당과 교회, 신학교, 수업, 수련회나 치료 집단으로부터 본문과 드라마 사이에서 춤추는 법을 시연해 달라는 요청을 받곤 하였다. 이러한 공간에서 나는 관객들이 지닌 다양한 수준의 지식과 참여의지, 다양한 연령대와 배경, 성경과의 친숙함, 그리고 존경의 정도, 관찰, 개방성, 기타 등등을 고려하여 이 책에서 설명하려고 하는 비블리오드라마 형식을 완성하였다.

이 책의 구성

「비블리오드라마로의 초대」(*Scripture Windows*)는 영어권 청중을 대상으로 성경 중심의 비블리오드라마 혹은 미드라쉬적 비블리오드라마의 실제를 설명한 첫 시도다.[2] 이 책의 저자라는 점 때문에 오해가 있을 수 있겠지만, 나는 이 기법을 개발한 사람이 아니다. 이미 다양한 현장에서 다양한 전문가들이 비블리오드라마를 실천하고 있다. 그러므로 비블리오드라마를 체계화할 수 있는 완벽한 방법이란 없다. 비블리오드라마는 본질적으로 창의적인 요소를 가지고 있으며, 여기에 참여하는 이들의 목적과 긴밀하게 연관되어 있다. 더 많은 사람들이 비블리오드라마를 접하게 되고, 자신들의 재능과 청중에게 비블리오드라마를 접목시켜 갈수록 비블리오드라마 형식은 건강한 방식으로 발전해 갈 것이다. 이 책의 부제를 "비블리오드라마를 위한 지침서"[역자주 : 원서의 부제는 "Towards A Practice of Bibliodrama"다.]라고 명명하게 된 것도 비블리오드라마가 특정인이 아닌 누구에게나 가능한 예술이자 영역이라는 것을 알리고 싶었기 때문이다. 물론 나의 작업 역시 시간이 지남에 따라 계속 변화하고 있다.[3]

「비블리오드라마로의 초대」는 비블리오드라마를 경험하고, 그것에 대해 더 알고자 하는 독자를 상상하며 집필하였다. 독자들은 비블리오드라마가 성경과 드라마의 이차원적 요소를 가지고 있지만 더 다양한 형태의 이해를 기대하며 이 책을 읽기 바란다.

이 책에서 나눌 비블리오드라마는 창세기와 출애굽기에서 예문을 취했다. 비록 해석은 다를지언정, 이 이야기들은 유대인, 기독교인, 그리고 때로는 무슬림도 공유하는 내용이다. 이 책에서 사용할 예문을 정하기 위해 나는 이 세 가지 전통 모두에서 관심을 보일 만한 자료를 찾아보았다. 대체로 나의 상황이 유대 공동체에서 이루어졌기 때문에 본서에서 제시하는 예문에는 유대적 환경이나 맥락이 담겨 있다. 그러나 비블리오드라마는 그 맥락에만 한정되지 않는다.[4]

또한 전반부에 등장하는 예문은 성경의 여성 인물에 초점을 맞추고 있다. 이것은 이중적인 이유 때문이다. 첫째, 페미니스트 성경 비평가들이 우리에게 이야기하듯이, 성경에는 남성적 성격이 지배적이다. 성경에 대한 우리의 관계를 수정하기 위해서는 텍스트 속에 숨겨져 있거나 무시당했던 여성의 목소리와 경험을 이끌어 내야 한다. 둘째, 비블리오드라마가 페미니스트적 방법론은 아니지만, 페미니스트들은 비블리오드라마를 자신들이 추구하는 성경 해석의 방법으로 차용하고 있다. 따라서 나는 그것이 어떻게 가능한지 적어도 몇 개의 사례를 제시하려고 한다. 긴 형식의 비블리오드라마를 내용으로 하는 이 책의 Ⅱ부는 요셉 이야기를 다루고 있으며, 주로 남성의 모습을 그리고 있다. 이러한 구성은 이 책이 전체적으로 균형감을 잃지 않으려는 의도에서 비롯되었다.

이 책은 전체 3부로 구성되어 있다.
- Ⅰ부 : 짧은 형식의 비블리오드라마를 다루는 Ⅰ부는 세 개의 장으로 나뉜다. 먼저 비블리오드라마의 기초에서 시작하여, 초보자들을 위해 비블리오드라마의 대화 기법과 구성 기법에 관해 살펴보았다. 이를 위해서 나는 몇 가지 개념과 용어들, 그리고 공통의 언어(어휘)를 소개하고, 비블리오드라마의 기법과 전략을 이해하도록 하였다. 특히 Ⅰ부는 훈련(discipline)에 대한 기초를 다지고 비블리오드라마에 대해 간략하고 함축적인 예문을 다양하게 제시함으로써, 이 활동이 얼마나 큰 즐거움과 풍성함을 제공하는지를 맛보게 할 것이다. 비블리오드라마를 어떻게 시작해야 하는지 빠르게 확인하고자 하는 사람들은 Ⅰ부를 읽는 것으로도 충분할 것이다.
- Ⅱ부 : 긴 형식의 비블리오드라마를 다루는 Ⅱ부는 일곱 장으로 구성되어 있다. 여기서는 한 시간 이상 소요되는 비블리오드라마의 세부적인 내용과 분석을 다루었다. 그리고 도움말 형식의 질문들과 비블리오드라마에 대한 나의 생각과 선택, 그리고 이해에 대해서 언급하였다.

- **Ⅲ부**: 부록을 담고 있는 Ⅲ부는 간략한 에세이 형식의 글이다. 비블리오드라마 지도자를 위한 윤리강령과 그들이 고민해야 할 특별한 문제에 초점을 맞추었다.

마지막 작가의 말

비블리오드라마는 심리극, 드라마 치료, 문학 이론, 페미니즘, 그리고 시학(詩學) 등 다양한 학문으로부터 영감과 기법을 가져왔다. 이 지침서를 작성하면서 느낀 것은 비블리오드라마의 특정 기법과 형식에 대한 독자의 관심을 불러일으킬 수 있는 전문 용어가 필요하다는 것이었다. 하지만 비블리오드라마를 위한 용어를 늘어놓다가 정작 비블리오드라마를 가장 유용하게 사용해야 할 사람들이 비블리오드라마를 멀리하게 만들지 않을까 우려되기도 했다. 결국 나는 내가 우려했던 형식화의 길을 피해 가지 못했다. 이것은 나 자신이 싫어하던 형식의 책을 저술하게 되었다는 인생의 모순이라고 할 수 있겠다.

이 책이 비블리오드라마의 경험을 대체할 수는 없다. 이 책은 직접적인 훈련과 지도를 통해 이루어진 비블리오드라마를 결코 대신할 수 없다. 「비블리오드라마로의 초대」는 그와 같은 경험을 동반하기 위한 것이지, 그것을 대신하기 위한 것이 아니다. 경험 학습의 기회는 나 자신과 내가 가르친 사람들을 통해 점차 늘어나고 있다. 그러나 아직까지는 비블리오드라마 전문가(Bibliodramatists)를 증명할 방법이 없다. 가르침(word of mouth)과 우리의 신중한 검증만이 최상의 질을 보장하는 방법이 될 것이다.

미주

1. 몇 가지 예를 들어 보자. 먼저 성경의 원형적 이미지를 언급하지 않고도 '영혼'과 '신화'라는 단어를 우리의 문화 속에 포함시키는 데 성공한, 저명한 심리학자 제임스 힐먼(James Hillman)을 들 수 있다. 그리고 수제자인 토머스 무어(Thomas Moore)가 그의 뒤를 이었다. 로버트 블라이(Robert Bly)와 그의 동료 마이클 미드(Michael Meade)는 신화를 통해 동시대 사람들의 시적 상상력을 발전시키려고 했다. 그래서 그들은 훨씬 복잡하고 문화적으로 중요한 성경의 신화 대신 유럽의 동화를 이용했다. 또 현대의 페미니스트들에게 성경은 거의 혐오의 대상이다.
2. 다른 형식의 비블리오드라마에 대해서는 Ⅲ부 '3. 참여자 중심의 비블리오드라마'를 참고할 것.
3. 단어의 표기도 매우 중요한 의미를 지니고 있다. 소문자로 쓰는 비블리오드라마(bibliodrama)는 사이코드라마나 드라마 치료와 같은 액션 메소드를 글쓰기와 결합한 기법을 말한다. 그런 점에서 비블리오드라마는 해석학의 성격을 가지고 있을 뿐만 아니라 창의적인 도구로 활용되곤 한다. 나에게 비블리오드라마의 진정한 모습을 처음으로 보여 준 사람은, 바로 내 아버지 멀린 핏젤(Merlyn Pitzele)이다. 아버지는 1980년 모레노 협회에서 햄릿 연구를 이끌었다. 대문자로 쓰는 비블리오드라마(Bibliodrama)는 액션 메소드를 성경 이야기에 적용하는 방법을 말한다. 나는 이 기법을 1981년 뉴욕 티볼리 시의 요양원에서 예수의 세례 이야기를 연구한 클레어 대니얼슨(Claire Danielssen)을 통해 처음 접하게 되었다.

1984년 결국 나만의 실험을 시작하게 된 후, 나는 로이클리 부부(Samuel & Evelyn Laeuchli)의 '미메시스'(Mimesis) 작업을 떠올렸다. 내가 목격한 미메시스는 그 자체가 비블리오드라마라고 할 수는 없었다. 텍스트를 거의 이용하지 않았고, 텍스트 해석을 목표로 하지도 않았기 때문이다. 그러나 이러한 해석학적 드라마를 해석이 아닌 자기 반영적인 측면에서 살펴본다면, 우리는 동시대의 작품 속에서 드러나는 신화적 드라마의 모습을 충분히 찾아낼 수 있을 것이다. 훗날 '드라쇼드라마'(drashodrama)의 발달과정에 대한 아서 와스코우(Arthur Waskow)의 책을 읽고 나서, 나는 수많은 사람들이 비슷한 문제를 비슷한 방식으로 실험하고 있음을 알게 되었다. 내가 사이코드라마 실습을 바탕으로 어떻게 이 기법을 개발했는가에 대해서는 「우리 조상의 우물」(*Our Fathers' Wells : A Personal Encounter with the Myths of Genesis*, SanFrancisco : Harper, 1995)에 자세히 나와 있다. 내가 아는 영어 서적 중 두 가지 비블리오드라마(Bibliodrama/bibliodrama)의 다양한 모습을 설명하고 있는 책은 비요른 크론도르퍼(Bjorn Krondorfer)의 「비블리오드라마」(*Body and Bible*, 김세준/황헌용 역, 서울 : 창지사, 2008)가 있다.

4. 나는 뉴욕 유니온 신학교로부터 두 번 초청을 받아, 학생들과 함께 비블리오드라마를 통해 복음서를 연구했다. 복음서에 미드라쉬적 특성이 있다고 주장한 존 스퐁 주교(Bishop John Spong)의 최근 저서 「복음의 해방」(*Liberating the Gospels : Reading the Bible through Jewish Eyes*)이 있기는 하지만, 내가 알고 있는 바로는 기독교 문화에는 어떠한 미드라쉬적 전통도 존재하지 않는다. 유니온 신학교에서 내 수업을 들었던 학생들은 평범한 기독교인이 창의적 해석('미드라쉬'라는 이름을 붙일 수 있을 것이다.)을 통해 어떻게 성스러운 이야기와의 접점을 발견하게 되는지를 알 수 있었을 것이다. 비블리오드라마는 아직 이슬람 관객에게까지는 전해지지 않았다.

I부
짧은 형태의 비블리오드라마

1장
비블리오드라마의 용어

비블리오드라마는 성경을 창의적으로 해석하려는 방법으로, 일종의 극놀이와 같다. 비블리오드라마는 나름의 기준을 갖고 있지만, 언제나 새로운 관객들에게 적용할 수 있도록 개방되어 있다. 누가 만들어 가느냐에 따라 비블리오드라마는 다른 모양이 된다. 하나의 정형화된 형태가 있는 것은 아니다. 하지만 성경을 탐구해 나가는 데 있어서 일련의 관례(慣例)라는 것이 있다. 나는 이제부터 그것을 살펴보려고 한다. 1장에서는 비블리오드라마에 대한 개요를 제시하고, 비블리오드라마를 실천할 때 사용하는 용어와 기법을 설명하려고 한다. 이 기법을 설명하기 위해서, 그리고 독자 여러분이 비블리오드라마를 시도하도록 용기를 주기 위해서 나는 많은 사례를 제시할 것이다. 여기 제시한 사례는 내가 수년 동안 지도한 비블리오드라마의 실제 경험에 기초한 것이다.

1. 흰 불꽃

비블리오드라마는 성경을 읽는 방식에서 시작되었다. 우리는 글을 읽을 뿐만 아니라 행간(行間)의 의미를 파악하게 된다. 이러한 읽기 방식이 비블리오드라마를 향한 여정의 출발점이다.

유대 성경 해석 전통 가운데 성경을 흰 불꽃과 검은 불꽃으로 이루어져 있다고 보는 전통이 있다. 검은 불꽃이 종이나 두루마리에 인쇄되거나 손으로 기록된 문자로서 우리가 눈으로 볼 수 있는 것이라면, 흰 불꽃은 검은 불꽃 주변 공간에서 찾을 수 있다. 검은 불꽃은 늘 고정되어 있지만, 흰 불꽃은 변화하는 시간과 불변하는 글 사이에서 영원히 새로운 만남을 통해 타오른다. 검은 불꽃이 우리 모두가 볼 수 있는 정경으로 인정된 부분이라면, 흰 불꽃은 그것을 새롭게 해석할 수 있는 무한한 잠재력을 나타낸다. 비블리오드라마는 검은 불꽃, 즉 검은 글자가 울타리 쳐 있는 본문의 열린 공간에서 일어난다.

비블리오드라마를 지도하기 위해서는 먼저 성경 해석(commentary)에 대해서 배워야 한다. 랍비의 미드라쉬 전통을 연구해야 한다는 말은 아니지만, 확실히 그러한 지식은 우리가 과거와의 대화 속에서 비블리오드라마를 풍성하게 이끌어 갈 수 있는 능력을 제공한다.[1] 미드라쉬 전통 외에도 해석학적 상상력을 개발해야 한다. 예를 들어 아주 무례한 어법으로 쓰긴 했지만 종종 탁월한 시각을 주는 페미니스트의 성경 연구와 이야기를 읽는 것도 큰 도움이 될 것이다.[2] 또 성경 속의 신화를 매우 도발적인 방법으로 재해석한 "에덴의 동쪽"(1955년)과 "십계"(1956년) 같은 영화가 있다. 이러한 자료가 무엇이든지 간에, 해석학적 상상력이 흰 불꽃을 태울 재료를 어떻게 찾아냈는지 구체적인 사례를 살펴볼 필요가 있다. 이러한 연구를 하는 이유는 단지 대가(大家)로부터 무언가를 배우기 위한 것이 아니라, 우리의 상상력을 자유롭게 하고, 당신 자신에게 본문을 꾸미고 장식할 것을 허용하며, 새로운 해석을 만들어 내고, 다른 사람도 그렇게 하도록 격려하기 위함이다. 책을 항상 통째로 읽어야 하는 것은 아니다. 때로는 시 한 구절이 창의력의 문을 열기에 충분하다.

나는 로렌스 쿠쉬너(Lawrence Kushner)의 「빛의 강」(The River of Light)이란 책에서 소돔이 멸망하기 전 아브라함을 찾아온 손님들의 이야기(창 18 : 7 이하)에 대한 미드라쉬를 읽은 적이 있다. 성경 본문은 아브라함이 손님을 대접하기 위해 "집짐승 떼가 있는 데로 달려가서, 기름진 좋은 송아지 한 마리를 끌어다가, 하인에게 주니, 하인이 재빨리 그것을 잡아서 요리하였다."라고 말한다. 쿠쉬너는 "집짐승 떼가 있는 데로 달려가서"와 "송아지 한 마리를 끌어다가" 사이에 해석의 공간을 펼친다. 아브라함이 "집짐승 떼가 있는 데로 달려가서" 좋은 송아지를 선택하였는데, 그 송아지가 도망쳐 버렸다. 아브라함은 그 짐승을 쫓아갔다. 달아나던 송아지가 동굴 안으로 들어갔다. 아브라함은 송아지를 따라가다가 동굴의 깊은 곳으로 들어가게 되었다. 아브라함은 동굴의 끝에 구멍이 있는 것을 보고 그곳을 들여다보다가 에덴 동산을 보았다. 그는 동굴 우묵한 곳에서 아담과 하와의 무덤을 보았다. 그제야 그는 송아지를 "끌어다가" 장막으로 돌아갔고, "하인에게 주었다". 아브라함은 그 장소를 잊지 않았다. 후에 사라가 죽고 나서, 아브라함은 헷 족속과 이 땅을 흥정하고, 사라의 묘지로 구입하였다. 아브라함과 그의 후손도 그곳에 안장되었다. 그 동굴의 이름이 막벨라였다.[3]

나는 이 글을 처음 읽었을 때의 놀라움을 지금도 여전히 느낄 수 있다. 이 미드라쉬의 공상적이고 파격적인 이야기는 나의 해석학적 에너지를 방해할 수 있는 모든 것으로부터 나를 자유롭게 했다. 성경 해석에 대한 이 하나의 창을 통해서 나는 해석의 영역이 광대하고, 자유롭고, 무궁무진하다는 것을 알게 되었다. 거기서 나는 수천 년 동안 이어져 온 해설과 발견의 역사에 동참할 수 있었다. 이미 깊은 통찰력을 가지고 성경을 읽으면서 업적을 기록한 사람들이 많이 있었다. 하지만 여전히 새로운 발견을 위한 공간은 남아 있다. 나는 이 책을 대변하는 표어로, 아브라함 요수아 헤셸(Abraham Joshua Heschel)이 성경에 대해서 쓴 말을 인용하고자 한다.

> "우리는 성경을 2천 년이 넘게 해석하고 연구했지만 그 뜻을 제대로 파악하지 못하고 있다. 그래서 여태껏 아무도 건드리지도, 들여다보지도, 읽어 보지도 않은 것처럼 보인다."

나는 성경 본문에 대한 창의적 해석을 접하면서 같은 본문을 나만의 시각으로 바라볼 수 있었다. 그렇다고 학식을 갖춘 학자나 비판적인 문학 평론가가 될 필요는 없었다. 내가 성경을 읽으면서 얻게 되거나, 비블리오드라마에서 이끌어 내고자 했던 해석의 수준은 아주 평범했다. 그것은 사람들이 성경에 대해서 질문하고 답하는 방식에 기초한 것이고, 어린아이라도 할 수 있는 것이다. (나는 비블리오드라마를 하면서 어린이가 종종 어른보다 더 날카롭게 질문하고 대답하는 것을 발견했다.) 언제나 나는 전직 문학교수로서 성경을 대했지, 단 한 번도 창조주와 함께 창조사건으로 초청된 적은 없었다. 나는 햄릿에 대해서 많은 것을 알고 있다. 그러나 나 자신의 독백 연기가 셰익스피어 비평의 적합한 방식이라고 말한 사람은 아무도 없었다. 그런데 여기 셰익스피어의 작품보다 더 신성한 책인 성경이 있다. 그리고 참여하는 방식의 창의성을 인정하는 해석 전통이 있다.

그러므로 비블리오드라마는 창의적으로 성경을 읽는 능력과 함께 시작한다. 비블리오드라마는 성경의 이야기가 남겨 놓은 틈과 공간을 발견하고,

그것을 채울 방법을 상상하는 독자의 마음에서 시작한다.

이런 방법으로 글을 읽는다면 그 속도가 떨어질 수밖에 없다. 당신은 마치 카메라로 찍는 것처럼 본문의 단어를 살펴보고 서술하게 된다. 그리고 이야기가 구체적으로 말하고 있지 않은 세부적인 것을 무의식적으로 채우는 방법을 알게 된다. 당신은 빈 공간을 채울 수 있는 다양한 방법을 상상하기 시작한다. 이야기의 틈과 공간에 대해 질문하기 시작하는데, 그것을 통해 그 여백이 제공하는 해석의 가능성을 깨닫게 되기 때문이다. 예를 들어 다음 구절을 보자.

> 여자가 그 나무의 열매를 보니, 먹음직도 하고, 보암직도 하였다. 그뿐만 아니라, 사람을 슬기롭게 할 만큼 탐스럽기도 한 나무였다. 여자가 그 열매를 따서 먹고, 함께 있는 남편에게도 주니, 그도 그것을 먹었다 (창 3 : 6, 새번역).

읽는 속도를 느리게 하자마자 '따 먹다'라는 동사가 여자가 어떻게 땄는지 알려 주지 않는다는 것을 알게 되었다. 여자는 열매를 어떻게 따 먹었을까? 재빠르게? 조심스럽게? 낚아채듯이? 슬그머니? 은밀하게? 신중하게? 감탄하며? 이러한 부사는 '따 먹다'라는 동사의 의미에 영향을 미치고, 그에 따라 여자와 그 행위도 달라진다. 수식어가 없다면 '먹다'라는 동사의 의미는 크게 변하지 않는다. 여자는 어떻게 먹었을까? 손으로 열매의 무게를 달아 보았을까? 코에 대고 냄새를 맡아 보았을까? 겉을 핥아먹었을까? 조금씩 야금야금 먹었을까? 한 입에 열매를 다 먹었을까? 아담을 위해 신선한 열매를 골랐을까? '먹고'와 '주니' 사이의 공간은 어떠한가? 아담은 어디에 있는가? 여자가 아담을 찾거나 아담에게 다가가는 데 시간이 얼마나 걸렸을까? 여자가 그저 아무 말 없이 아담에게 열매를 내밀고, 아담은 바로 그것을 받아먹었을까? 둘 사이에 대화가 있었을까? 그렇다면 어떤 말을 주고받았을까? 장면에 집중하다 보면 세부적인 것 위에 또 세부적인 것을 더하면서, 기록된 이야기 안에서 이야기를 하기 시작한다. 흰 불꽃이 타오르기 시작한다. 이 장면을 세부적으로 상상하면 성경의 이야기가 얼마나 많은 것을 남겨 놓았는가를 깨달을 수 있다.

대부분의 독자들은 성경에 대한 이러한 질문이 낯설게 느껴질 것이다. 어떤 사람들은 사이비 같다고 말할지도 모른다. 당신의 종교적 성향이나, 종교교육의 배경에서는 성경을 이런 식으로 생각해 본 적이 전혀 없을 수도 있다. 그런 식의 상상이라면 못할 것이 무엇이란 말인가? 여기서 성경모독에 대한 문제가 발생한다.

이 문제에 대해 내가 할 수 있는 유일한 대답은, 성경에 대한 평이하고 순진하며 단순한 반응에 의문을 제기하면서 우리를 더욱 깊고 입체적인 영역으로 안내하는 놀라운 해석이 존재한다는 점이다. 성경이 거룩한 책으로서 권위를 유지할 수 있는 것은 그 권위가 전혀 의심받지 않아서가 아니다. 오히려 성경이 제기하는 의문점이 우리 삶의 가장 중요한 이슈를 이끌어 가는 권한이 있기 때문이다. 우리는 이것을 발견하며 매우 기뻐하고 놀라워할 것이다. 하와가 선악과를 먹은 이야기는 결국 유혹, 불순종, 용기라는 주제와 함께 엮여 있는 이야기이다. 우리는 우리의 삶에 있는 이러한 문제를 분명히 알고 있다. 그리고 아마 하와에 대한 드라마를 상상하면 자기 자신을 더 잘 이해할 수 있을 것이다.

2. 주석에서 비블리오드라마로

주석(exegesis)은 성경 본문에 관해서 말하는 방법이다. 거기에는 문학적 · 역사적 · 신학적 방법 등이 있지만, 모두 3인칭 단수 시점으로 이루어진다는 공통점을 갖고 있다. 책에서든 교실에서든 예배당에서든 화자(speaker)는 본문 밖에 머물고 있다. 주석가는 성경 본문의 주변을 배회하며 주석을 달거나, 분석하고, 생각한다. 그것은 나와 그것의 관계(I to It)이다. 본문은 이미 말한 것 외에는 다른 목소리를 내지 않는다.

반면, 비블리오드라마에서는, 나와 너의 관계(I to a Thou)로 본문을 대한다. 우리는 근본적으로 성경 이야기에는 본문이 말하고 있는 것보다 더 많은 삶과 목소리가 존재한다는 사실을 전제하고 있다. 이야기를 읽는 우리는 그것을 살아 있는 존재로 받아들이게 된다. 성경에 있는 이미지와 인물에게 직접 말을 건다. 본문이 직접 자신의 목소리로 대답해 줄 수 있는 것처럼 본문에게 질문을 한다. 주석에서 비블리오드라마로의 이동은 본문이 목소리를 가지고 내게 대답할 때 일어난다. 이러한 대답은 독자가 이야기 속으로 들어갈 때 생긴다. 이야기 속으로 들어간다는 것은 독자가 이야기 속의 인물이 되는 것, 곧 성경의 인물에 대해서가 아니라, 그 인물이 되어 말하는 것이다. 그 인물의 이야기를 내 이야기인 것처럼 상상하고 말하는 것이다. 비블리오드라마에서는 수동적인 독자가 능동적인 참여자가 되어 역할을 맡는다.

독백(voicing)

비블리오드라마는 성경에 등장하는 인물과 사건을 기록된 내용을 넘어서는 차원까지 깊이 있게 고려한다. 성경을 살아 있는 역사이자 인간의 이야기로 대하기 때문이다. 비블리오드라마에서 이야기는 여전히 살아 숨 쉬는 존재다. 등장인물들의 미래는 정해져 있지 않으며, 성경 속 등장인물이나 이미지, 또는 특정 대상에 대해 궁금한 사람은 언제든지 질문할 수 있다. 우리는 성경 속 인물을 연기함으로써 그러한 질문에 대답하게 된다. 이 역할극에서 질문을 받은 인물이나 이미지는 역할극을 하는 사람의 목소리를 사용해서 대답할 수 있다.

이 책에서 '독백'이라는 용어는 성경 인물대상이 되어 일인칭 시점에서 말하는 것을 의미한다. 독백은 역할극의 한 가지 형태이다. 모든 드라마적 연기가 그러하듯이, 이것 또한 즉흥적인 재연을 통해 이루어진다. 성경 속 인물이 지금–여기에서 말을 하기 시작하는 것이다.

모든 비블리오드라마는 근본적으로 이렇게 간단한 방식을 취한다. 독자는 목소리나 행동을 통해 역할에 몰입함으로써 연기자가 되고, 이야기를 현재형으로 풀어 나간다. 디렉터가 해야 하는 가장 중요한 일은 사람들이 역할에 계속 몰입하여 이야기를 할 수 있도록 도와주는 것이다.

예를 들어, 위에 제시한 하와가 열매를 먹고 아담도 그 열매를 받아먹은 이야기와 관련된 모든 질문에 대해서, 다음과 같은 간접적인 추측을 통해 대답할 수 있다.

"나는 하와가 나무에서 열매를 재빨리 따서 몰래 먹었다고 생각해요."
또는, "나는 여자가 이 순간을 정말 음미했다고 생각해요. 여자는 아주 보기 좋은 열매를 찾기 위해 나무를 살펴보다가, 조심스럽게 줄기에서 따서 코에 대고 냄새를 맡아 보고, 뺨에 대어 느껴 보고, 혀로 핥았어요. 먹기로 결심하고도 서두르지 않고, 그 기쁨을 오래 간직하려고 했어요. 조금은 두려운 마음도 있었기에 머뭇거리면서도 장난스럽게 행동하지 않았을까요?"
또는, "나는 아담이 덤불 뒤에서 여자를 보고 있었다고 생각해요. 여자가 먹자마자 그는 여자에게 가서 손을 내밀었겠죠."

이러한 반응은 상상력과 통찰을 동반하지만 드라마적이라고 할 수는 없다. 적어도 비블리오드라마적 형태로 말하고 있지 않다. 간접적인 표현에 불과하다. 해석자는 인물의 역할 속에 있지 않고, 내용(스토리)도 현재형으로 말하고 있지 않다. 독자 또는 독자의 눈(eye)은 이야기 밖에 서서 그것을 과거의 일로 바라보고 있다. 그러나 같은 질문에 대한 답을 현재형으로, 그리고 드라마적 독백의 형태로 대답할 때, 비로소 비블리오드라마가 시작된다. 예를 들어 보자.

"나는 뱀의 말에 귀 기울인 채 잠시 생각했죠. 그리고 나무를 떠났다가 다시 돌아오기를 여러 번 했어요. 떠났다가 돌아오기를 반복하면서 나는 점점 더 만져 보고 따 보고 맛보고 먹어 보고 싶어졌어요. 하지만 그 일이 어떤 결과를 가져올지 전혀 알지 못했어요. 그러다가 마침내 어느 날 저녁 해가 질 녘에, 나는 그것을 하고 말았어요……."

이 짧은 드라마의 독백을 글로 쓸 때에도 나는 내가 전혀 생각하지 못했던 완전히 새로운 입장에서 말할 수 있게 되었다. 예를 들어, '저녁'이라는 시간은 예상치 못했던 것으로, 목소리 연기를 하면서 떠오른 것이다. 하와로서 나는 다가오는 어둠이 하나님으로부터 나를 가려 주기를 원했다는 것을 깨달았다. 나는 아담에게 은밀히 접근하고 싶었던 것이다.

비블리오드라마의 두 가지 기준인 '역할 연기'와 '현재형 이야기'를 살펴보았다. 위의 사례가 약간 혼란을 줄지도 모르겠다. 사례를 보면, 역할을 연기하고 있지만 과거형으로 말하고 있기 때문이다. 그러나 살아 있는 하와를 기억한다는 점에서 우리는 현재에 머물러 있다고 할 수 있다. 우리는 언제나 이런 질문을 던질 수 있다. "그래요. 하와, 당신은 과거를 회상하고 있군요. 그럼 지금은 어떤 기분이 드나요?" 하와는 과거의 행동을 말하고 있지만, 우리는 언제나 지금 이 순간에 대한 그녀의 말을 듣게 된다. 아마도 그녀의 후회나 수치심을 들을 수 있을 것이다. 아니면 다시 불붙은 흥분된 감정, 고향에 대한 향수, 반항심을 듣게 될지도 모른다. 과거가 어쨌든지 간에, 말로 표현하는 기억은 지금 이 순간에 일어나는 행위이다. 다른 예로 하나님이 잠자는 아담의 갈빗대로 여자를 만드는 순간을 보자.

그래서 주 하나님이 그 남자를 깊이 잠들게 하셨다. 그가 잠든 사이에, 주 하나님이 그 남자의 갈빗대 하나를 뽑고, 그 자리는 살로 메우셨다. 주 하나님이 남자에게서 뽑아 낸 갈빗대로 여자를 만드시고, 여자를 남자에게로 데리고 오셨다(창 2 : 21-22, 새번역).

글을 천천히 읽어 본다면, 우리는 이 글 사이에 다양한 공간이 존재한다는 사실을 알게 될 것이다. 우리는 어디에 있을까? 아담은 깊은 잠을 자면서 꿈을 꾸었을까? 그랬다면, 무슨 꿈을 꾸었을까? 여자가 처음 만들어진 순간에, 여자는 잠든 아담 옆에 깨어 있었을까? 하나님은 여자를 남자에게로 '데리고' 왔다고 하는데, 그렇다면 어디에서 왔을까? 그들이 처음 만난 순간에 그들은 각자 어떤 기분이었을까? 이런 모든 질문이 비블리오드라마의 기초가 된다.

이 사건을 비블리오드라마적인 방식으로 읽으면서, 나는 새롭게 창조된 여자의 관점으로 사건을 바라보았다. 그리고 이야기 속에서 드러나는 것보다 더 심층적인 의식의 차원을 부여했다. 나는 그녀를 지금 이 순간으로 불러왔다. "말해 봐요. 하와, 이렇게 태어나는 순간이 당신에게는 어떻게 느껴졌나요?"

"전 하와라고 해요. 아니, 아직은 하와가 아니지요. 아직 이름이 없어요. 누군가 혹은

"아담과 이브(원죄)"(Adam and Eve)_베첼리오 티치아노(Vecellio Tiziano)

다른 존재가 내게 그 이름을 지어 줄 거예요. 지금 난 그냥 나 자신일 뿐이에요. 숨을 쉴 때마다 내 몸의 안과 밖이 하나가 되는 것을 느끼죠. 나는 내 몸을 흐르는 피가 내는 소리이자, 내 머리 위를 날아다니는 새의 노랫소리예요. 나는 내 피부에 와 닿는 공기이면서 내 심장이 느끼는 기쁨이기도 하죠. 내 입속에서 느껴지는 호흡, 그리고 내 자신에 대한 인식 자체가 곧 나라고 할 수 있어요. 나는 이 향기로운 정원에서 풍겨 나오는 냄새이자, 내 몸에서 나오는 체취와도 같은 존재입니다."

이러한 독백 연기에서 나는 상상력을 사용해서 본문에 들어가고, 그 안에 있는 여자의 모습에 몰입할 수 있었다. 이 순간만큼은 비평가인 독자가 아닌, 창조자인 독자가 되었던 것이다. 나는 가장 직접적인 방식으로 성경을 상상해 보았고, 그것을 통해 새로운 형식의 통찰을 얻을 수 있었다.

비블리오드라마는 문학 해석의 창의성을 더 독창적이고 극적으로 확장한 것이다. 다른 문학 해석과 같이 비블리오드라마는 성경 본문의 완결성을 존중한다. 성경에 적힌 말들은 신성하며, 영원히 변하지 않을 것이다. 검은 불꽃은 절대로 수정될 수 없다. 하지만 미드라쉬의 정신 속에서, 비블리오드라마는 본문 안에서 존재하는 부차적인 이야기와 목소리를 찾아내려고 한다. 그것은 이야기의 모순과 해결되지 않은 질문, 이해가 안 되는 구조를 다룬다. 비블리오드라마는 흰 불꽃을 다룬다. 비블리오드라마는 본문의 이해를 돕기 위해 새롭게 꾸미거나 독창적으로 이야기하는 것을 허용한다.

책에 나와 있는 하와에게 비블리오드라마적 작업이 어떻게 느껴지는지를 장난스럽게 물어볼 수도 있다. 그녀는 다음과 같이 대답할지도 모른다.

"정말 굉장해요! 나는 이야기 속에 고정된 인물일 뿐이었죠. 그런데 갑자기 당신이 내

이야기 속에서 새로운 이야기를 상상하고 있다는 게 느껴졌어요. 난 더 이상 혼자가 아니었던 거예요.

나는 성스러운 이야기 속에서 아무 말도 할 수가 없었죠. 그런데 이제 목소리를 얻게 되었어요. 마치 구원받은 듯한, 새로운 삶을 얻은 듯한 기분이었어요. 내 운명에 적혀 있는 말을 바꿀 수는 없을 거예요. 내가 겪어야 하는 일련의 사건들을 수정하지도 못하겠죠. 하지만 내 경험을 말할 수는 있게 되었어요. 당신 덕분에, 당신이 나의 또 다른 자아가 되어 주었기에 나는 살아 있는 존재가 될 수 있었죠. 내 의견을 말할 수 있게 된 거예요. 당신은 내가 겪어야 할 새로운 운명을 생각해 주기도 했어요. 릴리스와 친구가 되어 하나님과 대화를 나누는 일이었죠. 영원히 변하지 않는 이야기 속에서는 상상조차 할 수 없었던 일이었어요. 당신과 내 이야기를 비블리오드라마적인 방식으로 읽어 주는 사람들 때문에, 제 인생에는 이렇게 새로운 가능성이 생긴 거예요."

3. 용어 재정의

비블리오드라마 용어는 연극과 심리극에서 가져온 것이 많다. 물론 내가 직접 만들어 내기도 했다. 대부분의 사람들에게 무대, 연기자, 관객, 연기, 배역 등의 용어는 표를 사서 수동적으로 앉아 있는 극장(theater)을 떠올리게 한다. 영어의 'theater'는 연극을 의미하기도 하고, 극장을 의미하기도 한다. 그러므로 연극의 일종인 비블리오드라마를 정확하게 알기 위해서 몇 가지 용어에 대해 재정의가 필요하다. 지금부터는 구조적인 측면에서 그러한 용어가 어떠한 뜻을 갖는지 제시하려고 한다.

무대(stage)

나는 이 책에서 무대라는 용어를 반복적으로 사용할 것이다. 하지만 이 용어는 브로드웨이에서 사용하는 것과는 다른 의미를 갖는다. 대본이 있는 연극에서는 보통 무대가 주로 관객과 완전히 분리되어 보다 높은 위치에 있다. 그러나 비블리오드라마처럼 극본이 없는 연극에서는 명확하게 지정된 연극 공간이 존재하지 않는다. 비블리오드라마 무대는 모든 곳에 존재한다. 모인 장소의 앞쪽일 수도 있고, 관객이 둥그렇게 둘러앉은 곳의 가운데일 수도 있다. 때로는 모인 사람들과 그 전체 공간이 무대가 되기도 한다. 비블리오드라마는 관객과 연기자 간의 명백한 경계를 없애기 때문에 전체 공간이 무대가 될 수 있다. 일부 현대극을 제외하고 대부분의 연극에서 청중은 관객으로 머물러 있다. 무대에서 연기할 것을 기대하면서 돈을 내고 극장에 가는 사람은 없다. 하지만 즉흥적인 연극에서, 특히 비블리오드라마에서 관객(참여자)은 참여자가 된다. 물론 참여자가 모두 연기를 해야 하는 것은 아니다. 이 연극에서는 관찰자가 참여자가 되고, 참여자가 다시 관찰자가 된다. 어느 순간에는 익명의 관객으로 편안하게 앉아 있다가, 다음 순간 목소리를 내서 즉흥적으로 다른 이들과 상호작용하는 연기자가 될 수 있다. 비블리오드라마와 같은 즉흥극은 참여자들이 훈련된 연기자도 아니고, 대본을 보고 하는 것도 아니기 때문에 여러 가지 면에서 커다란 위험 요소를 가지고 있다. 그래서 디렉터의 역할도 복잡하다. 디렉터는 연기자를 도와주어야 한다. 적합한 동작을 만들고 줄거리를 전개시키면서, 연기자를 지도하고 격려해야 한다. 대본 없이 연기하는 것도 어렵지만, 디렉터가 되는 것은 더 어려울 것이다. 디렉터는 참여자를 격려하고 돌봐야 하는 동시에 예술적이고 드라마적 감각을 가지고 비블리오드라마를 주도해야 하기 때문이다.

연기자(actor)

연기자(배우)라는 용어는 일반 연극에서는 매우 분명한 의미를 갖지만, 비블리오드라마에서는 특별하게 구분되지 않는다. 나는 연기자라는 용어 못지않게 '참여자'(participant)라는 용어를 좋아한다. (나는 두 단어를 번갈아 사용할 것이다.) 왜냐하면 그 단어 안에 '역할'(part)이라는 연극 용어가 들어 있기 때문이다. 비블리오드라마에 참석하는 사람은 모두 참여자가 될 가능성이 있다. 그들은 여러 가지 방법으로 연기를 할 수 있다. 청중 사이에 앉아서 참여하는 것으로부터 '무대'에 오르기까지 참여할 수 있는 방법은 다양하다.

대본(script)

앞서 언급한 것처럼 비블리오드라마에는 정해진 대본이 없다. 더 정확하게 말하자면, 성경을 바탕으로 대본을 만든 다음, 이를 바탕으로 공연을 진행한다고 할 수 있을 것이다. 이 즉흥 공연은 참여자의 삶의 경험, 본문을 공동으로 읽는 작업, 연기자들 간에 이루어지는 상호작용, 연극을 연출하는 디렉터의 선택, 이 모든 것들의 조합으로 만들어진다. 그래서 공연할 때마다 동일한 이야기(스토리)가 반복되지 않는다. 그 이야기를 받아 적는다 하더라도 늘 똑같은 대본은 없다. 집단과 본문, 디렉터, 제작 상황이 어우러져 만들어진 하나의 버전(version)이 있을 뿐이다.

디렉터(director)

비블리오드라마에는 디렉터(인도자)가 있다. 디렉터의 능력은 연구하고 준비하는 기량, 즉흥극에 대한 경험과 훈련에 달려 있다. 훌륭한 디렉터를 만드는 것이 재능인지, 아니면 훈련인지는 개인의 생각에 따라 다르다. 그러나 다양한 기술의 확보야말로 필수적이면서도, 초보자에게는 버거운 일이다. 유능한 디렉터는 충분한 시간과 훈련을 통해 학자, 집시, 연기자, 시인, 치료사, 익살꾼, 이야기꾼 등의 다양한 역할을 배우고 습득한다. 또 참여자들을 성경의 원형적 세계의 깊이로 이끌고 갈 때는 일종의 주술사와 같은 역할을 하기도 한다.

4. 비블리오드라마의 형식

비블리오드라마는 매우 다양한 형태로 이루어지지만, 최소한의 형식적 원칙과 기법을 갖고 있다. 지금부터는 비블리오드라마의 기본 구조에 대해 알아보겠다. 비블리오드라마는 진행 시간이 얼마나 걸리느냐에 상관없이, 다음 형식을 따라 진행된다. 비블리오드라마는 웜업, 연기, 성찰, 이렇게 세 단계로 이루어진다.

웜업(warm - up)

이 책에서 말하는 웜업이란 비블리오드라마의 한 부분이자 연기의 전 단계를 지칭한다. 웜업은 성경을 자신만의 방법으로 연구할 때 시작되어, 비블리오드라마에 참여하는 구성원들이 역할을 설정하기 시작할 때 끝난다. 그리고 연기 단계로 이어지는 것이다.

비블리오드라마 웜업의 첫 단계에서 우리는 인도자(facilitator) 또는 디렉터(director)의 역할을 예열(warm-up)시켜야 한다.[4] 우리가 성경에서 이야기 단락을 하나 선택했을 때, 우리는 먼저 그 본문을 비블리오드라마적으로 해석할 수 있는 가능성의 크기를 가늠한다. 웜업은 몇 가지 놀이 계획을 수립하고, 질문 목록을 작성하고, 또 진행 순서와 주요 사항(agenda)을 점검하는 것이다. 무엇을 읽을 것인가? 무엇을 이야기할 것인가? 무엇을 연기할 것인가? 이를 위해 성경에 대한 해설을 연구하는 방법이 있다. 인지적이고 해석적인 과정(검은 불꽃에 대한 연구)에 몰입함으로써 상상력에 불을 붙이는 것이다(상상을 통한 흰 불꽃의 구현). 웜업 단계에서 당신은 자신이 어느 정도의 불안을 느끼고 있는지를 파악하고, 이를 해소하기 위한 방법을 찾는다. 글을 쓰거나 읽어 보는 것과 같은 다양한 방법을 통해 작업 준비를 하는 것이다. 전통적인 의미의 극 연출가와 달리 우리에게는 성경 텍스트 이외의 특별한 대본이 없다. 그렇기 때문에 미리 장면을 연출할 수 없다. 연기자에게 예행연습을 시킬 수도 없다. 무용가나 운동선수처럼, 웜업은 심신(心身)이 통합되는 과정이다. 우리는 생각하고, 읽고, 짐작해 보고, 쓰고, 말하면서 상상력을 자극하기 시작하고 준비한다(본문을 선택하고 준비하는 단계에 대해서는 4장에서 더 구체적으로 설명하도록 하겠다).

이 과정이 끝나면 웜업의 두 번째 단계가 시작된다. 이제 우리는 함께 작업할 참여자 집단의 특성에 대해 생각해야 한다. 또 작업에 중대한 영향을 미칠 수 있는 시간제한이라는 문제와 작업 공간(성소, 교실, 사회 시설, 가정, 야외 등)으로 인한 한계와 가능성을 살핀다.

웜업의 두 번째 단계가 공식적으로 시작되는 시점은 디렉터가 모임 장소에서 실제로 그룹을 만날 때다. 이제 우리의 과제는 관객을 참여집단으로 바꾸는 것이다. 사람들이 극장에서 갖게 되는 수동적 기대나, 교실에서 갖게 되는 정답 아니면 오답의 사고방식을 깨뜨리고, 비블리오드라마에 참여할 수 있는 가능성을 발견하게 하는 것이다. 먼저 앞으로 디렉터로서 당신이 하게 될 일과 놀이의 규칙을 설명하고, 참여를 두려워하는 마음을 가라앉혀야 한다(전원이 참여할 필요는 없으며, 원한다면 지켜보기만 해도 된다는 사실을 알려 준다). 원한다면 우리 자신에 대해서 말하거나, 어떤 이야기를 들려줄 수 있다. 요약하자면, 구성원들이 디렉터의 모습과 역할에 익숙해지고, 그들 자신이 새로운 역할(학습자가 아닌 창조적 연기자)에 편안하게 몰입할 수 있게 해 주는 것이다. 디렉터의 웜업 중 두 번째 단계는 집단 웜업으로 이어지게 된다(웜업 과정에 대해서는 5장에서 더 구체적으로 설명하도록 하겠다).

연기(action)

연기 단계는 참여자들이 성경의 인물이 되어 역할을 수행하면서 시작된다. 비블리오드라마의 '연기'는 일반 연극에서 의미하는 몸짓이나 미리 연습된 동작을 연기하는 것이 아니라는 것을 이해하는 것이 아주 중요하다. 참여자가 자신의 자리에 앉아서, 성경의 인물처럼 말하고 있다면 그는 분명히 연기하는 것이다. 심지어 참여자가 자리에 그대로 머문 채 (즉, 몸을 일으키지도 않고, 몸을 이동시키지도 않고, 그 어떤 식의 '행동'〈act〉을 하지 않더라도) 자세나 얼굴 표정, 말투를 살짝 바꾸는 것도 비블리오드라마 차원에서 연기하는 것이다. 참여자는 (모두) 역할 중에 있는 것이기 때문에, 그가 하는 모든 것을 비블리오드라마 연기이자 해석으로 볼 수 있다. 디렉터는 참여자들을 연기자로 보아야 하고, 그들의 몸짓과 말을 성경 해석의 일부로, 즉 성경 스토리에 의미와 느낌을 제공하는 연기의 일부로 인정해야 한다. 디렉터는 연기자들로 하여금 연기해야 할 내용에 대해서, 뿐만 아니라 자신의 연기에 대해서도 확신을 갖도록 도와야 한다. 아울러 디렉터는 연기자들이 도움과 지도가 필요한 아마추어이며 즉흥 연기자임을 잊지 말아야 한다.

연기는 대사를 동반하기도 하지만, 어떤 경우에는 몸짓만으로 끝나기도 한다. 비블리오드라마는 말하기, 독백, 구어적 해석과 상호작용을 중요하게 생각하지만, 신체를 위해 중요한 공간을 남겨 놓았다. 비블리오드라마에서는 아주 작은 몸짓만으로도 새로운 해석학적 통찰을 얻을 수 있다. 발밑을 쳐다보는 시선, 불안한 듯 떠는 다리, 뒤집은 손, 이 모든 행위가 언어만큼이나 많은 의미를 전달한다. 사람들이 자신의 몸을 통해 점점 더 많은 것을 표현할수록, 비블리오드라마는 더욱 생생해진다. '연기'는 매우 다양한 가능성을 포함하고 있다.[5]

연기 단계에 할애했던 시간이 다 되었을 때, 또는 본문에 대한 탐사 과정이 완료되었을 때 연기는 끝이 난다. 디렉터는 몇 가지 방법을 통해서 연기 단계를 마무리해야 한다. (나는 이 책의 후반부〈Ⅲ부〉에 연기 단계를 마무리할 수 있는 몇 가지 방법을 적어 놓았다.) 이제 무대의 막을 내리고 비블리오드라마의 마지막 단계를 실행할 때가 된 것이다.

성찰(reviewing)

성찰은 연기 단계가 끝나는 순간부터 비블리오드라마가 종결될 때까지의 모든 과정을 포함한다. 성찰하는 동안 참여자들은 반드시 극중 역할에서 벗어나야 한다. 다시 연기 작업으로 돌아가서는 안 된다. 비블리오드라마를 진행함에 있어서 언제나 성찰 시간을 충분히 확보해 놓아야 한다. 웜업이 우리를 다른 사람과 대화하고 성경에 대해서 말하는 일상적인 방식으로부터 비블리오드라마의 방식으로 건너가게 하는 다리의 역할을 한다면, 성찰은 드라마적인 말과 활동으로부터 우리가 다른 사람과 대화하고 성경에 대해서 말하는 (연기가 아닌) 일상적인 방식으로 돌아오게 한다. 연기 단계가 얼마나 깊이 있게, 얼마나 오랜 시간 동안 이루어졌느냐에 달려 있겠지만, 성찰 단계에서는 어조와 분위기가 강하게 바뀔 필요가 있다. 그래야만 상상의 영역에서 벗어나 일상의 정체성으로 확실하게 돌아올 수 있다.

성찰은 반드시 역할에서 벗어나는 것으로부터 시작해야 한다. 성찰 단계의 순서가 특별히 정해져 있지는 않지만, 일반적으로 다음과 같은 다섯 가지 과정을 따르게 된다 : (a) 역할 벗기 – (b) 소감 나누기 – (c) 성경 해석 – (d) (기타) 자료 참고 – (e) 진행방식에 대한 논의

- **역할 벗기(De-Roling)** : 디렉터는 배역을 맡아서 연기한 사람들이 그 역할에서 빠져나오도록 돕는다. 대부분의 경우 이 작업은 별다른 어려움 없이 이루어진다. 그러나 역할극이 아주 강렬하거나 너무 길었다면, 참여자들은 공연 속 역할을 '털어 버리고'(shake out) 지금–여기의 자신을 다시 인식해야 한다.
- **소감 나눔(Sharing)** : 디렉터는 참가자들이 특정 역할을 연기한 것에

대한 소감을 말하고, 그 속에서 무엇을 느꼈는지, 자기 자신에 대해 어떤 반성을 했는지 이야기하게 한다. 소감 나눔 단계에서 사람들은 오직 자신에 대한 이야기만을 해야 한다. 그렇지 않으면 간섭과 비판의 시간이 될 위험성이 있다.

- 성경 해석(Exegesis) : 당신이 교사로서 비블리오드라마 작업과 본문의 의미를 긴밀히 연결하고자 할 때, 성찰 과정의 하나로 해석을 진행할 수 있다. 여기서는 좀 더 전통적인 방식의 본문 해설을 제공한다. 이 과정을 통해 비블리오드라마가 탁월한 주석 역할을 한다는 것이 드러나게 된다. 이 과정에서 당신은 디렉터의 역할 대신 교사의 역할을, 참여자들은 자연스럽게 연기자의 역할 대신 학생의 역할을 수행하게 된다.

- 기타 자료(Consulting Other Sources) : 비블리오드라마의 몰입 과정이 끝난 후 다른 자료를 살펴보는 것도 매우 흥미로운 결과를 가져온다. 완숙한 통찰을 얻거나 새로운 반전을 느낄 수 있기 때문이다. 주변에서 본문 주석책을 찾아봄으로써 우리가 알고자 했던 것을 더 확실하게 파악할 수 있다. 또 다른 자료들을 찾아봄으로써, 우리 자신들이 수천 년 동안 이어져 왔던 본문의 의미를 찾는 대화에 동참했다는 사실을 깨닫게 된다.

- 진행 방식에 대한 논의(Processing) : 이 단계는 비블리오드라마 수행 방식에 대해 이야기를 나누는 과정이다. 지도자로서 우리는 비블리오드라마 작업을 어떤 식으로 진행할지 선택해야 한다. 그리고 가끔 참여자들은 우리가 특정 인물에 집중하고, 특정 해석을 선호하는 이유를 질문하곤 한다. 역할에서 벗어난 연기자들이 즉흥극 속에서의 연기, 그것을 통해 느낄 수 있었던 에너지와 흥분, 그리고 이러한 극 중에서 가졌던 의문을 말하고 싶어 하는 경우도 있다. 비블리오드라마

의 예술적 특성은 참여자들이 비블리오드라마의 기법과 재능, 미덕에 대해 논의하게 만들기도 한다. 이 단계는 특히 비블리오드라마 전문가 수업을 받는 사람들에게 매우 중요한 의미를 지닌다. 작업을 분석하고 그 과정을 이해할 수 있는 기회를 제공하기 때문이다.

5. 비블리오드라마의 기법

비블리오드라마 공연을 위해 특별한 소도구나 장치를 이용할 필요는 없다. 그러나 디렉터가 사람들이 연기에 몰입할 수 있도록 도움을 주는 몇 가지 기법(도구)이 있다.

첫 번째는 디렉터로서 내가 유일하게 꾸준히 활용해 온 물리적 도구로, '빈 의자'(empty chairs)이다. 이것을 이용해서 생각을 구체적으로 표현하고, 장면을 연출하고, 개인의 내면을 상징적으로 표현할 수 있다. 두 번째는 디렉터의 언어적 기술이 필요한 또 다른 도구로 '메아리'(echoing)라 부르는 기법이 있다. 이 기법을 활용함으로써 디렉터는 자신의 목소리를 활용해 연기자들의 말을 보충하고, 그들이 역할극에 계속 몰입할 수 있도록 도와줄 수 있다. 세 번째는 '더블'(doubling, 또는 이중자아) 기법이다. 이 기법을 이용한다면 동시에 여러 사람이 성경 속 인물을 연기할 수 있게 된다. 나는 몇 가지 예를 통해 위의 세 가지 기법을 간단히 설명하고자 한다. 그리고 나중에 비블리오드라마에 대한 다양한 묘사와 함께 이 기법들을 더 자세히 살펴볼 것이다.

빈 의자

우리는 빈 의자를 이용해서 어떤 상황을 아주 다양한 비블리오드라마 사건으로 구체화할 수 있다. 빈 의자가 모든 비블리오드라마에서 필수적으로 사용해야 할 기법이라고 할 수는 없겠지만, 내가 인도하는 비블리오드라마에서 빈 의자는 핵심적인 역할을 한다.

디렉터는 참여자들이나 학생, 회중과 만나게 된다. 이제 그들과의 웜업을 통해 비블리오드라마가 무엇인지 설명하려고 한다. 이 경우, 빈 의자 두 개를 앞뒤로 배치한 다음, 이렇게 말한다. "첫 번째 의자는 책에 나와 있는 단어를 나타냅니다. 우린 모두 이 글을 볼 수 있어요. 이러한 글이 적혀 있다는 사실에 모두 동의하고 있죠.", "여기 있는 두 번째 의자는 (뒤에 놓여 있어 보이지 않는 의자를 가리키며) 앞의 글이 의미하는, 또는 암시하는 내용, 그리고 우리가 이를 바탕으로 상상할 수 있는 내용을 상징합니다. 여기서 (두 번째 의자 뒤에 서서 의자를 손으로 두드리며) 우리는 이야기의 다양한 하위 내용과 미처 알지 못했던 측면을 발견하고, 연기를 통해 이를 탐색할 것입니다. 이 두 번째 의자에서 바로 비블리오드라마가 시작되는 거죠."

또 디렉터가 성경의 한 인물이 갖고 있는 여러 차원의 모습을 살펴보려고 할 때, 빈 의자를 사용할 수 있다. 예를 들어 에덴 동산을 떠나는 아담과 하와(창 3 : 24)의 이야기를 살펴보도록 하자. 참여자들은 하와가 흥분과 두려움, 실망에 빠져 있다고 생각했다. 그러나 디렉터는 하와에게 또 다른 모습이 있다는 것을 느끼고 있다. 디렉터는 사람들 앞에 빈 의자를 놓고 이렇게 말한다. "이 의자는 하와가 지금까지 한 말을 상징합니다. 하지만 (이때 첫 번째 의자 뒤에 두 번째 의자를 놓는다.) 그녀가 말하지 않고 있는 무엇인가가 있는 것 같군요. 여기 두 번째 의자에 앉아서 하와가 느낀 분노나 수치심, 죄책감, 배신감에 대해 말해 줄 사람이 있나요?"

여기서 빈 의자는 인물을 구체적으로 표현하고, 그것을 무대화할 수 있는 지점을 찾아내는 역할을 동시에 수행하고 있다. 빈 의자의 활용은 참여집단의 공간과 연기의 공간, 곧 객석과 무대를 구분하는 역할도 한다. 의자에 앉는 사람은 관객에서 참여자로, 자기 자신에서 등장인물로 이동하게 된다. 그리고 자리로 돌아가면 역할에서 벗어나 다시 관객의 일부가 된다.

사람들이 실제로 역할을 맡아 연기하기 전에, 빈 의자를 이용해 장면을 연출해 보는 방법도 있다. 예를 들어 아벨이 살해당하기 전 아담과 하와, 가인, 아벨이 모두 함께 살고 있는 장면을 살펴보자.

먼저 무대에 각각의 인물을 상징하는 의자 4개를 놓도록 한다. 디렉터와 구성원들은 이 의자들 사이의 관계를 연기하게 된다. 의자를 배치하는 것만으로, 즉 무대의 네 귀퉁이에 하나씩 놓거나, 두 개씩 나란히 놓거나, 하나만 따로 떼어 놓거나, 서로 등을 마주보도록 사각형으로 배치하는 것만으로도 의자는 이야기를 들려주기 시작한다. 일단 의자의 위치를 결정하는 것만으로도 참여자들은 극중 인물의 역할을 연기할 준비(웜업)를 갖추게 된다. 그들이 의자에 앉아 아담이나 하와, 아벨, 가인의 역할을 상상해 보는 순간, 무언의 감정이나 동질감, 또는 이질감을 암시적으로 느끼면서 이미 장면을 연기할 행동을 결정한다. 이런 식으로 빈 의자는 장면을 해석하는 방향을 제시하고, 연기자들에게는 연기를 위한 암시와 정보를 제공한다. 의자를 재배치 할 경우, 그것은 비블리오드라마의 새로운 해석을 제공한다.

의자는 그 특성상 움직임에 제한을 받을 수밖에 없다. 그렇기 때문에 의자에 앉아 있는 연기자들의 연기도 제한을 받기 마련이다. 집단 구성원들이 둘러앉아 있는 '무대 공간'에 놓인 의자는 언뜻 보면 관객의 의자와 별 차이가 없어 보인다. 그러나 두 의자 사이에는 매우 중요한 차이점이 있다. 무대의 의자는 일종의 강단(講壇)과 같아서 사람들이 관객의 입장에서 벗어나 무대 위에서 동작과 몸짓을 곁들여 역할을 연기하도록 만들기 때문이다. 무대의 의자는 기본적으로 어떤 '연기'나 공연 기술을 요구하지 않는 안전한 공간이다. 사람들로 하여금 자리에서 일어나 즉흥적으로 감동적인 연기를 하도록 하는 것보다 안전한 관객의 자리에서 일어나 무대의 빈 의자로 나와 앉도록 설득하는 것이 훨씬 쉽다는 것을 우리는 알고 있다. 빈 의자는 좀 더 역동적인 연기를 불러일으키는 드라마의 출발점이 된다.

메아리

비블리오드라마를 시작할 때, 대부분의 참여자들은 수줍음으로 인해 연기를 수행하는 데 시간이 필요하다. 충분한 웜업을 거쳤음에도 불구하고 그들은 자발적으로 역할에 참여해서 목소리를 내야 한다는 것에 상당한 부담감을 느낀다. 참여자들이 느끼는 수줍음은 디렉터의 질문에 대해 침묵하거나 아주 짧게 대답하는 모습으로 나타난다. 처음에 그들은 무뚝뚝하고 머뭇거리는 목소리로 말할 것이다. 때로는 역할에서 벗어나 디렉터에게 불만을 전달하는 경우도 있다. 이때 비블리오드라마 디렉터는 메아리 기법을 통해 연기자들이 자신의 역할에 더욱 몰입하도록 도울 수 있다. 다음 예를 바탕으로 메아리 기법을 살펴보도록 하자.

본문으로 선택한 성경구절은 열매(선악과)를 따 먹은 하와가 그것을 아담에게 전해 주려고 하는 유명한 장면이다. 나는 성경이 "여자가 그 열매를 따서 먹고, 함께 있는 남편에게도 주니, 그도 그것을 먹었다."(창 3 : 6, 새번역)고 말해 주기 전에 어떤 일이 있었는지가 궁금했다.

웜업 단계에서 우리는 이 시점까지의 이야기를 다시 한번 이야기했다. 우리는 이 장면의 지리적 여건에 대해서 이야기를 했으며, 뱀과의 대화를 논의했다. 이제 디렉터로서 나는 참여자들을 웜업 단계에서 연기의 단계로, 토론의 단계에서 독백(voicing)의 단계로 이끌어야 할 시점이 되었다. 나는 다음과 같이 물었다.

"여기 계신 여러분, 여러분은 이 순간부터 모두 하와가 되는 겁니다. (비록 여러분이 아직 이름이 없다 하더라도 그냥 하와라고 부르겠습니다.) 하와, 당신은 열매를 따서 먹고, 하나(a piece)를 손에 들고 아담에게 가는 중입니다.

나는 하와 당신 안에서 일어나고 있는 일을 단지 상상만 할 수 있습니다. 그런데 우리를 한순간 뒤로 데려가서 당신이 열매를 직접 먹은 후에 당신 안에 무슨 일이 일어났는지 상기시켜 줄 수 있을까요? 그때 어땠나요? 어떤 느낌이었지요? 맛은 어땠나요?"

여러분은 내가 한순간을 압축해서 묘사하고, 비블리오드라마 속으로 들어가는 특정한 시점을 결정해서, 전체 그룹을 하와 연기자로 캐스팅하는 과정을 보았다. 이제 누구나 말할 수 있다. 아울러 여러분은 내가 이 드라마를 과거 시점에서 시작한다는 것을 알아차렸을 것이다. 무엇을 회상한다는 것은 어떤 것을 현재 시제로 경험하는 것보다 좀 더 거리감을 느끼게 한다. 여기서 나는 회상을 이용해서 하와가 실제로 열매를 그녀의 손에 들고 아담에게로 가는 도중의 순간으로 사람들을 준비시키고 있다. 그것이 내가 목표하고 있는 현재다.

내 물음에 한동안 침묵이 흐르곤 한다. 디렉터는 기다릴 줄 아는 것이 중요하다. 가끔은 이것이 제일 힘든 일이다. 사람들은 이 익숙하지 못한 과제를 가지고 한참 씨름한다. 그러다가 드디어 침묵 속에서 소수가, 그것도 처음에는 아주 극소수가 모험을 시도한다. 나는 마지막 질문을 반복했다.

"맛은 어땠나요?"
드디어 누군가가 "좋았어요."라고 말했다.
나는 메아리 기법을 통해서 말했다. "그 맛은 아주 좋았어요. 그렇게 보였던 것만큼 맛도 좋았어요."
"훨씬 맛있어요." 한 참여자가 장난스러운 미소로 말했다. 나는 고개를 끄덕이며, 메아리 기법을 통해 "음~" 하고 말했다. "다른 분은요?"

"사실 기대했던 것과는 훨씬 다른 맛이었어요. 그것은 맵고, 강한 맛이었어요. 아마."
나는 메아리 기법을 통해 말했다. "나는 조금 놀랐습니다. 나는 그것이 달콤할 줄 알았는데, 그것은 내 입을 약간 얼얼하게 했습니다."
"네." 같은 사람이 말했다. "나는 약간 두려웠습니다. 그것은 강한 맛이었어요. 위험해요. 나는 마실 것이 필요했어요. 아마 물이겠죠."
나는 "감사합니다."라고 말했다. ("감사합니다."라는 말은 연기자의 참여를 다른 사람으로 옮겨 가기 위해 사용하는 내 스타일의 용어다. 말투는 절대 무례하지 않으면서 진심을 드러내야 한다. 디렉터가 연기를 시도하는 참여자들의 자발성에 얼마나 고마워하는지에 대해서는 디렉터만이 알 것이다.) 잠시 후, 다른 사람의 손이 올라갔다. "네, 말씀하세요."
"사실 그것은 안이 썩어 있었어요. 왜, 겉이 빨갛고 맛 좋아 보이는 사과를 깨물었는데 안은 흐물흐물하고 갈색인 그런 사과처럼요."
나는 메아리 기법을 통해 말했다. "나는 거의 토할 뻔했어요. 더 이상 먹을 수가 없었죠. 나는 내가 속았다는 걸 알았어요."
이처럼 메아리 기법을 통해 참여자는 그 상황을 더 깊이 생각하게 된다.
"나는 이 동산이 좋다고 생각했어요. 그리고 이곳에 있는 모든 것이 좋고 안전했지요. 그런데 내 생각이 틀렸다는 걸 알았어요."
"그래요," 내가 다시 메아리 기법을 통해 말했다. "나는 배신당한 듯한 느낌이었어요. 짐작했던 것과 이렇게 다르기는 정말 처음이었어요. 겉과 속이 이렇게 다르기는 이번이 처음이에요."
그러자 구성원 중에 한 사람이 자발적으로 말했다. "내가 그것을 먹는 순간 '그러지 말걸.' 하고 생각했습니다. 속이 좀 메스꺼워졌습니다. 나는 내가 잘못을 저질렀다는 것을 알 수 있었습니다. 내가 죄를 범했다는 것을 알았습니다." 이 경우에는 메아리 기법을 사용할 필요가 없었다. 반응은 그것으로 충분했다.
"난 두려웠어요." 한 여성이 말했다.
나는 메아리 기법을 통해 그녀의 말을 반복하면서 그녀가 좀 더 이야기할 수 있도록 기회를 주었다. "나는 무서웠어요."(메아리) "왜냐하면……."(기회의 부여)

그러자 그녀가 말했다. "왜냐하면 하나님이 화를 낼 테니까요."
나는 메아리 기법을 통해 말했다. "나는 열매를 먹자마자 두려워졌어요. 나는 하나님이 나를 지켜보고 있다는 것을, 내가 큰 잘못을 저질렀다는 것을 알게 되었습니다."

만약 이 메아리식 응답을 조심스럽게 살펴본다면, 우리는 다음 두 가지에 주목하게 된다.

첫째, 메아리 기법에서 디렉터는 실제로 연기자와 함께 역할에 참여한다. 둘째, 디렉터는 메아리 기법을 통해서 연기자의 응답을 확장시키고 심화시킨다. 메아리 기법은 디렉터가 얼마나 참여자의 이야기와 일치하는가, 그리고 그것에 감정의 변화를 주며, 더 높은 단계로 인도하는가에 달려 있다. 이 모든 것은 연기자로부터 역할을 빼앗는 것이 아니라 오히려 그것을 강화하고 분명하게 해 준다. 그러나 디렉터는 연기자로 하여금 디렉터가 자신이 말하는 것을 제대로 알고 있다는 느낌을 주려고 해야지, 디렉터가 연기자보다 더 잘할 수 있다거나 그래서 연기자가 필요 없다는 것처럼 보여서는 안 된다.

참여자가 디렉터의 메아리를 문제 삼는 경우는 거의 없다. 하지만 가끔 메아리의 반응을 듣고 "당신은 누구시죠?"라고 묻는 사람들이 있다. 그럴 경우 나는, "난 그저 내가 들은 말을 확인하는 중입니다. 난 잠시 동안 당신의 역할을 같이 따라갈 겁니다."라고 대답한다. 그 정도면 적절한 대답이 되었다고 생각된다.

하지만 다른 경우도 있다. 가끔 "당신은 누구시죠?"라고 물으면서 연기자가 불편한 심기를 드러내기도 한다. 그 연기자들은 내가 자신의 역할을 대신하려 하거나, 자신의 대사를 바꾸려 한다고 느꼈던 것이다. 나의 메아리를 듣고 연기자가 움찔하는 경우, 나는 메아리 기법을 그만둔다. 모든 경우에 그렇게 하는 것은 아니지만, 내가 끼어드는 것이 환영받지 못한다고 느낄 때 그렇게 한다.

이러한 사례 때문에 메아리 기법이 참여자들에게 큰 도움을 주지 못하리라고 생각할지도 모르겠다. 하지만 디렉터가 메아리 기법을 통해 참여자를 독려하고 이끌어 가는 자질에 따라, 연기자는 자신감을 얻고, 사람들이 자신의 말을 경청하고 있다는 것을 느끼며, 잠깐이지만 등장인물의 모습에 충분히 몰입할 수 있다. 참여자들이 비블리오드라마라는 놀이를 시작할 때, 그들은 이 놀이의 규칙이나 디렉터의 역할을 제대로 감지하지 못한다. 사람들은 자주 옳든지 틀리든지 하는 식의 세상에서 살아가곤 하는데, 메아리 기법은 그들에게 디렉터의 주 역할이 무엇인지 명확하게 해 준다. 그들은 곧 알게 된다. 디렉터로서 나는 이 드라마 속에서 사람들의 이야기를 이끌어 내려고 하는 것 외에 다른 의도가 없다는 것을 말이다. 나는 그들이 어떤 이야기를 하든지 받아들인다. 나는 그들이 이야기하는 것이 무엇인지 듣기 위해 애쓰고, 그들이 자기 역할을 더 잘 연기할 수 있도록 돕는다. 난 그들과 한 몸을 이루는 것이다. 사실상 메아리 기법은 디렉터로서 내가 참여자들과 함께 역할을 연기하는 순간을 말한다. 내가 그들과 한 몸이 됨으로써, 나는 그들의 공연(performance)을 위해 내 목소리와 관심을 대여한다.

나는 방금 디렉터는 이 드라마 속에서 사람들의 이야기를 이끌어 내려고 하는 것 외에 다른 의도가 없다는 것을 말했다. 이 디렉터의 의도(agenda)는 복잡한 문제이기 때문에 설명을 좀 더 필요로 한다.

나의 주 관심은 비블리오드라마의 방법론을 설명해서 성경을 새롭게 바라보는 눈을 제공하려는 것이다. 나는 기법과 관련된 것 이외에 다른 의도를 가지고 있지 않다. 나의 목적은 작업 과정과 관련이 있다. 내가 만일 참여자들로부터 그들이 성경을 전혀 다르게 읽은 것 같다는 이야기를 듣는다면, 내 목적은 이루어진 것이다. 그러나 교육자나 설교자는 그리 자유롭지 못하다. 그들은 흔히 무엇을 가르치기 위한 방법에 관심이 있다. 어쩌면 그들은 도덕적, 영적, 또는 교수법적인 원칙이나 노선(agenda)을 가지고 있는지도 모른다. 혹은 비블리오드라마를 활용해서 드러내고 싶은 주제나 이슈를 가지고 있는지도 모른다. 하지만 그런 경우조차 디렉터는 잠정적인 참여자들을 도울 방법들을 찾아야 한다. 너무 강하거나 날카로운 주제는 사람들로 하여금 마음속에서 자연스럽게 튀어나오는 대답을 즐기기보다 옳은 대답들을 찾아야 한다고 느끼게 만든다. 우리는 이제 형식의 자유로움과 내용의 핵심이 어떻게 조화를 이루게 되는지를 실제적으로 살펴보려고 한다. 하지만 나는 비블리오드라마를 지나치게 교수방법의 차원에서 사용하려는 것을 경고하고자 한다. 그럴 경우 사람들은 연기자라는 느낌보다 인형처럼 조종당하는 느낌을 갖게 될 것이다. 이제 다시 조금 전의 장면으로 돌아가 보자.

한 참여자는 열매가 실제로 "안이 썩었다."고 말했다. 그것이 먹음직해 보였지만 실제는 그렇지 않았던 것이다.
나는 메아리 기법을 통해 말했다. "내가 속았다고 느꼈군요."
"네, 나는 발가벗은 느낌이고, 외롭고 두렵습니다. 가장 먼저 생각난 사람이 '아담'이에요." 여기서 나는 메아리 기법을 사용할 필요를 느끼지 못했다. 이미 상당한 집중력이 모여 사람들의 반응이 늘어나고, 감정의 근거가 언급됨으로써 상상력이 충분히 발휘되고 있기 때문이다. 나는 메아리 기법을 사용할 필요가 없다. 나는 우리가 이야기 속으로 빠져들고 있는 것을 느낄 수 있으며, 메아리는 우리를 자연스럽게 앞으로 나아갈 수 있게끔 돕는다. 아주 자연스럽게 내가 부추기지 않아도, 우리는 현재 시제에 있다.
"그렇군요." 나는 아담을 만나기 위해서 가고 있는 장면을 연기하는 집단을 향해서 말한다. "말해 보세요. 하와, 왜 당신은 아담에게 가고 있나요? 왜 이 작은 비밀을 당신 혼자만 간직하려고 하지 않죠?"
"나는 아담과 이 비밀을 같이 간직하고 싶어요."
(메아리 기법을 사용하여) "내가 아담과 이 비밀을 같이 간직하고 싶은 이유는……?"

"왜냐하면…… 만약 나쁜 일이 생기면, 나는 우리 둘에게 그 일이 같이 일어났으면 해요."
(메아리 기법을 사용하여) "나는 이 사건에 혼자이고 싶지 않아요."
"아, 그래요." 다른 사람이 말한다. "한번 부딪쳐 볼 거예요. 약간 흥분되는 것 같아요. 나는 벌써 그것을 느낄 수 있고, 다른 사람과 같이하는 것이 더 재미있어요." 자발성의 수준이 이 정도 되면 메아리 기법은 필요가 없다.
"한편으론 내가 무엇을 해야 할지 모르겠어요." 다른 사람이 말한다.
(메아리 기법을 사용하여) "네, 나는 혼란스럽군요. 반면에……."
"네, 반면에 나는 내 안에 여러 가지가 변하고 있는 것을 느껴요. 만족, 지식, 죄책감, 무서움, 그리고 새로운 세계관."
"반면에……." 나는 부추긴다.
"반면에, 나는 아담이 말해 준 것, 아니면 하나님께서 아담을 통해 금지하신 것을 범하고 말았어요. 너무 끔찍해요. 그리고 처음으로 나는 내가 죽을 것임을 느껴요. 아마 금세는 아니더라도, 나는 내가 이것을 먹기 전처럼 그렇게 영원히 살지 못하리라는 것을 알아요."
"그래서 내가 느끼는 것은……." 말할 공간을 열어 두면서 이야기를 이끈다.
"나는 큰 책임감을 느껴요. 그런 것 같아요. 제 말은, 아담을 끌어들인 것은 옳은 걸까요? 내가 무슨 짓을 한 거죠? 나 자신에 대해서는 내가 책임을 질 수 있어요. 하지만 아담에게 그것을 준 것은…… 글쎄요, 일종의 살인이 아닐까요?"

앞에서 살짝 끌어 주고 뒤에서 밀어주면서 비블리오드라마는 제대로 출발했다. 하지만 아직도 가야 할 길이 많이 남았다. 이 모든 해석을 관리하는 것은 쉽지 않은 일이고, 그것들을 기술적으로 다루기 위해서는 연습이 필요하다. 하지만 아마추어다 보니 진행 중 혼란스러운 일이 발생하게 된다 하더라도, 본문은 이미 우리 눈앞에 빈 공간들을 열어 놓고 있는 셈이다. 우리는 비블리오드라마를 같이해 나가고 있는 것이며, 메아리 기법은 그것이 이루어지도록 도와주었다.

여러 측면에서 볼 때, 메아리 기법은 듣는 기술의 확장이다. 메아리를 잘하기 위해서는 그냥 말해진 것에 대해서가 아니라, 상대 연기자가 무엇을 암시하고 있는지를 주의해서 들어야 한다. 난 이미 디렉터는 연기자처럼(as) 말을 해야지, 연기자에게(to) 말해서는 안 된다는 것을 지적했다. 이것은 중요하다. 메아리 기법은 디렉터가 통찰력을 가지고 연기자의 말을 반복함으로써 그의 사고를 창의적으로 확장시킨다. 내가 빈 의자를 가지고 메아리 기법을 시연할 경우(한 기술을 다른 기술을 위해 사용하는 것), 나는 두 의자를 앞뒤로 나란히 배치한다. 첫 번째 의자는 내가 참여자들에게서 듣는 말이고, 두 번째 의자는 그 말 뒤에 숨어 있는 감정과 생각이다. 메아리 기법을 통해 나는 참여자들의 두 번째 의자(감정과 생각)에게 말하거나, 참여자들이 바로 두 번째 부분의 목소리에 몰입하도록 이끈다.

눈치챘겠지만, 메아리 기법은 종종 부추기는 단어나 미완의 문장을 사용하여 참여자가 그것을 완성하게끔 한다. 예를 들어, 한 참여자가 하와처럼 '두렵다'고 느꼈을 때, 나는 "나는 두렵다."는 말에 추가해서 "왜냐하면……."이라고 말함으로써 좀 더 상세하게 말하도록 했다. 하와가 느꼈던 두려움의 사례에서처럼, 나는 참여자들이 빈칸을 채우도록, 그리고 더 깊이 상상하도록 격려한다.

물론 가끔씩 내 메아리 기법이 잘못으로 드러나기도 한다. 말하지 않은 것에 대해서 내가 감지한 의미가 참여자가 생각했던 것과 일치하지 않을 때가 있다. 그런 일이 생기면, 참여자는 대부분 나의 말을 정정하려고 하는데, 그 정정을 통해 참여자들은 처음에 말했던 것을 더 명확하고 상세하게 말하게 된다. 하지만 메아리 기법이 늘 비블리오드라마의 본질적인 요소이거나 모든 참여자들에게 적절한 것은 아니다. 이것은 연습이 필요한 기술이며, 여러분은 활기차고 귀중한 비블리오드라마적 경험을 메아리 기법 없이 이끌 수 있다는 것을 알아야 한다.

독백과 메아리 기법이 같이 등장하는 경우도 적지 않다. 메아리 기법은 주로 비블리오드라마를 시작할 때나 새로운 장면의 오프닝으로 아주 유익하다. 메아리 기법은 사람들을 연기로 진입하게 하는 웜업과 같은 역할을 한다. 사실, 비블리오드라마의 시작 과정은 참여자들 사이에서 역동적으로 일어나는 대화라기보다는 디렉터와 각 참여자들 사이에서 일어나는 일련의 상호작용이라고 할 수 있다. 주로 사람들이 더 준비되고, 참여자들이 역할에 자기 자신을 더 깊게 몰입했을 때, 그리고 그것을 장면으로 연기할 의사가 있을 때, 그런 대화는 연기로 발전한다. 그럴 경우 디렉터는 옆으로 나와서 연기가 자발적으로 흐르도록 내버려 둘 수 있다.

더블(이중자아)

더블 혹은 이중자아 기법은 기법 사용의 시점과 진행을 위해서 연습이 필요하다. 하지만, 더블 자체를 설명하는 것은 간단하다. 하와가 아담에게 열매를 주었던 비블리오드라마 장면으로 돌아가 보자. 비블리오드라마는 사람들을 성경 인물, 예를 들어, 아담, 하나님, 뱀, 그룹(천사) 등을 연기하는 역할극으로 초대하기보다는 그 순간 하와의 마음 상태와 영혼을 관찰하게끔 한다. 나는 하와 한 사람에게만 주의를 기울이도록 했다. 더블이라는 이름을 말해 주지는 않았지만, 나는 그 순간 더블 기법을 적용하고 있었다. 더블 기법을 통해서 디렉터는 드라마 속 인물들 간의 다양한 상호작용을 한 방향으로 지시하거나 인물성격을 단 하나의 모습으로 발전시키려고 하지 않는다. 디렉터는 시간을 멈추고 다양한 모습을 재연하게끔 한다.

더블 기법은 극중 한 인물의 여러 목소리와 성격을 이끌어 내기 위한 방법이다. 더블의 장점은 관찰자들에게 연기자가 될 수 있는 기회를 제공한다는 것이다. 다시 말해서 더블은 아직 연기 준비가 덜 된 사람들을 짤막한 끼어들기 방식을 통해 참여시킴으로 비블리오드라마 과정에 도움을 제공할 수 있게 한다.

더블은 인도자(디렉터)로서의 당신이 구성원들로 하여금 뭔가를 시도할 수 있도록 옵션(option, 선택사항)을 제공하며 초대하는 것이다. 당신은 옵션을 제시한다. 옵션이 제시되면, 구성원들은 연기자의 더블(이중자아)이 되어 자유롭게 다양한 시각에서 즉흥적으로 말(doubling statements)을 한다. 관찰자는 무대로 나와 간단하게 한두 마디의 말을 하거나 짤막한 독백을 함으로써 무대에 대한 두려움이나 인물에 대한 완벽한 성격 묘사의 부담을 느끼지 않은 채 무대를 벗어날 수 있다. 더블은 전체 집단이 신선한 통찰을 비블리오드라마에 계속해서 제공할 수 있도록 도와준다. 더블은 비참여자들이 주변에서 중심으로 움직일 수 있는 길을 열어 준다. 이제 내가 전에 웜업 과정에서 사용했던 간단한 사례를 살펴보도록 하자.

예를 들어, 디렉터로서 나는 참여자들이 에덴 동산의 입구에 서 있는 하와의 더블을 하도록 다음과 같이 준비할 것이다(15명의 어른들이 원으로 앉아 있는 교실을 떠올려 보자).

"제가 지금 이 시점에서 하고자 하는 것은 우리가 이 순간에 하와에게 얼마나 다양한 목소리를 제공할 수 있는가 하는 겁니다. 비블리오드라마에서 이것을 '더블'이라고 부르는데, 이것은 서로 다른 해석의 군(群)을 이끌어 내려고 하는 것입니다. 우리는 이 구절에서 시작하려고 합니다."

> 그래서 주 하나님은 그를 에덴 동산에서 내쫓으시고, 그가 흙에서 나왔으므로, 흙을 갈게 하셨다. 그를 쫓아내신 다음에, 에덴 동산의 동쪽에 그룹들을 세우시고, 빙빙 도는 불칼을 두셔서, 생명나무에 이르는 길을 지키게 하셨다(창 3:23-24, 새번역).

"저는 당신이 지금 이야기 속의 하와라고 상상했으면 합니다. 말해 보세요. 하와, 지금 어떤 심정입니까?" 다양한 사람들이 하와가 되어 하와의 심정을 이야기했다.

하와 1 : "나는 하나님의 기만적 행위에 화가 납니다. 이것은 시험이자 저주였어요. 내가 다시 하나님을 믿기까지는 — 만약 그럴 수 있다면 — 아주 긴 시간이 걸릴 것 같아요."

하와 2 : "쫓겨난 게 맞아요. 난 떠나기 싫거든요. 난 몰래 숨어서 뒤를 돌아보고 있어요. 내가 아는 것은 오직 뒤에 남겨져 있다는 거예요. 너무 울어서 소금으로 변할 것 같아요."

하와 3 : "있잖아요, 이야기에서 하나님이 '남자를 내쫓았다'고 말하지만, 나에 대해서는 아무 말도 없었어요. 이곳은 내가 투명하게 느껴지는 또 다른 장소예요. 이 모든 것은 하나님과 아담 사이의 일이에요."

하와 4 : "바로 그게 핵심이에요. 사실 나는 쫓겨난 게 아니죠. 고향을 그리워하고 우울해하는 것은 아담 혼자니까요. 나는 열매를 먹을 수 있기를 기다렸던 것만큼 여기서 나가려고 무진장 애를 썼거든요. 에덴은 내가 할 수 있는 역할이 없는 곳이고, 미래가 없어요. 그곳은 모두 하나님과 아담뿐이죠. 이 세계에서는 내가 할 수 있는 일이 많이 있을 거예요."

"그래서 느낌이 어떤가요?" 하고 나는 물었다.

하와 5 : "흥분이 돼요. 난 힘과 가능성이 느껴져요. 뭔가 다가오고 있어요. 내게는 목표가 있어요. 난 '모든 생명의 어머니'가 될 거예요. 이건 정말 해 볼 만한 일이죠. 아무것도 변하지 않는 이 동산의 그림자 같은 삶에 비하면 그리 나쁜 일이 아니죠."

또 다른 손이 올라간다.

하와 6 : "그 이상입니다. 어떻게 본다면, 나는 에덴을 떠나지 않았어요, 절대로요. 아담 혼자 떠났죠. 아담은 정말로 추방되었어요. 그 사람은 여기서의 삶이 어떤

지를 더 이상 알 수 없을 거예요. 그 사람은 유랑의 몸이 되었죠. 하지만 내 일부는 여기에 남았어요. 내 일부는 돌아갈 수 있거든요. 에덴 동산은 자궁과 같은데, 난 내 안에 그것을 가지고 있어요."

더블은 풍부한 해석의 가능성을 열어 준다. 더블 기법에서 우리는 읽어 나가기를 잠시 멈추고 일련의 스냅 사진들을 펼쳐 놓는다. 이 경우의 하와는 자기 '삶'의 어떤 순간에 경험하는 기분이나 상황을 다양하게 말한다. 더블은 다채롭다. 사람들은 그들의 자리에서 손을 들고 말할 수 있다. 아니면 그들은 무대 위로 올라와서, 현재의 하와 옆에 서서 그들이 추가하고 싶은 말을 연기할 수 있다. 디렉터로서, 나는 더블 중 하나를 하와의 주도적인 모습으로 선택하기도 한다. 이런 선택을 하기까지는 여러 요인들이 영향을 미치게 되는데, 예를 들어 이 하와의 모습(역할 연기)이 더 많은 자발성을 이끌어 내고 있다고 느낄 때, 또 뭔가 새로운 해석을 요청하는 묘안이 될 수 있다고 느낄 때, 아니면 하와 역할이 충분히 표현되었다고 느낄 때 그런 선택을 하곤 한다. 더블은 새로 참여한 사람들을 연기 속으로 끌어들이기에 유용하다. 그리고 연기 장면에서 벗어나 관찰자로 돌아가고 싶어 하는 사람들에게도 적절한 탈출구를 제공한다.

이어지는 장에서 여러분은 어떻게 이 다양한 기법들이 단독으로, 또는 서로 결합함으로써 비블리오드라마 사건을 만들어 가는지 보게 될 것이다. 나는 디렉터의 선택과 방법을 다양한 사례를 통해 강조할 것이다. 이 책을 통해서 내가 목표로 하는 것은 비블리오드라마들의 실제 분위기를 가능한 한 최고로 표현해 내는 것이다. 하지만 비블리오드라마는 상당히 많은 비언어적 요소들을 가지고 있고, 집단 및 개인 연기자들도 다양한 뉘앙스(nuance)의 반응을 보이고 있으며, 또 디렉터는 사람들의 참여를 독려하고 이끌어 가기 위해서 유머와 몸짓을 많이 사용하기 때문에, 독자들은 활자로 옮겨 놓을 수 있는 비블리오드라마의 내용이 상당히 제한적이라는 것을 기억하길 바란다. 결국, 비블리오드라마라는 실험적 환경에 직접 참여함으로써 얻게 되는 배움과 훈련을 다른 어떤 것으로 대치하기는 어렵다.[6]

미주

1. 나처럼 영어로 된 고전 텍스트와 전설이 필요한 사람은 런던 Soncino 출판사가 발행한 「미드라쉬」(*The Midrash*) 시리즈를 참고하라. 또 긴즈버그(Louis Ginzberg)의 5권으로 이루어진 *Legends of the Jews*나 단행본으로 출판된 *Legends of the Bible*(모두 Philadelphia : Jewish Publication Society에서 발행됨.), 비알리크와 라브니츠키(Bialik & Ravnitzky)의 *The Book of Legends*(New York : Schocken Books, 1992)를 보는 것도 좋다. 랍비 모쉐 바이스만(Moshe Weissman)의 *What the Midrash Says*(New York : Benei Yakov Publications, 1980)와 데이비드 커죤(David Curzon)의 *Modern Poems on the Bible, An Anthology*(Philadelphia : Jewis Publication Society, 1994)도 아주 훌륭한 자료가 될 것이다. 이상의 목록은 극히 일부분에 지나지 않는다.
   기독교적 '미드라쉬'는 거의 존재하지 않는다. 그러므로 기독교의 종교적 전통보다는 문학을 통해 미드라쉬적 상상력을 접할 수 있을 것이다. 중세의 기적극(miracle play)과 카잔차키스(Nikos Kazantzakis)의 「그리스도 최후의 유혹」(*The Last Temptation of Christ*)을 그 예로 들 수 있다. 여러분은 밀턴(Milton)의 「복낙원」(*Paradise Regained*)에서부터 콜드웰(Taylor Caldwell)[역자주 : 영국의 작가로서 누가에 관한 소설, *Dear and Glorious Physician*(1959)을 발표]에 이르는 다양한 자료를 활용할 수 있다. 성경의 주제와 이미지, 이야기를 은밀하게, 또는 직접적으로 다루는 영화도 많다. 두 작품만 예로 들어 보자면 "성의"(The Robe)와 "죽어야만 하는 사람"(He Who Must Die)을 꼽을 수 있을 것이다. 이 작품들은 성경 속 인물과 이야기에 대한 날카로운 통찰로 가득 차 있다.
2. 다음 자료를 참고할 것 : Susannah Heschel, ed., *On Being A Jewish Feminist : A Reader*(New York : Schocken Books, 1983) ; Carol P. Christ and Judith Plaskow, eds., *Womanspirit Rising : A Feminist Reader in Religion*(San Francisco : Harper and Row, 1979) ; Alicia Ostriker, *The Nakedness of the Fathers : Biblical Visions and Revisions*(New Brunswick : Rutgers University Press, 1994).

3. Lawrence Kushner, *The River of Light : Spirituality, Judaism, Consciousness* (Vermont : Jewish Lights Publishing, 1995).
4. 나는 처음에는 '인도자'(facilitator)와 '디렉터'(director)라는 용어를 엄밀히 구분하되 시간이 갈수록 이 두 가지를 혼용할 것이다. '인도자'는 집단 역학이나 감정적 주제를 다루는 능력 또는 기술이 상대적으로 낮은 수준의 사람을 지칭한다. 인도자는 지나치게 많은 일을 시도하지 않는, 비교적 초보자들로, 강한 슬픔이나 분노를 유발하는 이야기를 선택하지 않는다. 그들은 과도하게 긴 드라마를 진행하지 않으며, 지나치게 심층적인 영역으로 들어가지도 않는다. 반면 '디렉터'는 비블리오드라마의 연극과 치료적 차원 모두를 충분히 훈련하고 연습한 사람을 말한다. 그들은 사이코드라마나 드라마 치료에 대한 정규 교육을 받은 경우가 많다. 책의 초반부인 지금 시점에서는 '인도자'(작업을 쉽게 이끌어 가는 사람)라는 표현이 더 적절할 것이다.
5. 미드라쉬 형태의 움직임과 음악을 실험적으로 사용하고 있는 많은 무용가와 행위 예술가들이 있다. 약간의 이름을 거론한다면 무용수이자 안무가인 JoAnne Tucker, Liz Lerman, Miriam Minkoff, 음악가이자 작곡가인 Elizabeth Swados, Margot Stein, Gila Rayzel Raphael, Judy Fried, 행위 예술가로 활동하고 있는 Shawn Zevitt, Rob Hutter, Deborah Baer Mozes가 있다. 시인이나 작가들 중에서는 Alicia Ostriker와 Marge Piercey를 들 수 있다.
6. 비블리오드라마의 모든 측면을 글로 표현하기는 상당한 어려움이 있지만, 특히 비언어적 차원을 글로 표현하기가 가장 어렵다. 한 사건을 통해서 내가 의미하는 것을 설명하고자 한다. 내가 7, 8학년 학생들과 비블리오드라마를 진행했을 때의 일이다. 우리는 아들 이삭을 번제로 바치는 아브라함의 이야기(창 22장)를 다루고 있었다. 우리는 농담도 섞어 가면서 상당히 산만한 분위기에서 비블리오드라마를 진행해 나가고 있었다. 난 역할 연기에 어린아이들을 참여시켰다. 마지막 장면에 이르렀을 때, 아이들은 본문을 하나님이 아브라함에게 그만두라고 말씀하시는 것으로 해석하지 않고, 천사를 보내서 아브라함이 들어 올린 손을 잡아 멈추게 한 것으로 해석했다. (이 해석은 렘브란트⟨Rembrandt⟩의 그림, "이삭의 희생제사"⟨1636⟩의 내용과 유사하다.) 천사의 손이 아브라함의 손에 닿자, 아브라함을 연기하던 소년은 몸을 돌려 천사의

심장을 찌르려고 했다. 이 깜짝 놀랄 만한 반응은 말이 아닌 동작으로, 그것도 갑작스런 연기로 이루어진 것이었다. 그것은 천 마디의 말로도 설명할 수 없는 그림 같은 연기였다.

해석의 커다란 범주 중에 '연기를 통한 깨달음'(action insight)이 있다. 책보다는 비디오테이프가 더 효과적으로 묘사할 수 있는 비언어적 주석이다. '연기를 통한 깨달음'은 잘 구성된 웜업 훈련 속에서 특정한 스타일 또는 안무를 따라(댄서가 큰 도움을 줄 것이다.) 등장인물이나 이미지를 재연할 수도 있고, 위에서 아브라함 이야기를 연기한 소년들처럼 즉흥적인 동작에 의해서 이루어질 수도 있다. 예를 들어, 나는 예술 치료사 집단과 함께 비블리오드라마의 장면을 처음부터 끝까지 무언극(mime)으로 구성한 적이 있다. 물론 모든 해석은 한마디의 말도 없이 몸짓을 통해서만 이루어졌다.

또 한 번은 성직자 그룹의 연례 컨퍼런스에서 나는 탕자의 비유(눅 15 : 11-32)에 나오는 두 아들의 만남에 초점을 맞추어 비블리오드라마를 인도한 적이 있다. 장면은 두 사람이 서로 주저하면서 임시방편적인 화해의 몸짓으로 서로를 향해 손을 뻗는 것으로 끝이 났다. 그런데 다른 연기자들과 똑같은 장면을 재연하도록 했을 때, 두 사람은 서로 부둥켜안고 울기 시작했다. 비언어적 몸짓은 침묵 속에서 아주 작은 몸짓으로 이루어지기도 하고, 머리를 갸우뚱거리는 정도로 이루어지기도 하고, 무대에서 밖으로 격하게 퇴장하듯이 커다란 움직임으로 이루어지기도 한다. 이와 관련해서 내가 경험했던 것이 있는데, 간음한 여인을 돌로 치는 장면(요 8 : 1-11)에서 군중 속에 있던 한 남자는 자기 머리를 마구 흔들다가 아무 말 없이 자기 자리로 들어가 버렸다.

SCRIPTURE WINDOWS

2장
첫 걸음

2장에서는 한 시간가량의 비블리오드라마 전 과정을 자세하게 소개하려고 한다. 비블리오드라마는 두 단계의 웜업(warm-up)으로 시작해서 성찰(reviewing)로 끝이 난다. 초보자들에게는 다소 복잡한 설명이 될 수도 있지만 이 설명이 독자에게는 흥미를 자극하고 전문가들에게는 실제적인 도움이 되기를 바란다.[1]

비블리오드라마가 늘 길고 복잡하다는 생각은 잘못이다. 단 한 번의 독백이나 간단한 대화, 한두 번의 더블(doubling)을 통해서도 효과적이고 인상적인 비블리오드라마가 될 수 있다. 뿐만 아니라, 수업과 설교에도 큰 도움을 줄 수 있다. 더 긴 형태의 비블리오드라마에는 다양한 기능들이 추가된다. 즉, 성경을 이해하고 해석하려는 것 외에 공연의 일종으로서, 자기-표현과 자기-발견의 형태로서, 집단극의 매체로서, 공동체 구성의 도구로서 기능을 수행하게 된다. 하지만 성경 본문을 대상으로 하는 비블리오드라마는 해석학적 통찰을 얻기 위한 도구이다. 그리고 이 책에서 주로 관심을 기울이는 비블리오드라마는 원칙적으로 성경 이야기에 대해 질문하고 대답하는 방식을 추구한다.

이러한 근거 아래, 우리는 몇 가지 요소로만 구성된 짧은 형태의 비블리오드라마를 시도해 볼 것이다. 그것은 성경에 대한 전통적인 방식의 토론이 될 수도 있고, 여담이나 해석학적 일탈이 될 수도 있다. 성경에 질문하는 방

식으로서 비블리오드라마는 항상 참여자들이나 집단의 필요와 수준에 알맞아야 한다. 학생들이 이러한 방식으로 성경을 읽는 것을 선호하는 교사는 비블리오드라마의 깊이와 길이를 조절할 수 있다. 이 장에서는 단순한 것을 좀 더 복잡하게, 닫힌 것을 좀 더 개방적으로, 인지적인 것을 좀 더 감성적으로 진행해 나가는 한 편의 비블리오드라마를 제시하려고 한다.

1. 디렉터의 역할

이 장의 모든 예시들에서 나타나겠지만, 디렉터의 주 기능은 질문하는 것이다. 여기서는 상상하지 않아도 되고, 복잡한 장면을 준비하지 않아도 된다. 또한 시설이나 장비 문제로 고민할 필요도 없다. 나는 비블리오드라마가 어떻게 본문(page)에서 튀어나와 일반적인 인터뷰 기술에 의해 전개되는지 보여 주고자 한다. 이 과정에서 디렉터는 호기심 있고, 천진난만하며, 도전적인 탐정 역할을 연기한다.

누구나, 심지어 초보자도, 비블리오드라마 과정을 멋지게 인도해 보려는 유혹을 갖게 마련이다. 그러나 디렉터로서 우리가 그 과정을 제어하면서, 집단과 참여자들의 연기가 적당한 수준을 유지하도록 보장할 수 있는 방법이 많이 있다. 다음과 같은 것들이다.

- **본문 선택**(Choice of text) : 디렉터가 읽고 연기할 내용은 사람들이 생각하거나 느끼는 것들과 깊은 관련이 있다. 격렬한 슬픔이나 갈등의 장면들은 확실히 위험성을 갖고 있다. 왜냐하면 디렉터와 참여자들이 감당할 수 없는 상황이 발생할 수 있기 때문이다. 하지만 그런 경우조차도 질문에 의지함으로써 갈팡질팡하지 않고 드라마를 조금씩 전진시켜 나갈 수 있다.

- **질문**(Questions) : 디렉터가 묻는 질문은 프롬프트(prompt)와 같다. [역자주 : 프롬프트는 컴퓨터 화면에서 입력을 기다리며 깜박이는 점을 말한다. 곧 어떤 과제를 즉각 수행하기 위해 대기하고 있는 상태를 말한다.] 질문은 참여자들을 특정한 방향으로 이끌어 간다. 이 책에서 물어보는 질문을 자세히 관찰해 보고, 응답자에게서 무엇을 이끌어 내려 하는지 찾아보자(감정인가? 정보인가? 생각인가? 재기발랄함인가? 외부적 묘사인가? 관계성인가?). 질문들을 이런 식으로 검토하다 보면, 디렉터가 묻는 질문의 종류에 따라 비블리오드라마가 근본적 차원에서 어떤 모양을 갖추어 가는지 명확하게 감지할 수 있다.[2]

- **메아리 기법의 사용**(The use of echoing) : 디렉터로서 당신이 참여자들의 말을 반복하는 것은 드라마의 열기에 영향을 미친다. 적절한 메아리는 분위기를 밝게 한다. 디렉터는 메아리를 사용할 때 약간의 아이러니한 표현을 사용하기도 하며, 때로는 코미디같이 과장되거나 익살스런 표현도 활용한다.

- **본문으로 돌아가기**(Returning to the text) : 디렉터로서 비블리오드라마가 제 궤도에서 멀어지고 있다고 느낄 때 제동을 거는 방법은 성경 본문으로 돌아가는 것이다. 진정한 비블리오드라마 작업은 항상

성경 이야기 속의 어딘가에서 시작한다. 성경말씀은 언제라도 돌아갈 수 있는 경계선이나 이정표의 역할을 한다. 만일 집단 활동이 잘못된 방향으로 흘러서 상당한 불편함을 느끼게 된다면, 디렉터는 언제나 그들을 향해 "자, 우리가 이야기 중 어디에 있는지를 기억하세요. 이 구절을 다시 여러분께 읽어 드리겠습니다. 이야기와 관련해서 무엇을 배우고 있었는지 생각해 봅시다."라는 말로 그들을 멈춰 세울 수 있다.

2장에서 간략히 소개하고 있는 모든 사례들은 기초적인 인터뷰 기술의 연습에 초점을 맞추었다. 그래서 의도적으로 사례들을 짧게 기술했다. 당신은 디렉터로서 비블리오드라마의 경험, 즉 질문과 연기 시간을 어떻게 조절해 나가는지 알게 될 것이다.

2. 빠져들기

앞서 언급했듯이, 비블리오드라마는 공식적인 무대나 훈련된 연기자를 필요로 하지 않는다. 심지어 다수의 인원조차도 필요로 하지 않는다. 비블리오드라마는 상상 속의 무대에서 진행할 수도 있고, 문학작품처럼 종이에 글을 쓰는 형태로 진행해 나갈 수도 있다. 여기서 사용한 '드라마'라는 말은 성경 속으로 능동적이고 자발적인 참여를 제안(요청)한다는 의미를 담고 있다. 일단 초대된 이야기의 공간을 보고 그 안으로 발을 들여놓게 되면, 우리는 창조적인 해석을 연습하게 된다.

다음에 예시된 것들은 다소 전통적인 형태의 학습 상황에서 진행된 비블리오드라마의 전 과정을 묘사한 것이다.

예를 들어, 모세의 탄생과 입양의 이야기(출 2:1-10)를 읽는다고 생각해 보자. 본문에 관해 이야기할 때, 우리는 다양한 방식으로 접근할 수 있다. 역사적으로 노예제도의 사회적 환경에 대해서 살펴보거나, 정치적 측면에서 억압 체제에 대해 생각해 볼 수 있다. 또는 페미니스트적 관점에서 출애굽기의 시작 부분에 등장하는 여성들의 역할에 대해서 토론할 수 있다. 이 밖에도 문학적 모티브에 주목한다거나, 히브리어를 연구할 수 있다. 함정에 빠졌거나, 위협을 느꼈거나, 어디로부터 추방당했던 우리 자신의 경험들을 이야기할 수도 있다.

그때, 나는 디렉터로서 학생들에게 모세의 누나인 미리암에 대해 집중하도록 요청했다. 나는 내 생각을 전달하는 대신에 구성원들과 웜업에서부터 시작해서 성경 이야기를 비블리오드라마적으로 접근할 수 있게 했다. (학습 상황에서 자연스럽게 도출된 방법에 사람들은 덜 저항하는 편이다.) 나는 아들을 죽이라는 명령이 공포되었던 때에 태어난 남동생을 바라보고 있는 미리암의 심정은 어땠을까를 상상하도록 요청했다. 사람들이 몇몇 생각들을 말하긴 했지만, 우리는 여전히 깊은 생각에만 잠겨 있었다. (우리는 미리암에 대해서⟨about⟩ 이야기할 뿐이었지, 아직 미리암으로서⟨as⟩ 이야기하지 않았다.) 그리고 난 후 나는 "만일 미리암이 이 순간 우리에게 말한다면 뭐라고 말할지 궁금하네요."라고 말했다. 나는 이 말을 아주 차분한 태도로 말했고, 잠시 침묵이 흐르도록 두었다. 그리고 누가 고개를 드는지, 누가 첫 단추를 뗄 것인지 살펴보았다. 그리고 나는 상당히 직접적인 질문을 던졌다. "미리암으로서 잠깐 말하고 싶은 사람은 없나요? 미리암, 말해 주세요. 이 순간 당신은 어떤 기분인가요?" 여기서 약간의 변화를 줌으로써, 나는 미리암에 대해서 생각하는 것에서("미리암이 뭐라고 말할지 궁금하네요.") 미리암으로서 생각하는 것으로("미리암, 말해 주세요. 이 순간 당신은 어떤 기분인가요?") 옮겨 갔다.

가장 안 좋은 경우는 아무도 말을 하지 않는 것이다. 물론 나는 모두가 침묵하는 것을 본 적이 없지만, 그것은 디렉터에게 상당히 두려운 요소로 작용한다. 만약 모두가 말을 하지 않는다면, 디렉터는 미리암이 되어 자기 자신의 의견을 말할 수 있다. 디렉터는 "미리암이 이 자리에서 우리에게 이야기를 하려고 한다면, 내 생각에 미리암은 이렇게 이야기할 거예요. '이것은 나에게 아주 잔인한 시간이에요. 나는 불가능한 선택의 기로에 서 있거든요. 한편으로, 나는 이 작은 아기를 소중하게 여기고 있어요. 하지만 다른 한편 그의 모든 울음이 나와 동생, 그리고 우리 부모님의 생명을 위협하고 있어요.'"

그러고 나서 디렉터는 다음과 같이 말할 것이다. "여기 혹시 좀 다른 이야기를 해 줄 또 다른 미리암이 있는지 궁금하네요." 디렉터는 이 말이 마중물이 되길 바란다. 하지만 또다시 아무도 그 말에 반응하지 않는다고 가정해 보자. 그 침묵은 디렉터의 말에 저항하는 침묵일 수 있다. 하지만, 미리암의 가족, 그리고 다른 가족들이 그때 갑자기 대면해야 했던 문제의 심각성으로 인한 침묵일 수도 있다. 더 이상 아무도 그 순간을 연기하고 싶어 하지 않는다면, 디렉터는 아마 다음과 같이 마무리할 수 있겠다. "우린 방금 미리암에게 말하고 그녀의 말을 상상해 보았어요. 이것은 본문 해석의 또 다른 방법이죠. 다음 기회에 다시 한번 해 보도록 합시다." 디렉터는 여운을 남기면서 드라마를 계속 진행하면 된다.

아마 누군가 디렉터의 초대에 반응할 것이며, 또는 디렉터가 이야기했던 것과는 다른 미리암을 제안할 것이다. 누군가 "난 미리암이 두려웠을 거라고 생각해요."라고 말할 것이다.

이것을 들으면 디렉터는 이야기한 사람이 아직 자기 역할을 제대로 수행하지 못하고 있음을 우회적으로 지적하게 된다. "미리암으로서 나는 두려웠어요."라는 말 대신에 "미리암이 두려웠겠군요."라고 이야기해야 한다. 여기서 디렉터의 임무는 그것을 직접화법으로 바꿔 주는 것이다. "당신도 역시 미리암이에요. 그러니 당신은 두려웠군요." 디렉터는 학생을 역할 안으로 이동시키면서 친절하게 말해야 한다.

또는 메아리 기법을 통해서 디렉터는 똑같은 결과에 이를 수 있다. "나는 미리암이에요. 그리고 나는 두려워요."

"음, 네 그래요." 참여자는 가볍게 어깨를 으쓱하거나 불안한 웃음으로 동의할 것이다.

"그럼 무엇 때문에 당신은 두려운가요?"라고 물으며 디렉터인 당신은 인터뷰를 이어 간다. 인터뷰 과정에서 디렉터는 대결하는 태도보다는 보살피는 태도를 가져야 한다. 참여자들, 특히 어른들은 항상 올바른 대답이 있을 거라는 생각에 익숙한 나머지, 이와 같이 분명히 개방되어 있는 방법에서조차 여전히 자신이 심문당하여 구석에 몰려 있다고 느끼곤 한다. 디렉터는 취조하는 교사보다는 걱정하는 친구의 역할을 취해야 한다.

"글쎄요, 미리암은 두려워하고 있어요. 그 이유는……."

나는 역할-연기가 잘 이루어질 수 있도록 부드럽게 말했다. "난 두려워요. 그 이유는……."

"그래요, 나는 두려워요. 왜냐하면 이 작은 아기가 우리 모두를 위험에 빠지게 할 수 있거든요. 그것도 아주 큰 위험이요."

"네." 나는 메아리 기법을 통해서 "우리 부모는 법을 어겼고, 우리는 이 아기를 숨겨야만 해요. 그렇게 하지 않으면 우리는 위험에 처하게 될 거예요. 맞나요?" 참여자에게 다시 언급하면서 말했다.

"네, 내 말은, 만약 아기가 들키면 어떻게 될까요? 우리가 아기를 숨기고 있다는 것이 발각된다면 어떻게 될까요?"

"무슨 일이 일어날까요?" 나는 대화하듯이 물었다.

"모르겠어요. 나는 그것에 대해 생각하고 싶지 않아요. 저 사람들은 아기들을 데리고 가서 죽이고 있어요. 단지 내가 아는 것은, 우리는 아주 비밀스럽게, 매우 조용히 해야 한다는 것이지요."

"우리는 붙잡혀 갈지도 몰라요." 누군가 이야기했다.

"우리 엄마와 아빠도 죽게 될 거예요." 또 다른 누군가가 말했다.

"난 붙잡히거나 죽게 되겠죠." 세 번째 사람이 이야기했다.

"아! 그래서 아기가 울 때마다 당신들은 뭐라고 말하지요?"

"쉬~ 잇. 이게 내가 하는 말이에요. 우린 모두 그렇게 이야기하죠. 우리는 모두 속삭이듯이 그렇게 말하죠."

"그것은 참 힘든 일이겠군요." 내가 말했다.

"네, 너무 힘들어요. 그 사람들은 아무 때나 와서 우리 집을 수색할 수 있어요. 우리는 들키고 말 거예요."

만일 상황에 맞지 않는 말이 나오기 시작한다면, 그것은 다시 되돌아 갈 시간이 된 것이다.

"감사합니다." 나는 이 참여자들에게 말했다. "어쩌면 이것이 미리암이 오늘 우리에게 이야기하려고 했던 것 중 하나일 것입니다." 그리고 나는 이 시점에서 참여집단들이 어디로 이동하고 싶어 하는지 관찰했다.

"그거 아세요? 난 지금까지 안네 프랑크를 생각해 본 적이 없어요." 참여자들 중 한 사람이 말한다. "이 미리암, 또는 아기 모세가 어떤 점에서는 안네 프랑크를 생각나게 하는군요."

"어떤 점에서 말이죠?" 내가 물어본다.

"그거 있잖아요. 숨겨졌다는 것, 숨어 있다는 것, 무서워하는 것 말이에요."

그러면서 우리는 그 이야기에 대한 다른 관점으로 자연스럽게 넘어간다. 정리하면, 디렉터는 모든 참여자들이 쉽게 이야기할 수 있도록 하기 위하여 되돌아간다. 비블리오드라마의 모멘트, 즉 다른 이야기로 전환해야 할 시점에서 디렉터는 종결이나 성찰 단계를 거칠 필요 없이 평소와 같은 토론을 통해 참여자들로부터 자연스럽게 도출된 내용으로 옮겨 가면 된다. 또 다른 사

"야곱과 라헬의 만남"(Jacob Meeting Rachel)_피에르 프란체스코 몰라(Pier Francesco Mola)

례를 살펴보도록 하자.

창세기 30 : 21에는 디나의 출생에 대한 언급이 있다. 수업시간에 우리는 성경에 등장하는 아들들의 이름을 통해서 야곱의 가족 계보를 살펴보고 있었다. 우리는 이 계보를 통해 가족들 간에 복잡한 역학관계가 있으며, 라헬과 레아 사이에 경쟁관계가, 그리고 부부간에 긴장관계가 있음을 느낄 수 있다. 우리는 고대 근동 지역의 결혼 풍습에 대해서, 그리고 정략결혼의 경제

성에 대해서 말할 수 있을 것이다. 아니면 오늘날 우리가 경험하는 가정 문제에 대해 살펴볼 수 있을 것이다. 우리는 많은 것들에 관하여 이야기할 수 있다. 그리고 난 후 나는 다음과 같이 질문함으로써 성경에 대한 상상으로 인도한다.

디렉터 : "여러분은 어떤지 모르겠지만, 나는 레아에게서 태어난 디나의 출생에 대해 궁금하게 여겨 왔어요. 이 가족 안에는 4명의 여인이 등장합니다."

주　의 : 나는 이 본문의 이야기를 시작하면서, 현재 시제로 말하기 시작한다. 나는 이야기를 꼼꼼히 읽은 후, 휴먼 드라마와 같은 방식으로 말하기 시작한다.

디렉터 : "여기 라헬이 있습니다. 여기 또 레아가 있어요. 그리고 두 대리모이자 여종인 빌하와 실바가 있습니다. 드디어 누군가 '남자아이예요!'라고 말하는 대신 '여자아이예요!'라고 말하는 순간이 찾아옵니다. 내가 궁금하게 생각하는 것은 이 이야기 속의 다양한 여자들이 이 출생에 어떻게 반응했을까 하는 것입니다."

주　의 : 이 상상은 여전히 웜업 단계에 속한다. 하지만 나는 연기의 가능성을 펼치기 시작한다. "여자아이예요!"라는 구절은 한 장면을 순간적으로 떠오르게 한다. 여기서 어떤 학생은 말했다.

학　생 : "음, 분명히 라헬이 매우 질투하고 있어요."

디렉터 : "그럼, 잠시 당신이 라헬이라고 가정해 봅시다. 당신이 어떻게 느끼는지 우리에게 말해 주세요." (비블리오드라마적 방식으로 초대)

라　헬 : "내가 라헬처럼 이야기하기를 원하는 건가요?"

디렉터 : "네, 그렇습니다. 그리고 여기 다른 분들은 레아로서, 또는 빌하로서, 또는 실바로서 말하고 싶어 할 수도 있습니다. 직접 말하지는 않았다 하더라도, 여자로서 여러분은 어떤 생각을 하고 계신가요?"

라　헬 : "글쎄, 라헬로서 나는 지독하게 질투했을 겁니다." (여기 "라헬로서 나는……."

이라는 말은 여전히 거리를 두고 있음을 알려 준다. 그것은 비블리오드라마적 형태이긴 하지만 완전하지는 못하다.)

디렉터 : "당신은 질투하고 있군요." (이렇게 강조해 줌으로써 나는 참여자들을 역할 안으로, 그리고 현재 시제로 끌어들인다.)

라　헬 : "오, 맞아요!" (그녀는 나의 에너지에 반응하면서 말했다.)

디렉터 : "왜요?" (나는 다시 순진한 질문자로 되돌아가서 물었다.)

라　헬 : "우선, 이 집안에 정말 예쁜 작은 여자 아기가 있는데, 그 애는 레아의 아기고, 그녀는 이미…… 잘 모르겠어요……. 많은 아들들을 가졌어요. 그리고 이제 레아는 내게 대항할 또 하나의 무기를 가졌어요. 나는 아기를 가질 수 없어요. 나는 정말 외톨이 같고 패배자처럼 느껴져요. 이 순수한 작은 여자 아기에 대해 견디기 힘든 그 무엇이 있어요. 나는 왜 그런지 모르겠어요."

디렉터 : "그럼 레아는요? 당신은 이 작은 여자 아기를 가진 것에 대해 어떻게 생각하나요?" (나는 내 질문을 이어받을 사람이 있을지 청중을 향해 뒤돌아봤다. 지금까지 이러한 시도가 실패한 적은 없었다. 누군가 응답하기 마련이다.)

레　아 : "글쎄요, 만약 아들로 성공하지 못한다면 여자아이로라도 어찌 해 봐야죠."

디렉터 : "목적을 달성하지 못한다고요? 무슨 의미죠?" (내가 대화하듯이 묻는다.)

레　아 : "아시잖아요. 내 남편을 완전히 차지하는 것, 가정을 장악하는 것, 내 누이를 이기는 것 말이에요."

디렉터 : "아하~" (나는 메아리 기법을 통해 말했다.) "레아로서 나는 처음부터 내 누이의 그늘에서 살았습니다. 야곱이 나를 보고…… 나를 평가해 줄 그 무엇도 제대로 되어 본 적이 없었어요. 하지만 이 여자 아기는, 음, 아버지들은 종종 딸들에게 매우 특별한 그 무엇이 있지요." (나는 방금 레아를 연기한 여성을 보며, 내가 제대로 표현했는지 확인했다. 그녀는 끄덕였다. 나는 계속했다.) "그리고 시중드는 여자들은요? 빌하, 당신은 라헬의 것입니다. 실바, 당신은 레아의 것이죠? 무엇이든 할 말이 있나요? 아니면 원래 시중드는 여인들은 조용히 있어야 하나요?"

빌　하 : "음, 난 빌하고, 내가 단지 말할 수 있는 것은 이 여자 아기는 꽤 외로울 것이란 점이죠. 같이 놀아 줄 사람도 없고, 온통 남자아이들만 있는 가정에서 자라잖아요."

실 바 : "실바로서 나는 그녀에게 뭔가 끌리고 있는 것이 느껴진다고 말하고 싶어요."

디렉터 : "당신은 그녀에게 끌리는군요. 왜죠?"

실 바 : "이 남자아이들은 어머니를 힘들게 하죠. 서로 싸우고 말다툼하고 경쟁하는 그런 것들이 모두를 사랑하기 어렵게 만들어요. 하지만 이 여자 아기는…… 아마 우리를 그것으로부터 해방시킬 수 있을지 몰라요. 어쩌면 저 아이는 특별할지도 몰라요. 나는 저 아이를 사랑하고 보호해 줄 거예요. 저 아이는 우리를 하나로 만들어 줄 거예요. 최소한 빌하와 나만이라도 함께할 수 있도록 해 줄 거예요."

디렉터 : "고마워요."

나는 진심으로 말했다. 왜냐하면 이 작은 비블리오드라마 여행이 내가 전에 느껴 보지 못했던 그 무엇을 내게 주었기 때문이다. 여종들 사이의 유대감, 그리고 여자 아기를 향한 그들의 진심 어린 관심을 말이다. 한 학생이 "나는 디나가 되고 싶지 않아요."라고 말했다. 나는 비블리오드라마를 계속 이어 가기 위해서 그 학생에게 디나로서 말해 달라고 요청하지 않았다. 그 대신 그저 왜 안 되느냐고 물어보았다. 그렇게 함으로써 이야기에 대한 보통 수준의 토의로 돌아오게 되었다. "음, 선생님은 그녀에게 무슨 일이 일어나게 되는지 알고 있잖아요. 그녀는……."

이 사례들을 통해 우리는 비블리오드라마가 제공하는 본문 읽기 방식, 즉 일종의 이탈(digression)이라는 방식에 대한 아이디어를 얻게 된다. 교사로서 내가 학생들에게 이 방법을 제안한다면, 나는 이것을 "별 것 아니야."라고 말해 줄 것이다. 나는 학생들을 넌지시 떠볼 수 있고, 과정을 시험해 보고, 어느 때고 이야기 또는 인물들에 대해서 말하기 위해 현실로 되돌아올 수 있다.

비블리오드라마는 어떤 문을 여는 방법이다. 그것은 이 세상에 존재하지 않는 곳으로 이끌 수 있고, 심지어 나[역자주 : 비블리오드라마를 오랫동안 인도한 저자 자신을 말한다.]조차 경험하지 못한 새로운 곳으로 이끌 수 있다. 소설과 관련시켜 본다면, 미국의 작가 헨리 제임스(Henry James)는 「픽션의 예술」(Art of Fiction)에서 '드라마들 속의 드라마들, 그리고 셀 수 없는 시점들'에 대해서 말했다. 우리가 비블리오드라마적으로 본문을 읽어 나갈 때, 저 다양한 관점들 때문에 아찔한 느낌이 들기도 하고 상당한 두려움을 느끼기도 한다. 하지만 본문은 우리가 해석 과정에서 길을 잃더라도, 우리가 되돌아갈 수 있도록 항상 그 자리에 서 있다. 우리는 언제라도 우리의 자리를 찾을 수 있다. 우리는 매번 검은 글자로 돌아갈 수 있고, 우리가 시작했던 정확한 단어나 구절로 돌아갈 수 있다.

3. 사물 연기하기

현대의 어느 꿈 해석에 따르면, 꿈을 이해하기 위한 제일 좋은 방법은 우리를 꿈꾸는 자, 또는 꿈의 주인공이 아니라 꿈을 구성하고 있는 각 부분으로 상상하는 것이다. 우리는 모두 다른 인물들이며, 꿈의 이미지나 대상, 구성, 그리고 관계들이다. 그래서 우리의 마음은 그 모든 것들을 꿈의 거미줄로 엮어 낼 수 있다.

나는 나를 대상으로 생각하는 이 시각이 나를 자유롭게 하는 데 유용하다는 것을 깨달았다. 그래서 나는 가끔 성경을 하나님의 꿈이라고 생각하곤 한다. 그 안에 있는 모든 것은 의미를 가지고 있고 삶과 관련되어 있다. 나는 자주 이러한 유비(analogy)를 비블리오드라마 수업의 도입부에 사용한다. 학생들 또는 참여자들로 하여금 성경에 등장하는 사물의 목소리를 찾아 사물로 하여금 우리에게 말하도록 한다.[3] 나는 사람들에게 역할극을 소개하는 방법으로 사물의 관점에서 연기하는 방법을 즐겨 사용한다. 하지만 그것은 어디까지나 도입으로서, 역할에 대한 거리감이 존재한다. 아무리 우리가 사물을 인격화하더라도, 결국 우리는 거기서 직접적으로 인격적인 감정을 느낄 수 없다.

이제 소개할 사례는 내가 12명 이하의 작은 그룹과 시도했던 연습과정이다. 그때 나는 참여자들 모두에게서 이야기를 듣고 싶었다. 적어도 그들이 말할 수 있는 가능성을 열어 놓고 싶었다. 이 사례는 그 자체로 끝을 맺거나 좀 더 긴 비블리오드라마의 웜업으로 사용할 수 있다.

"성경은 사물들로 가득합니다. 예를 들면 돌, 검, 우물, 산, 지팡이, 여러 종류의 배들이 있어요. 여러 가지가 떠오를 겁니다. 성경에서 여러분의 관심을 끄는 물건을 생각해 보세요. 아니면 특별한 이유 없이 그냥 머릿속에 불쑥 떠오르는 것을 생각해 보세요. 여러분의 마음에 그런 사물이 떠올랐다면 손을 들어 보세요."

나는 사람들이 하나의 사물에 푹 빠져들도록 분위기를 이끌어 간다. 그것을 어떻게 표현할까에 대해서는 생각하지 말도록 한다.

"이제 여러분이 그 물건이라고 상상해 보세요. 당신을 우리에게 다음과 같은 방식으로 소개해 주세요. 예를 들어, '나는…… 모세의 지팡이입니다.' 만약 이런 모습을 불편하게 느끼는 분이 있다면, 그저 보고 듣기만 해도 좋습니다."

참여자들의 대다수는 돌아가면서 — 어떤 사람은 미소로, 어떤 사람은 킥킥 웃으면서, 어떤 사람은 아무 표정 없이, 어떤 사람은 연기하듯이 — 자신을 소개한다.

"나는 하나님이 모세에게 준 지팡이입니다."

"나는 라헬의 눈물입니다."

"나는 동산의 뱀입니다."

"나는 제단에서 이삭을 묶을 때 사용했던 밧줄입니다."

"나는 지혜의 나무입니다."

"나는 미리암의 우물입니다."

"나는 라헬이 아버지로부터 훔친 작은 신상입니다."

"나는 나일강을 따라 모세를 날랐던 작은 갈대상자입니다."

"나는 가인이 아벨을 죽일 때 사용했던 돌입니다."

"나는 사라의 천막입니다."

"나는 모리아산에서 수풀에 걸린 숫양입니다."

"나는 황금 송아지입니다."

"나는 신전의 촛대입니다."

그리고 계속된다.

이 연습은 진행될수록 가속이 붙고 에너지를 얻게 된다. 우리는 이 사물들이 하고 싶은 이야기가 있다고 느낀다. 디렉터의 임무는 드라마가 진행되는 시간 동안 이 이야기들을 이끌어 내는 것이다.

그럼 다음 단계로, "여러분 중에 자기 자신에 대해서 뭔가 말하고 싶은 분이 있나요?"라고 물어볼 수 있다. 다음 사례는 성인 토라 모임의 한 여성이 말한 내용이다.

"모세의 발견"(The Finding of Moses)_안토니오 드 벨리스(Antonio De Bellis)

"나는 나일강을 따라 모세를 날랐던 갈대상자입니다."
"자신에 대해서 좀 더 이야기해 주세요." 나는 역할 속의 그녀와 인터뷰를 시작했다.
"음, 무엇을 알고 싶으신가요?"
"누가 당신을 만들었나요?"
"나도 모르겠어요."

이 반응은 흔한 일이며, 디렉터에게 중요하고 도전적인 순간을 의미한다.

참여자는 순간적으로 딜레마에 빠져 있다. 그녀가 완전히 자신의 상상 속에서 말하게 될지, 어떤 이야기에 옷을 입히게 될지, 아니면 성경에 대한 지식이 부족해서 성경에 대한 정보를 필요로 하게 될지 아직은 명확하지 않다. 이 시점에서 디렉터의 임무는 그녀가 스토리를 만들어 가고 꾸며 나갈 수 있도록 그녀를 격려하고 필요한 정보를 제공하는 것이다.

"음, 누군가가 분명히 당신을 만들었을 것이고, 당신에 관한 이야기가 성경에 나오지는 않지만, 당신은 당신의 비밀에 우리를 참여시켜 줄 수 있을 거예요."

또는, "사실 우리가 당신에 대해서 아는 것이 아무것도 없지만, 이 활동에서 당신은 자유롭게 이야기를 만들 수 있어요. 내가 당신에게 몇 가지 질문을 하고, 당신은 그저 머릿속에 떠오르는 대답들이 무엇인지 이야기하면 됩니다."

또는, "물론 당신은 알고 있어요. 아마 당신은 그들을 위험에 빠뜨리게 할까 봐, 이집트 권력자들이 당신의 이야기를 추적해서 모세의 탈출을 시도한 사람들을 체포할까 봐 두려워하고 있을지도 모르죠. 걱정하지 마세요. 여기에 있는 누구도 당신이 우리에게 말해 주는 것을 한마디도 밝히지 않을 거예요." 여기서 중요한 것은 연기와 창작의 정신 안에서, 역할을 맡은 연기자의 상상력이 발휘되도록 격려하는 것이다.

갈대상자 역 : "좋아요. 모세의 아버지가 그것을 만들었어요."
디렉터 : "나를 만들었어요." (나는 조심스럽게 이야기한 사람을 역할에 다시 넣으며 수정해 주었다.)
갈대상자 역 : "좋아요. 나를 만들었어요."

디렉터 : "그가 당신을 만들었을 때 당신에게 어떤 말을 했나요?"

갈대상자 역 : "실제로 소리 내서 말하지는 않았어요."

디렉터 : "하지만 당신은 그의 생각을 읽을 수 있었나요?"

갈대상자 역 : "그의 생각이 아니라, 그의 감정이죠."

디렉터 : "아하. 그 감정은 뭐였죠?"

갈대상자 역 : "그는 슬펐고 화가 났어요."

디렉터 : "알겠어요. 그럼 당신을 무엇 때문에 만들고 있었는지 알았나요?"

갈대상자 역 : "네."

디렉터 : "그럼, 무엇 때문이었죠……?"

갈대상자 역 : "나일강을 따라 어린 아기를 나르는 것이죠."

디렉터 : "이 일에 대해 당신은 어떻게 느꼈나요?"

갈대상자 역 : "그것은 엄청난 책임감이었죠. 저는 모세의 아버지가 매우 조심했으면 했어요. 저를 잘 짜고 틈을 잘 막아 주는 걸로요. 나는 새거나 옆으로 기울고 싶지 않았거든요."

디렉터 : "그래서 그는 당신을 잘 만들었나요?"

갈대상자 역 : "네, 아주 잘 만들었죠."

디렉터 : "난 당신에게 묻고 싶은 질문들이 많지만, 여기에서 당신과 같이 자신의 이야기를 하고 싶은 다른 사물들을 만나 봐야 합니다. 하지만 내가 당신을 떠나기 전에, 나에게 무엇이든 말해 주고 싶은 것이 있나요?"

갈대상자 역 : "네. 난 아기를 강 아래로 나르는 것이 어떤 느낌이었는지 당신이 알았으면 해요."

디렉터 : "아기를 강 아래로 나르는 것은 어땠나요?"

갈대상자 역 : "그의 어머니가 된 것 같았어요."

디렉터 : "아하. 내가 당신을 제대로 이해했다면, 당신이 말하려는 것은……." (그리고 여기서 나는 메아리 기법을 사용한다.) "나는 모세의 두 번째 어머니가 된 것 같았어요."

갈대상자 역 : "네, 두 번째 자궁이요. 나는 그를 안전하고 따뜻하게 안았어요. 나는 그

를 조심스럽게 흔들었어요. 그에게 속삭였죠. 그리고 그에게 이름을 준 것이 바로 나예요."

디렉터 : "그럼 내가 그에게 준 이름은……?" (메아리)

갈대상자 역 : "모세…… '건져 낸 자'라는 뜻이죠."

디렉터 : "무엇으로부터……?"

갈대상자 역 : "나로부터요."

디렉터 : "당신이 매우 중요했군요."

갈대상자 역 : "네. 그리고 아기를 보내 주기가 슬펐지만, 난 그 일을 위해 만들어졌고 내가 해내서 기뻤어요. 하지만 그러고 나서 나는 텅 비고 말았어요."

디렉터 : "음, 당신의 이야기를 나눠 준 것에 대해 감사드립니다."

　이런 종류의 인터뷰는 질문을 던지는 디렉터의 능력에 부분적으로 의지한다. 디렉터의 순진하고 단순한 질문 기술은 참여자들이 극에 참여하고 자기 역할을 유지하는 데 도움을 준다. 하지만 참여자들이 종종 자발적으로 이야기를 만들어 가기도 한다. 디렉터가 참여자를 사물로 보면 볼수록, 연기자는 더 쉽게 극에 몰입해서 연기할 수 있다. 기억해야 할 사실은, 참여자들은 — 비록 그들은 자주 의식하지 못하지만 — 어떤 사물을 선택하게 된 나름의 이유를 갖고 있다는 것이다. 따라서 종종 디렉터가 할 일은 참여자들이 자기 이야기를 하도록 초대하는 것뿐이라는 사실이다. 비블리오드라마 활동의 장점을 느끼게 하기 위해 사물과 복잡한 대화를 강요할 필요는 없다.

　우리는 사물을 통한 활동이 그룹의 비블리오드라마적 상상력에 어떤 도움을 주는지 살펴보았다. 사물을 연기함으로써 얻게 되는 깨달음이 있다. 이 깨달음은 아주 매력적인 것으로, 이 터무니없는 연기 속에 아이 같은 천진난만함이 있다. 어떤 사람들에게는 가볍고 실속 없는 것처럼 보이지만, 또 다른 어떤 사람들에게는 자유를 느끼게 해 주며 본문과 연기자에게 통찰을 불러일으킨다. 또 이것은 인터뷰를 실습하기에 탁월한 형식(form)이다.

사물을 통한 활동의 다른 방법은 사물을 다양한 방식으로 배열하는 것이다. 이 방법은 그 자체로도 충분한 활동이 될 수 있으며, 비블리오드라마를 위한 도입으로도 사용할 수 있다.

예를 들어, 여기 에덴 동산에서 가져온 두 개의 물건, 이삭을 번제로 드리던 아브라함의 이야기에서 가져온 두 개의 물건, 라헬의 이야기에서 가져온 두 개의 물건, 그리고 출애굽 사건에서 가져온 여러 개의 물건들이 놓여 있다. 우리는 그 물건들을 그것들이 속한 이야기에 따라 그룹으로 묶거나, 그 이야기의 시간적 순서에 맞게 배열할 수 있다. (이 경우 선악을 알게 하는 지식의 나무로부터 미리암의 우물까지[역자주 : 미드라쉬에 따르면, 이스라엘 백성들이 광야생활을 하는 동안, '미리암의 우물'을 들고 다녔다고 하며, 머무는 곳마다 미리암의 우물에서 물이 공급되다가 미리암이 죽자 그 우물도 말라 버렸다고 전해진다.]) 그 물건들은 한 이야기를 공유하기도 하며, 다른 사물과 서로 관계를 맺기도 한다. 서로 병치관계(juxtaposition)에 있는 사물들은 놀라운 해석의 가능성을 열어 준다. 사물들 간의 대화는 통찰과 유머, 열정으로 가득 차 있기 때문에 참여자들은 이런 활동을 통해서 자신들이 이 사물들과 얼마나 깊이 연결되어 있는지를 알게 된다. 사물을 통해 참여자들은 질문하거나 논쟁할 수 있으며, 자신과 관련된 이야기를 해석할 수 있다.

또한 항상 염두에 두어야 할 것은 성찰을 위해 마지막 시간을 남겨 두어야 한다는 것이다. 참여자들과 관찰자들은 진행 과정에 대해 말하고, 어떤 경험을 했는지, 무엇을 배웠는지 서로 나눌 수 있는 기회를 필요로 한다. 놀랍게도 이 단순한 활동이 사람을 얼마나 흥분시키는지 모른다. 이 활동에 탄력이 붙는다면, 우리는 고고학과 역사의 자리를 넘나들고, 전통적인 해석을 새롭게 검증하거나 고도의 문학적 경지에 이르기도 하며, 자기-성찰의 기회를 가질 수 있다.

이 활동을 끝맺기 위해서 여러 방법을 사용할 수 있다. 만약 사람들이 그룹을 짓거나 배열하기 위해 서 있는 경우라면, 나는 "감사합니다."라는 말과 함께, 진행 시간이나 우리가 아직 해야 할 다른 순서를 환기시키면서 자리에 앉도록 한다. 그들이 자리에 앉을 때에는 역할을 벗고 자기 자신으로 돌아갈 것을 지시한다. 만일 앉은 상태에서 몇몇 사람들이 아직 말할 기회를 얻지 못했다면, 나는 다음 수업시작 전에 그들이 기회가 없어 하지 못했던 말을 적어서 제출하도록 제안하곤 한다.

다음은 성찰 과정에서 실제로 있었던 일이다.

갈대상자 역할을 맡아 연기했던 한 여성이 연기 과정 중에 느꼈던 생생한 장면을 이렇게 표현했다. "나는 정말 모세의 아버지가 촛불 앞에서 몸을 숙이고 상자를 엮어 내는 것을 볼 수 있었어요. 정말 놀라웠고, 상자인 내게도 뭔가 느껴졌어요. 아기와 이별해야 한다는 것이 내가 연기하는 것보다 더 힘들었어요."

그러자 또 다른 그룹 구성원이 그녀를 바라보면서 말했다. "나는 지금까지 갈대상자를 제2의 어머니 같다고 생각해 본 적이 없었어요. 그러니까 난 모세가 여러 어머니의 품을 옮겨 다녔다는 사실을 깨달았어요. 한 어머니 품에서 보살핌을 받다가 다른 어머니에게로 옮겨졌죠. 갈대상자는 모세의 어린 시절이 얼마나 많은 곳을 거쳐 지나갔는지를 느끼게 하는 은유(metaphor) 같아요."

해석에는 성인 수준의 철학적 사고가 담겨 있다. 하지만 이러한 활동은 어린이 학급이나 가정에서도, 또는 여러 세대가 섞인 집단에서도 이루어질 수 있다. 어린이들이 사물에 대해 이야기할 수 있는 능력은 부족하겠지만, 자신들을 표현하기에는 어느 누구보다 더 자유로울 것이다.[4]

나는 요셉의 겉옷을 연기한 아이의 말을 아직도 잊을 수 없다. "형들이 나를 갈기갈기 찢고 내 위에 피를 뿌렸을 때 무서웠어요. 그들은 미쳤어요. 마치 늑대들처럼 말이죠."

4. 생각 엿보기

비블리오드라마의 기법으로서 성경 이야기 밖에 있는 사람의 '생각 속으로 들어가는' 방법이 있다.

예를 들어, 우리는 가상의 인물인 '편집자'(redactor)와 함께 비블리오드라마에 대한 스케치 작업을 할 수 있다. '편집자'는 보통 정경화된 모습의 현재 성경을 만든 익명의 최종-편집자를 일컫는 이름이다. 성경을 비평하는 많은 학자들은 편집자를 상정하여 자료의 선택과 편집의 이유를 이해하려고 시도한다. 이 익명의 소리 없는 편집자를 성경에 관한 토론의 장(場)에 등장시키는 것은 가능할뿐더러, 상당한 활력소를 제공한다. (우리는 복음서 기자들, 즉 마태, 마가, 누가 또는 요한에게 왜 어떤 것들은 기록하고, 어떤 것들은 기록하지 않았는지를 물으며 대화한다.)

예를 들어, 우리는 에서와 야곱이 오랫동안 헤어졌다가 다시 만나는 장면을 관찰하고 있었다. 우리는 편집자가 '입맞춤'에 해당하는 히브리어 단어[역자주 : 창 33 : 4, וַיִּשָּׁקֵהוּ] 위에 다른 곳에서 볼 수 없던 일련의 점들을 사용한 것을 알게 되었다. 나는 이것을 학생들에게 보여 주면서 말했다. "잠시 당신이 편집자라고 상상합시다. 이 작은 표시들은 무엇 때문이죠?"

"화해의 아름다움을 강조하기 위해 그런 표시를 했습니다."

"에서는 사실 입맞춤 대신 물어뜯고 싶었다는 것을 말하기 위해서 이빨 표시를 작게 한 겁니다."

또 다른 예를 들어 보자. 창세기 초반부에는 남자와 여자의 창조에 대한 두 가지 다른 견해가 있다. 왜 그럴까? 또, 창세기 4 : 8의 가인과 아벨의 이야기에서 형제들 간의 대화와 살인 장면이 빠져 있다[역자주 : 아벨을 살인하는 자세한 장면 묘사가 없다는 의미]. 왜 그것들이 생략되어 있을까? 이 모든 사례에는 오로지 저자나 최종-편집자만이 설명할 수 있는 수수께끼가 숨어 있다. 나는 학급에게 자신들이 편집자라고 상상하도록 제안했다. 나는 그들에게 다음과 같이 말했다.

"편집자 여러분, 우리에게 말해 주세요. 이것은 단지 실수였나요? 당신이 그냥 혼동했던 건가요? 여기에 두 가지 다른 이야기나 전통이 존재했고, 당신은 그것을 둘 다 존중하기 위해서 이야기의 일관성을 희생시켰던 것인가요? 아니면 무엇이죠?"

놀랍게도 학생들은 본문의 모순을 설명하도록 도전받을 때 놀라운 창의력을 발휘한다. 그리고 편집자의 역할을 하는 인원이 많을수록 우리의 질문에 대한 해답의 가능성은 넓어지고 심오해진다. 이 방법은 우리의 창의력을 고무시킬 뿐만 아니라, 동떨어져 있는 저자(편집자, 복음서 기자, 또는 예언 기자)를 생생하게 만든다는 장점이 있다.

우리가 성경 이야기를 읽을 때 들어가 볼 수 있는 여러 사람들의 생각들이 있다. 예를 들어, 12세기 프랑스의 위대한 토라 주석가인 라쉬(Rashi)[역자주 : Rabbi Solomon ben Isaac의 머리글자를 따서 부른 이름으로, 중세시대에 활약했던 유대 성경학자이다.]를 공부할 때, 학생들에게 라쉬의 머릿속으로 들어가 그의 주석을 좀 더 자세히 설명하도록 요청한다. 또는 학생들에게 라쉬가 쓰지 않았던 주석을 써 보도록 요청한다. 또 현대 그리스도인들은 해방신학의 관점이나 마틴 루터(Martin Luther)의 예언자적 상상력을 가지고 성경 스토리를 바라볼 수 있다. 비블리오드라마를 통해서 이들의 목소리가 구현되어 생명을 얻게 되고, 과거 그들의 시간과 장소를 넘어 확장되며, 그럼으로써 서로 관계를 맺게 된다. 어거스틴(Augustine)은 아퀴나스(Aquinas)에게 말하고, 부버(M. Buber)는 마이모니데스(Maimonides)와 대화하게 된다.

그리고 마지막으로, 교실이나 그룹에서 주목하지 않았던 역사적이면서 현대적인 독자들의 목소리와 시각이 있다. 예를 들어, 어린 모세의 이야기를 읽는 고등학교 학급이라면, 나는 다음과 같이 물어볼 것이다.

"1938년 히틀러의 시대에 독일에서 살고 있는 유대인이라고 상상해 봅시다. 여러분은 유대인으로서 이 이야기를 읽고 있습니다. 이 이야기가 여러분에게 의미하는 바가 무엇인지 말해 보세요." 또는, "1859년 남부 농장에서 일하고 있는 노예라고 상상해 봅시다. 여러분이 이 이야기를 듣는다면, 이 이야기가 여러분에게 의미하는 것은 무엇일까요?"

이 질문에 참여자들은 새로운 아이디어가 떠오를 것이다.

5. 성경 인물 연기하기

앞에서 우리는 사람들이 사물들을 선택하고 역할-연기를 하도록 초청하는 것을 다루었다. 이제 사물의 역할 연기 방식을 성경의 인물 연기에 적용하도록 하겠다.

여기에는 기본적으로 세 가지 방식이 있다. 첫 번째로 가장 일반적인 형태는 자유 연기(open-ended) 방식으로, 디렉터는 참여자들을 초청하기만 하고, 참여자들이 어떤 사람이든 자유롭게 선택한 인물을 연기한다. 두 번째는 본문 속 인물 연기(casting the text) 방식으로, 디렉터는 참여자들로 하여금 주로 디렉터가 다루고자 하는 특정한 본문 또는 성경 이야기에서 인물을 선택하도록 초청한다. 그리고 세 번째는 집단 연기(group characterization) 방식으로, 모든 참여자들이 같은 인물을 연기하도록 초청함으로써 전체 집단이 창출해 낼 수 있는 그 인물에 대한 다양한 모습(version)을 연기로 표현한다. 한마디로 이것은 더블(이중자아/doubling)을 수행하는 것이다.

자유 연기

자유 연기를 위한 웜업은 내가 앞에서 사물 연기를 위해 사용한 것과 아주 비슷하다. 다시 한번 설명하자면, 이 과정은 두 단계로 이루어진다. 첫째 단계에서는 사람들에게 그들의 흥미를 끄는 성경의 인물, 또는 그들의 머릿속에 갑자기 떠오르거나 호기심을 끄는 인물을 생각하도록 한다. 그리고 둘째 단계에서는 참여자들에게 구성원들 앞에서 그 인물이 되어 자신을 소개하도록 한다. 디렉터는 이런 식으로 말할 수 있다.

"당신의 흥미를 끈 인물을 선택했으니까, 이제 그 인물이 되어 우리에게 당신을 소개해 주세요. 이것을 하기 싫다면, 당신의 차례가 되었을 때 그냥 '통과'라고 말하세요."

사물을 연기할 때와 마찬가지로 다양한 기준에 따라 인물을 묶어서 조직화할 수 있다. 예를 들어 성경에서 차지하고 있는 위치, 즉 지위(족장에서부터 종에 이르기까지)나 등장하는 빈도(자주 등장하는 모세로부터 단 한 번 등장하는 사람에 이르기까지) 등에 따라 다양하게 군(群)을 형성한다. 여기에는 아주 다양하면서도 흥미로운 순열이 등장하게 된다.

예를 들면, 방(무대)의 가운데에 빈 의자를 놓고 연기자[역자주 : 참여자들이 스스로 선택한 역할 인물]들에게 이 의자가 하나님을 상징한다고 말한다. 그리고 하나님과의 거리감에 대한 자신의 느낌을 그 의자로부터 가까이 또는 멀리 서는 행위를 통해서 표현하도록 요청한다. 그 후 인물들에게 하나님에 대한 그들의 감정, 관계, 역사에 대해 질문할 수 있다. 한번 이 장면이 만들어지면, 디렉터의 임무는 역할 속의 참여자들을 인터뷰하는 것이며, 그들이 구성원들에게 자신에 대해 조금씩 말하도록 도와주는 것이다. 종종 다른 인물들이 질문에 동참하기도 한다.

한번은 한 학급에 사라와 하갈이 있었는데, 두 여자는 서로에게 하고 싶은 말이 있느냐는 나의 단순한 물음 후에 대화를 하기 시작했다. 내가 한 일은 그것이 전부였다.

이렇게 자유로운 형태의 비블리오드라마는 매우 역동적이고 재미있다. 비블리오드라마가 끝난 후에도 다양한 종류의 후속 과정을 이어 갈 수 있다. 글짓기나 성경공부를 하기도 하고, 심지어 인물을 표현하기 위해 가면을 만들어 드라마틱한 집단 퍼포먼스를 벌이기도 한다.

자유 연기 방식의 비블리오드라마는 다음과 같이 진행된다.

일단 사람들이 역할 인물을 선택하여 그 인물을 연기하게 되면, 디렉터는 그 인물이 어떤 시대와 공간적 상황에 처해 있는지를 확인하게 한다. 미리암을 선택한 여성의 경우, 연기의 진행은 다음과 같이 이루어진다.

"당신이 미리암이라고 말했나요? 그럼 당신은 인생의 어떤 시점에 서 있나요?"

가끔 참여자는 즉시, 그리고 확신을 가지고 대답하곤 한다.

"나는 미리암입니다. 나는 방금 내 동생의 아내 십보라를 만나고 왔습니다."

가끔 역할 인물이 특정 시점을 찾지 못하는 상황이 벌어질 때, 디렉터는 선택 가능한 옵션을 제시할 필요가 있다. 예를 들어 "나는 리브가입니다."라고 참여자가 말했다고 하자.

"당신이 리브가인가요? 좋아요. 당신의 인생 여정 중 어디에 서 있나요? 우물가인가요? 이삭을 처음 만난 상황인가요? 아니면 쌍둥이를 임신했을 때인가요?" 등과 같이 질문한다.

"나는 아버지의 집을 떠날 준비를 하고 있어요."

"아하, 알겠습니다. 당신은 하란에 있군요. 그럼 당신은 지금 우리에게 말하고 있는 바로 이 순간에 어디 있나요?"

"나는 내 아버지 집 문간에 기대고 서 있어요. 이삭의 아내를 찾는 낯선 사람은 낙타에 안장을 메고 있어요. 나는 여기에 서 있으면서 내 몸의 한쪽은 내 아버지 집에 드리운 그늘의 시원함을 느낄 수 있어요. 그런가 하면 뜨

거운 태양은 내 몸의 다른 한쪽을 비추고 있어요. 나는 작별인사를 나누고 있어요. 내가 어디로 갈지, 내가 무엇을 만나게 될지 모르지만, 다른 세계에 들어가기 위해 한 세계를 떠나고 있다고 느껴요. 나는 흥분도 되고 두렵기도 해요. 하지만 난 준비됐어요."

이 반응의 양과 질은 일반적이지 않다. 일단 그 연기자는 역할 연기의 특정 시점을 찾아냈고, 아주 귀중하고도 소소한 감정을 발굴해서 묘사하고 있다.

또 같은 그룹에 속한 다른 리브가는 시간이 한참 흐른 시점에서 이야기한다.

"나는 리브가이고, 나 역시 문간에 서 있어요. 나는 방금 이삭의 분노가 가라앉으면 다시 부르겠다는 약속과 함께 내 아들 야곱을 하란으로 보냈어요. 하지만 야곱을 다시 볼 수 있을지 모르겠어요. 그리고 하나님이 약속하신 것을 야곱이 얻게 하기 위해서 내가 잃어야 했고 희생해야 했던 것을 이해해 줄 사람이 있을지 의심스러워요. 가끔 내가 여기에 절대 오지 않았더라면 하는 생각을 해요."

"네." 디렉터는 약간 밝은 목소리로 이야기한다. "나는 하나님이 가끔 힘든 일들을 하도록 사람들에게 요구하신다는 것을 알고 있습니다. 리브가, 걱정하지 마세요. 당신의 두 아들은 잘해 나갈 겁니다."

본문의 인물 연기

이 인물 표현 방법은 특정 성경 이야기를 연구할 때 매우 유용하다. 예를 들어, 우리가 출애굽기 18장을 읽고 있다고 가정해 보자. 본문은 모세의 장인이자 미디안의 제사장인 이드로가 도착한 것에서 시작하고 있다. 이 노인은 모세의 아내 십보라와 두 아들, 게르솜과 엘리에셀을 함께 데리고 온다. 이 가족은 이스라엘이 아말렉인들을 무찌른 직후, 광야로 모세를 만나러 나온 것이다.

우리는 비블리오드라마를 다음과 같은 방식으로 시작할 수 있다.

"자, 여러분, 우리는 이 이야기를 꽤 주의 깊게 읽고 있었습니다. 나는 약간 다른 것을 해 보라고 여러분에게 제안하고 싶네요. 이 장면에서 나타날 수 있는 — 이름이 언급되지 않았더라도 — 인물들을 칠판에 적어 봅시다."

"모세."

"이드로."

"십보라."

"게르솜과 엘리에셀."

"미리암."

"아론."

"모세의 어머니."

"모세의 아버지?"

"여호수아."

"병사."

"좋습니다. 아주 잘했어요. 이제 같이 해석을 해 봅시다. 나는 여러분이 이 인물들을 선택해서 잠깐 동안 그 인물이 되었으면 합니다. 나는 오늘 광야에서 일어난 일에 대한 여러분의 생각을 알고 싶습니다. 여러분이 누구인지 알았을 때 손을 들어 주세요. 이 활동에 참여하고 싶지 않다면 통과할 수 있습니다."

또다시 손들이 올라간다. 전부는 아니다. 전부가 연기할 필요는 없으며, 사람들이 자유롭게 구경할 수 있다는 것을 알릴 필요가 있다. 사람들은 이런 종류의 활동에 참여하기 위해서 서로 다른 웜업의 시간을 필요로 한다. 항상 빠르게 시작하는 사람들이 있으며, 그래서 대부분 이런 활동을 진행해 나가기에 충분한 인원이 있게 마련이다. 하지만 훌륭한 디렉터(교사)라면, 처음에 조용한 사람들이 질문을 하고 싶어 한다거나 어떤 식으로든 참여를 하고 싶어 하는지 다양한 방법으로 점검하는 작업이 필요하다.

이어지는 과정에서 디렉터인 나는 다시 인터뷰 진행자의 역할을 맡아 마치 손에 마이크가 들려 있는 것처럼 질문을 한다. 비록 디렉터는 이야기를 잘 알고 있지만, 어느 정도의 순진함을 가장한다. 그 순진함이 내가 듣게 될 놀라운 일들에 나를 개방하도록 만든다. 디렉터인 내가 광야생활의 장면에서 더 풍부한 상상력을 가지면 가질수록, 인터뷰 진행자로서 더욱 활기차고 호기심이 가득한 사람이 된다. 인터뷰를 진행하는 자로서 나(디렉터)는 어떤 소문을 들었다면 그 소문을 확인하려고 시도한다.

"모세가 그의 아내가 아니라 이드로에게 입맞춤한 것이 사실입니까?"

또는, "이드로가 모세, 당신이 사람들의 판결을 내리는 것을 보고 당신이 하는 것이 '옳지 않다'고 말한 것이 사실입니까?"

또는, "게르솜, 당신이 자라났던 미디안을 떠나 이 광야에서 당신의 아버지를 만나니 어떤가요?"

질문, 질문, 질문. 이것들이 비블리오드라마 디렉터가 사람들을 연기에 참여시키는 수단이다.

모세의 가족이 광야에서 만나는 장면은 한 편의 비블리오드라마로 만들기 쉽다. 간결하고 본문 연구를 위한 비블리오드라마가 되기 위해서는, 등장인물들에게 자기 자신에 대해, 그리고 주변에서 일어나고 있는 일들에 대해 한두 가지 질문을 던지는 것으로 충분하다. 아울러, 장면에 등장하거나 장면과 연관된 모든 사람에게 물어보는 것을 잊지 마라. 본문 속 인물 연기 방법은 폭은 있지만 깊고 세밀하게 들어가지 못한다. 디렉터는 전체 장면에 대해 약간 풍성한 느낌을 가지게 된다.

집단 연기

마지막으로, 디렉터는 집단의 모든 사람들에게 같은 인물이 되어 달라고 요청할 수 있다. (이것은 실제 더블 활동이다.)

예를 들면, 창세기 12장, 즉 자기 고향을 떠나 가나안으로 향하는 아브람(아직 아브라함이 아니다.)에 대해 공부하고 있는 한 학급을 생각해 보자. 이 활동을 다음과 같은 방식으로 도입할 수 있다.

디렉터 : "난 이 모험에 대해서 사래가 어떻게 생각했는지 항상 궁금했습니다. 우리가 알고 있는 것은 단지 사래는 아브람의 아내이고 임신을 못한다는 것입니다. 난, 우리가 같이 사래에 대해 발견할 수 있는 다른 해석과 목소리가 얼마나 되는지 궁금합니다. 여러분이 사래라고 상상해 보세요. 당신의 남편은 하나님이 그에게 행하라고 제안한 일을 당신에게 말해 줬습니다. 당신의 반응이 어떤지 말해 주세요. 당신의 생각을 말하고 싶으면 손을 들어 주세요."

사래 1 : "나는 이 문제에 대해서 전혀 할 말이 없어요. 당신은 내 남편이 그의 하나님이 그에게 행하라고 말했던 것을 나에게 말했다고 했죠. 하지만 당신은 틀렸어요. 내 남편은 아무것도 말해 주지 않았어요. 그는 그냥 우리가 떠난다고 선언했고, 우리는 갈 겁니다."

사래 2 : "나는 다른 사람입니다. 사래라고도 하죠. 내가 임신 못하는 것은 내게 아주 힘든 일이에요. 나는 지금 내 여성 친척들 사이에 서 있어요. 이 여행은 내게 중요한 일이 될 것이라고 생각해요. 남편은 나에게 하나님의 부르심에 대해 말해 주었고, 나는 그것이 우리가 이제 가족을 갖게 될 것이라는 약속이라고 느꼈어요. 길을 떠나는 것이 나를 흥분시킵니다."

사래 3 : "나는 떠나기가 무서워요. 우리는 우리가 알고 있는 것, 우리의 고향, 우리의 신들을 떠납니다. 아브람에게 말을 건네는 이 하나님은 누구인가요? 이 하나님은 이름이 없어요. 형상이 없죠. 아브람은 그가 볼 수 없는 무엇인가에 그의 믿음을 맡기고 있어요. 그리고 나는 내 믿음을 그에게 맡기고 있죠."

사례 4 : "나는 왜 우리가 롯을 데리고 가는지 모르겠어요. 나는 가끔 이 젊은이가 나를 매우 이상하게 쳐다보는 것을 느껴요. 가끔 그가 약간 무섭게 느껴져요."

사례 5 : "나는 여자로서 그동안 작별인사를 참 많이 했어요. 이것은 단지 한 번 더 하는 것뿐이죠. 여자는 그의 남편이 가는 곳을 따라가야죠. 그것은 원래 그런 거예요. 나는 우리가 정착하게 될지조차 의심스러워요."

사례 6 : "성경이 우리의 이야기를 하고 있는 것이 내게는 너무 우스워요. 마치 우리가 가나안으로 가는 것이 아브람의 선택인 것처럼 말이죠. 여기 하란에서 살고 있는 동안 나는 오래전부터 늙으신 아버지와 우상숭배에서 떠나라는 꿈을 꾸고 목소리를 들었어요. 하지만, 아브람은 자신이 아버지를 돌봐야 한다고 느꼈고, 아버지를 혼자 내버려 둘 수 없었어요. 남편은 나를 어리석은 여자라고 했어요. 남편은 내가 들은 목소리는 내 머릿속에서 나온 것이라고 말했어요. 그래서 나는 기다렸어요. 내가 임신 못하는 것은, 아브람에게 우리의 삶이 여기서 끝나는 것이 아니며 또 끝나서는 안 된다고 말하는 하나님의 방식이라는 것을 알고 있었어요. 그리고 마침내 하나님은 남편에게 말했어요. 나는 그저 웃을 수밖에 없었지요. 왜 그렇게 오래 걸렸나요! 나는 몇 년 전부터 갈 준비를 하고 있었다고요."

그렇게 계속 이어질 수 있다. 나는 이 다양한 해석들을 일치시키려고 하지 않는다. 내게 중요한 것은 가능성들을 열어 놓고 성경의 인물에게 얼마나 다른 요소들이 존재하고 있는지를 드러내는 것이다. 사래가 이렇게 만화경(kaleidoscope) 속의 인물처럼 해석된다면, 우리는 — 우리가 원한다면 — 이야기의 다른 인물에게 돌아서서, 그들의 내면세계를 다양한 관점에서 바라보는 기회를 얻을 수 있다.

6. 종결과 성찰

이제부터 지금까지 미뤘던 종결과 성찰 과정에 대해서 살펴보도록 하겠다.

종 결

연기 과정의 마지막 단계라 할 수 있는 종결은, 실제로 가야 할 종착지점을 찾는 것이다. 디렉터로서 당신은 마치 연기를 마무리하려는 피겨 스케이트 선수처럼, 이야기를 끝내려고 하는 구연자(storyteller)처럼 감동과 여운을 남길 수 있는 멋진 피날레를 구상한다. 마지막 장면의 여운을 남기며 서서히 사라지게 할 수도 있는 반면, 대단원의 막을 서둘러 닫을 수도 있다. 종결의 과정은 연기 작업의 미진한 부분을 깔끔하게 마무리하거나 마지막 대사(말)가 끝난 후 흐르는 (지루한) 침묵을 해결해 나가는 것이다. 종결을 위해 가끔씩 방금 연기했던 이야기에 이어서 등장하는 사건을 들려주기도 하는가 하면, 연기했던 본문으로 돌아가 본문을 다시 읽는 경우도 있다. 이 주제와 관련해서는 Ⅲ부 6장에서 더 다루도록 하겠다.

지금까지 다룬 대부분의 경우처럼, 비블리오드라마가 간단한 형태라면 종결단계가 반드시 필요한 것은 아니다. 간단히 "감사합니다."라고 참가자들에게 이야기하는 것으로 충분하다. 물론, 좀 더 긴 비블리오드라마 활동이라면 종결단계는 꼭 필요하다. 디렉터는 장면을 마무리 짓고 결론의 리듬을 찾을 시간이 좀 더 필요할 것이다.

성 찰

성찰이란 역할 연기가 끝나고 이어지는 단계를 말하는 것으로서, 참여자들이 다시 본래 자신으로 돌아가면서 시작된다. 디렉터는 아주 간단한 비블리오드라마 연기를 제외한 모든 활동이 끝나면, 비블리오드라마적 사건의 종결을 알려야 하며, 그러고 나서 사람들에게 경험한 것을 되돌아볼 기회를 주어야 한다. 디렉터는 사람들에게 자기 경험을 반성하게 함으로써 그 경험을 학습으로 연결시켜야 한다. 즉, 그 경험을 통해 자기 자신에 대해서, 다른 참여자들에 대해서, 그리고 성경에 대해서 새롭게 이해할 수 있는 기회를 제공해야 한다. 이것이 성찰이다.

웜업과 성찰의 시간이 반드시 똑같아야 할 이유는 없다. 많은 경우, 간단한 초대와 가벼운 웜업 단계로도 역동적인 비블리오드라마를 촉진시킬 수 있다. 이미 여러 번 함께 경험을 했던 집단에서는 즉각적인 비블리오드라마가 이루어지는 것이 대부분이다. 그리고 비블리오드라마는 순간적인 힘에 의존한다. 성찰은 연기 작업과 관계 속에서, 즉 연기의 길이와 깊이에 대응해서 다뤄져야 한다. 디렉터는 참여자들에게 역할에서 벗어나 이야기할 시간을 제공해야 한다. 아주 세심한 성찰을 하지 않는다 하더라도 그것이 반드시 필요한 요소임에는 분명하다. 특히 사람들이 몰입해서 연기할 경우 성찰은 반드시 필요하다. 연기는 상상의 차원으로 들어가 자신의 순간적인 심연을 두드리기 때문이다. 성찰은 모든 참여자들이 그 문턱 너머 일상의 지각(知覺), 일상의 시간으로 되돌아갈 수 있도록 도와준다.

지금까지의 짧은 시도들을 블록쌓기라고 생각하자. 그중 많은 것들은 당신이 비블리오드라마라는 모험을 처음 시도할 수 있는 탁월한 텃밭이 될 것이다. 비록 나의 설명이 대본이 될 수는 없겠지만, 당신의 첫걸음을 위한 모형을 제공할 것이다. 우리는 다음 장에서 이 블록들을 쌓아서 하나의 전체 장면을 만들어 볼 것이다. 그리고 II부에서 우리는 장면들을 서로 쌓아서 좀 더 긴 형태의 비블리오드라마를 만들 것이다. 우리가 본문, 연기자들, 시간, 그리고 감정의 기술을 연마해 감에 따라, 앞으로 당신은 질문 기법이나 메아리(반복) 기법 외에 새로운 기법을 필요로 하게 될 것이다. 현장실천가가 되려는 독자들은 이러한 기법들을 실습할 집단(그룹)을 조직하려고 할 것이다.

미 주

1. 대부분의 경우, 나는 긴 형태보다 짧은 형태의 비블리오드라마 작업을 더 선호하는 편이다. 그 첫째 이유는, 나의 활동 중 상당 부분이 회당이나 신학교, 교회, 그리고 학교 교실에서 이루어지기 때문이다. 이런 곳은 시간이 항상 제한되어 있다. 둘째 이유는, 비블리오드라마 작업을 본문 중심으로 이끌어 갈 경우, 성경 이야기에 대한 새로운 통찰력을 제공하기 위해서는 비블리오드라마의 연기 단계(action phase)가 그렇게 길 필요가 없기 때문이다. 또 비블리오드라마 사건이 길어질수록 연기자들의 감정을 심층적으로 자극하게 되는데, 이것은 비블리오드라마의 본래 목적이 아니다.

    그러나 비블리오드라마가 연기자들의 내면을 열고자 하는 분명한 목적을 가지고 있다면, 한 시간 남짓한 시간은 너무 짧다. 나는 3일간의 비블리오드라마 세미나를 인도한 경험이 있는데, 거기서는 본문-탐구 못지않게 자기-탐구에 관심이 있었다. 또 나는 일주일간의 비블리오드라마 세미나를 공동으로 인도한 적이 있었다. 글쓰기, 명상, 탐구, 그리고 연기 등의 다양한 방법을 통해 참여자들이 자기자신을 발견하고 집단의 역동성을 깊이 경험할 수 있게 하였다. 이와 같이 확장된 비블리오드라마를 위해서, 디렉터는 그룹 진행의 경험을 많이 쌓아 사람들의 감정 표현과 자발성을 편안히 다룰 수 있어야 한다. 만일 주변에 전문적인 훈련과 경험을 갖고 있는 동료가 있다면 큰 도움을 받을 수 있을 것이다.

2. 로이클리(Sam Laeuchli) 박사와 그의 아내 로트차일드(Evelyn Rothchild)가 개발하여 '미메시스'(Mimesis)라고 부른 비블리오드라마의 한 형식이 있다. 신화적인 연기의 한 형태인 미메시스는 다른 그룹의 참여자들에게 연기자들을 대상으로 질문하고 인터뷰하는 임무를 맡긴다. 이것은 관심을 갖는 질문자들이 한 명 또는 여러 명의 연기자들에게 질문을 던지는 것으로, 마치 기자 회견과 같은 형태를 취하게 된다. 그래서 매우 적극적이고 참여적인 형태이다. 또한 비블리오드라마의 형태로 성경에 적용할 때, 도전을 주고 인격적 대면을 가능케 하는 역동적 분위기를 만든다. 단, 이 방식이 가지고 있는 한 가지 최대 약점은 방향을 통제할 능력을 잃게 된다는 것이다. 비록 그 통제력의 상실은 구성원들을 더 높은 수준의 자발성으로 이끌 수 있겠지만, 질문

자들이 던지는 갑작스런 질문들은 연기자들이 느꼈던 안정감을 잃게 만든다. 하지만 나는 이 방식이 적절한 환경에서라면 아이들과도 함께할 수 있는 매우 훌륭한 접근이라는 것을 발견하게 되었다. 가장 큰 장점은 필연적으로 제한된 디렉터의 능력을 넘어서 성경의 내용을 폭넓게 탐구할 수 있다는 점이다. 사실 디렉터-중심 모델의 심각한 약점은 디렉터에게 전체 비블리오드라마를 이끌어야 한다는 무거운 짐을 안겨 준다는 점이다.

3. 쿠쉬너(Kushner)의 「빛의 강」(*River of Light*)에는 이와 유사한 생각이 전개되고 있다.

4. 한번은 어느 목회자가 비블리오드라마는 '기초 수준의 놀이 공간'(a level playing field)을 창조한다고 말한 적이 있다. 그의 말은 이 방법이 지식이나 책에서 배운 것에 특권을 부여하지 않으며, 그래서 책을 많이 읽지 않은 사람을 거부하지 않는다는 뜻이다. 그 목회자는 그때까지 책에서 배우는 지식을 으뜸으로 생각했던 사람이었으나, 비블리오드라마가 성경에 문외한인 사람들(또는 문외한이라고 스스로 생각하는 사람들)을 본문에 대한 탁월한 토론으로 이끄는 도구라는 것을 알게 되었다. 그리고 그는 비블리오드라마가 성경 본문 및 자료를 읽으려는 열망을 증가시키는 방법이라는 것을 깨달았다. 비블리오드라마를 통해서 성경과 친숙한 모든 연령의 남성과 여성, 소년과 소녀가 함께 하나의 해석 공동체를 이루게 된다. 이 해석 공동체에서 중요한 것은 상상력, 감정이입, 그리고 표현력이다.

SCRIPTURE WINDOWS

3장
장면의 구성요소

비블리오드라마 형식이 복잡해질수록 새로운 역할과 기법이 디렉터에게 요구된다. 여러 가지 이유로 인해 2장에서는 '인도자'(facilitator/촉진자)란 용어를 즐겨 사용했다. 하지만 앞으로는 좀 더 극적이고 상호적 형태를 갖춘 성경 탐구를 지향한다는 차원에서 '디렉터'(director)라는 용어를 사용하려고 한다[역자주 : 역자는 이미 앞에서부터 인도자/디렉터라는 용어를 혼용하여 번역하였다]. 비블리오드라마의 진행 중에 복잡한 상황이 벌어짐에 따라 비블리오드라마를 지휘하는 사람이 필요하게 되었다. 그는 훈련된 독자나 상상력을 갖춘 질문자의 수준을 넘어, 무대를 적절하게 운용하고 장면을 구성할 수 있는 사람, 그리고 연기자의 연기를 조언하고 연기를 멈추게 할 수 있는 사람, 극적인 만남을 이끌어 고도의 긴장감을 불러일으킬 수 있는 사람이어야 한다. 이처럼 드라마적 책임감을 가지고 비블리오드라마를 더 높은 차원으로 이끌어 갈 사람을 디렉터라고 부른다.

장면을 구성하는 요소는 비블리오드라마의 각 사건에 맞추어 실천된다. 장면은 시간과 숙련도에 따라 단막극 또는 장막극으로 만들어지고, 예술적 형태뿐 아니라 해석학적 생명력도 갖게 된다. 3장에서 장면을 구성하는 두 개의 핵심요소를 살펴볼 것이다. 이것들은 참여자들을 자리에서 일으켜 움직이게 만든다. 곧 이것은 조각상(sculpting)과 대면(the encounter)이다.

1. 조각상

이름을 소개하지는 않았지만, 이미 우회적 방식으로 조각상을 소개한 바 있다. [역자주 : 2장의 "성경 인물 연기하기"의 '자유 연기' 부분을 참조하라.] 조각상은 가족치료사들이 사용하는 조형미술의 용어를 차용한 것이다. 가족치료 과정에서 조각상은 가족 구성원 간의 역동성을 보여 준다.

예를 들어, "가족의 저녁 식탁을 만들어 보세요."라고 가족에게 과제를 부여했다. 가족들은 그들이 앉는 위치를 보여 줌으로써 관계성의 중요한 부분을 드러낸다. 우리는 누가 누구 옆에 앉고, 누가 누구의 건너편에 앉는지를 살펴본다. 조각상의 또 다른 사례는 가족 구성원들을 한 장의 그림으로 표현하게 하는 것이다. 예를 들어, "가족의 초상화를 그리려고 합니다. 포즈를 취해 주세요."와 같이 요청할 수 있다.

디렉터에게 있어 참여자들이 자기 자리에서 목소리 연기를 하는 것과 달리, 일어나서 움직이게 된다는 것은 디렉터로서의 과제가 실질적으로 시작된다는 것을 의미한다. 왜냐하면 사람들이 일어나 움직이게 될 때, 비로소 놀이 공간이 만들어지고 실제 자신의 무대가 펼쳐지기 때문이다. (무대에서 대화나 노래, 시 낭독이 있을 수 있지만, 무대는 연기 행위의 시작과 함께 실존한다.) 무대에서는 몸 전체가 표현의 도구다. 그러므로 어떠한 행동이든지 의미를 갖게 된다. 참여자는 자기 자신을 너무 의식한 나머지, '무대 공포증'으로 인해 자발성이 억제되기도 한다. 따라서 구성원들이 연기자가 되자마자, 그들은 당신의 무대 위에 선 것이고(비록 그들이 움직이지 않더라도 말이다.), 당신은 그들의 디렉터라고 생각해야 한다. 디렉터로서 당신은 안무를 어떻게 시작해서 어떻게 마칠 것인지, 사람들을 어떤 자리에 위치시킬 것인지를 생각해야 한다. 무대 위에서 한 번에 여러 명을 이끌어야 하는 과제를 연습하는 데 조각상은 큰 도움이 된다. 그리고 비블리오드라마의 모든 연습처럼 조각상은 그 자체로 해석학적인 결과에 속한다.

드라마를 배우던 시절, 내가 제일 좋아했던 상담가 안젤로(Angelo)는 '조각상'(statue)이란 게임을 가르쳤다. 안젤로는 늘 조각 만들기를 좋아했다. 안젤로는 우리가 서 있는 원(우리가 원을 만듦으로써 무대가 이루어진다는 것을 알지도 못한 채)의 가운데에 섰다.

자기 차례가 된 사람은 안젤로에게 다가가 자기 팔을 쭉 뻗었다. 안젤로는 손목을 꽉 잡고 그 사람을 돌리기 시작했다. 처음에는 천천히 돌렸지만 점점 빨라졌고, 거의 균형을 잃을 정도로 그를 회전시켰다. 그 사람의 몸이 공중에 뜨기 직전, 안젤로는 그 사람의 팔을 놓아주었다. 그리고 회전력으로 인해 아직 그가 비틀거리고 있을 때, 안젤로는 어떤 사물의 이름을 외쳤다. '나무', '수영선수', '사자', '불평가', '궁수' 등. 그럼 그 사람은 멈춰 서서 그 사물을 나타내는 조각상이 되어야 했다. 만일 그 사람이 게임 중 조각상이 되는 과정에서 어지러워 누군가와 부딪치면 실격이다. 또 그 사람이 정해진 시간 안에 조각상을 만들지 못해도 실격이다. 게임은 모두에게 차례가 돌아간 후에 끝이 났다.

조각상에 있어서 디렉터인 당신은 조각가다. 하지만 조각상에 있어서 조각작품은 그 조각 자체의 고유한 의미를 가질 뿐만 아니라, 다른 조각작품들과의 관계적 의미도 갖고 있다. 물론 회전시키는 것은 선택사항이다.

"이스마엘과 하갈의 추방"(The Expulsion of Ishmael and His Mother)
_귀스타브 도레(Paul Gustave Doré)

조각상 기법에 대한 지식(ideas)은 특정 본문을 읽고 연구하면서 생긴다. 성경에 기록되어 있는 어떤 장면들은 우리를 정지된 장면으로 초대한다. 이와 같은 장면들에는 다양한 인물이 등장한다. 우리는 자주 부지불식간에 하나의 장면 그림을 만들어서 마음속에 새겨 놓곤 한다. 그런 장면들이 바로 비블리오드라마 조각상을 위한 자연스러운 시작점들이다. 모든 조각상은 해석학적 기능을 한다. 왜냐하면 몸을 공간 속에 정렬시킨다는 것(무조건 정지된 자세를 생각하지 말고, 위치와 거리, 사람들 간의 구분 등을 생각하라.)이 스토리를 바라보는 방식을 의미하기 때문이다.

서양 예술은 이런 종류의 것들로 가득 차 있다. 박물관을 거닐거나 서양 예술 책을 훑어보라. 하갈과 이스마엘이 쫓겨나는 장면(창 21 : 1-21)을 예로 들어 보자. 그 장면에 대한 귀스타브 도레(Gustave Doré)의 석판화를 나는 잊을 수 없다. 우리는 전경에서 하갈을 볼 수 있으며, 이스마엘은 그녀의 치마를 끌어안고 있다. 중간 지점에 서 있는 아브라함은 떠나가는 하갈을 향해 팔을 뻗고 있다. 그리고 아브라함의 뒤편으로 의미심장하고 의기양양한 모습의 사라가 텐트 앞에 앉아 어린 이삭을 품에 안고 있다. 결과적으로 도레는 창세기 21 : 14을 해석함에 있어서 두 개의 상반된 차원을 가진 한 장면으로 조각하였다. 경험이 적은 디렉터가 학생들을 인도할지라도 본문의 같은 장면을 따라서 그들 스스로 조각 표현을 만들어 내는 것은 어렵지 않을 것이다. 이야기의 시간 속에서 앞으로 또는 뒤로 움직여 보면, 등장인물들 간의 위치, 그들 사이의 공간, 그리고 그 시점에 어울리는 몸짓이 떠오른다. 그것은 마치 영화의 앞뒤 장면을 동시에 보는 것과 같다.

비블리오드라마의 조각상은 성경 이야기를 몸으로 구현하되, 즉흥적이면서 조용히 멈춰진 상태로 구현하는 단순한 행위에 속한다. 이 조각상을 통해 참여자들과 관찰자들은 성경 이야기의 인간적 차원과 표현적 잠재성을 분명하게 감지할 수 있다. 우리는 독자로서 느끼지 못하는 것을 연기자로서 느낀다. 이렇게 우리는 몸의 구현을 통해서 정지된 장면을 이야기함으로써 비로소 분명해지는 해석의 가능성을 느끼게 된다.

성경의 어떤 장면들은 마치 조각상의 레시피(recipes)처럼 느껴지기도 한다. 예를 들어, 히브리인들의 광야 이야기에서 이러한 장면들을 발견한다.

> 모세가 피곤하여 팔을 들고 있을 수 없게 되니, 아론과 훌이 돌을 가져와서 모세를 앉게 하고, 그들이 각각 그 양쪽에 서서 그의 팔을 붙들어 올렸다. 해가 질 때까지 그가 팔을 내리지 않았다(출 17 : 12, 새번역).

이 장면을 조각상으로 표현해 보면, 사람이 아이콘(icon)으로 변형되는 모습을 더 생생하게 볼 수 있다. 연기자들은 자신의 역할이 상당히 수동적이라는 것을 느낀다. 밑에서 전투를 벌이고 있는 동안, 가만히 바라보고 있어야 하는 모습의 아이러니를 읽는 것으로 그치지 않고 생생하게 경험한다.

좀 더 복잡하지만 성경에서 아주 구체적으로 보여 주고 있는 조각상이 야곱 가족의 출생 과정이다(창세기 29장과 30장). 이 이야기를 조각하기 위해서, 야곱을 무대의 중앙에 세우고, 라헬을 한쪽에, 레아를 다른 쪽에 세운다. 라헬 곁에는 시녀 빌하를, 레아 곁에는 시녀 실바를 세운다. 그리고 나서 아이가 태어날 때마다 아이를 이야기 속으로 추가시키되, 매번 새 아이가 누구에게로 가는지를 파악한다. 드디어 외동딸 디나의 순서가 오고, 마지막으로 요셉의 순서까지 이르게 된다. 연기자들이 대사 없이 이런 방식의 연기를 끝마쳤을 때, 사람들은 그저 읽는 것만으로는 알 수 없는 아들에 대한 경쟁관계를 느끼게 될 것이다. 즉, 라헬이 점점 사라지는 반면, 레아가 점차 우월한 위치를 점유한다. 디나의 고립된 모습, 그리고 마지막에 요셉이 출생함으로써 전체 가족 분위기가 극적으로 재편되는 모습을 보게 된다. 라헬은 다시 야곱과 재결합하여 남편의 옆자리를 차지하게 되고, 두 사람의 결속을 의미하는 귀한 아들 요셉이 야곱과 라헬 사이에 선다. 결국 레아는 뒤로 물러나게 된다.

이야기에 등장하는 대부분의 사건을 한 장면으로 생각해 낼 수 있다. 그리고 일단 그런 식으로 생각하게 된다면, 그 장면이 시야에 드러나기 시작한다. 한 장면으로 보기 위해서는 선택을 수반한다 : 누구와 어떤 관계로 어디에 누가 서는가? 디렉터는 본문을 이런 식으로 바라봄으로써 본문을 읽는 방법을 연습하고, 그런 독서 방식을 참여자들에게 가르칠 수 있다. 비블리오드라마의 한 장면을 만들어 내기 위해서 디렉터와 참여자 모두가 창조적인 과정에 참여하게 된다. 그들은 함께 한 장면의 구성과 내용을 발견해 내서 넓은 의미의 미드라쉬(midrash)[역자주 : 본서 서문의 대문자 미드라쉬와 소문자 미드라쉬 설명을 참조하라.]를 함께 만들어 가는 것이다.

조각상과 관련해서 내가 위에서 인용했던 것보다 더 많은 상상력을 요구하는 장면들이 있다. 연기자들의 배역이 명백하게 정해지지 않아서 그 배역을 본문의 주변상황으로부터 추론하여 그들을 포함하는 비블리오드라마를 만드는 때이다. 예를 들어, 창세기 21 : 8은 유아 이삭의 젖 떼는 잔치를 이야기한다. 독자로서 우리는 거기에 있을 법한 등장인물의 배역을 정할 수 있다. 아브라함은 쉽게 찾을 수 있다. 사라도 마찬가지다. 하지만 하갈은 거기에 있는가? 이스마엘은? 롯은 초대될 수 있는가? 아니면 삼촌과 조카 사이의 모든 연락은 끊어졌는가? 가나안 사람들도 참석하고 있는가? 아브라함의 보호자이자 동료였던 아비멜렉은 있는가? 우리가 거기에 누가 있을지 브레인스토밍하고 나서, 그다음에 할 질문은 "어떻게 이 인물들을 배치하는가?"이다.

만약 당신이 예술가라면, 어떻게 이것을 재현할 것인가? 만약 당신이 사진작가라면, 사진 속에 인물들을 어떻게 배치할 것인가? 장면은 어디에서 일어나고 있는가? 밖인가 아니면 안인가? 누가 거기에 있으며, 문제의 장면은 어디인가? 그리고 정지된 상태로 서 있다는 것은 분명한 태도와 감정의 어조(語調)를 드러내는 자세(stance)를 의미한다. 여러 가지 자세를 취함으로써 조각상의 표현력과 해석의 범위를 훨씬 더 확장시킬 수 있다. 결국 하나의 자세(pose)를 취한다는 것은 어떤 입장(position)을 드러내는 것이다.

조각상을 만드는 데 있어서 디렉터가 떠오르는 장면을 구성하고 학생들을 참여시키는 방식에 주목하도록 하자. 새로운 생활을 위해 떠날 준비를 하고 있는 리브가의 상황[역자주 : 창세기 24장]을 예로 들어 보자. 그 상황은 우리가 이미 자유 연기와 관련해서 잠깐 다뤘던 내용이다[역자주 : 이 책 102쪽 이하 참조]. 그때 우리는 오직 리브가의 모습에만 화면의 초점을 맞추었다. 하지만 만일 우리가 화면의 초점을 뒤쪽으로 당겨 보면 어떨까? 리브가의 오빠 라반은 어디에 있는가? 리브가의 아버지 브두엘은? 아브라함의 사자 엘리에셀은? 리브가에게는 어머니가 있는가? 그 밖에 누가 더 있을까?

비블리오드라마를 학습한다는 것은 본문에는 나타나지 않지만 충분히 있을 법한 상황을 보는 눈을 키우는 것이다. 더 완벽한 차원에서 성경의 상황을 드러낼 수 있는 등장인물, 물건, 무대 장면을 보는 눈을 키우는 것이다. 우리는 이 과정에 영화적 상상력을 동원하여 움직임을 정지시킨다. 만일 디렉터로서 당신이 텍스트 안에 숨겨진 요소를 발견한다면, 당신은 그것을 참여자들로 하여금 조각상으로 재현하게 함으로써, 전체 집단이 자신들의 눈을 통해 당신이 보았던 것 이상을 볼 수 있는 기회를 제공할 것이다.

실제로 조각상 만들기 과정은 어떻게 펼쳐지는가? 다음과 같이 말하는 것으로 시작할 수 있을 것이다.

"여러분도 아시겠지만, 리브가가 작별하는 장면에는 언급되지 않은 다양한 사람들이 등장하리라 생각됩니다. 여러분은 이드로와 모세가 만났던 자리에 누가 더 자리하고 있었을까 물었던 것을 기억하십니까? 그럼, 여기서 똑같은 질문을 드리겠습니다. 리브가와 작별하는 자리에 어떤 사람이 자리했을까요? 그 대답을 연기로 보여 주면 좋겠습니다. 성경의 이 상황을 일종의 정지된 화면으로 만들면 좋겠습니다. 이 이야기를 성경에서 가져와서 바로 여기에 세워 보도록 하겠습니다. 아마 우리가 그저 이야기를 읽는 것만으로는 뚜렷하게 볼 수 없었던 것을 보게 될 겁니다. 이것은 함께 성경을 창의적으로 해석하기 위한 방법입니다. 아무도 뭔가를 연기하려고 고민할 필요가 없습니다. 누가 자리하고 있을까요?" 고개를 끄덕이는 사람도 있고, 어떤 사람은 약간의 경계심을 갖기도 한다. 하지만 거부하는 사람은 아무도 없다.

"당연한 이야기겠지만 우선 리브가가 있습니다. 리브가로서 여기 위에서 볼 사람이 있나요?" 망설임의 순간, 참여자들은 자신들에게 무엇을 요구할지 궁금해하고 있다. '여기 위에'라는 단순한 언급은 아무리 가볍더라도 약간의 불안을 형성한다. '여기 위에'는 무대를 말한다.

"우리는 이 장면을 같이 조각할 것입니다. 말을 하는 부분은 없습니다. 여러분은 그냥 조각상과 같이 서 있으면 됩니다. 하지만 너무 경직되지는 마십시오." 말하거나 연기하지 않아도 된다는 것을 알면 무대 위로 올라가는 것이 한결 쉽다. "그냥 거기에 서세요."는 대부분, 그리 많은 고민 없이 따를 수 있는 지시다.

드디어 한 사람의 지원자가 나타났다. 나는 리브가를 우리가 사용하는 연기 공간의 한가운데에 위치시켰다.

"그녀의 오빠, 라반이 거기에 있을 거예요." 누군가 도움을 주듯 말했다.

"좋아요. 당신이 라반으로서 올라와서 서겠어요?"

"그러고 싶진 않아요."

"좋습니다. 아무도 이것을 억지로 할 필요는 없어요. 아무도 여기에 서고 싶지 않다면, 라반을 대신해서 빈 의자를 놓을 수 있어요."

"내가 할게요." 누군가가 제안했다. "어디에 서야 하죠?"

"좋은 질문이에요. 당신이 리브가에게 가깝다고 느끼면 그녀의 곁에 서세요. 만일 멀다고 느낀다면 리브가에 대한 감정적 거리만큼 떨어져서 서도록 하세요."

감정에 대한 정보를 묘사하는 방식으로 거리와 위치, 그리고 자세를 활용하는 것은 조각상의 핵심이다. 이때의 '공간'은 심리학적 측면과 감정적 측면을 말해 준다.

라반을 연기하는 사람은 잠깐 동안 생각을 했다. 그리고 그는 말했다.

"내가 야곱이 등장하는 이 이야기의 후반부를 제대로 기억하고 있다면, 라반은 교묘한 사람이에요. 그리고 이 이야기에서조차, 그는 계산적으로 보여요. 나는 라반이 누구와도 가깝다고 생각되지 않아요. 나는 라반이 옆에서 좀 멀리 서 있을 거라고 생각되네요. 이 정도면 될까요?" 연기자는 망설이며 내가 정답을 가지고 있는 양, 나를 쳐다봤다.

"괜찮아 보이네요. 다른 사람이 라반을 연기하고 있었다면, 라반을 다른 곳에 위치시킬 수도 있지만, 이것은 당신의 라반이에요. 멀리 후미진 곳에서 모든 사람을 바라보고, 아마 모든 것들을 조종하려고 할 겁니다."

"맞아요."

나는 "훌륭합니다."라고 말했다. 여기서 디렉터가 해야 할 일은 먼저 연기자가 스스로 선택할 수 있도록 격려하는 것이고, 또한 그룹 전체로 하여금 우리의 해석이 무대의 일부로 구체화되고 있는 광경을 확인시키는 것이다. 주목해야 할 것은 이 연습 과정에서 나는 라반 연기자에게 라반이 되어 이야기하도록 요청하지 않고 있다는 사실이다.

여기서 우리 작업의 목적은 단지 이야기를 신체화(physicaliztion)하는 것이다. 무성영화처럼, 침묵의 마임처럼 말이다. 비록 하고 싶은 말이 목구멍까지 차 올라왔지만, 대사 부분이 전혀 없을 것이라고 내가 이야기했기 때문에, 나는 약속을 지킬 필요가 있다.

"여기에 또 다른 누가 있을까요?" 나는 물어본다.

"리브가의 아버지 브두엘이 분명히 있을 거예요."

"좋아요. 당신이 올라와서 브두엘이 어디에 있을지 서 주시겠어요? 브두엘의 느낌에 따라 리브가의 가까운 곳에, 또는 먼 곳에 위치할 것입니다." 그러면 다시 연기자는 생각하며 혼잣말도 하고, 조언도 구하면서 작업을 수행해 나간다. 그리고 리브가로부터 떨어진, 라반 곁의 한 지점을 찾는다. 더 깊이 해석할수록 이야기에 대해 더 깊이 있는 통찰에 이르게 된다. 다른 사람은 아버지를 더 가까운 곳에 위치시킬지도 모른다. "좋아요. 또 누가 있을까요?"

"리브가를 데리러 온 시종 엘리에셀이 있어요."

"그가 이 장면에 정말로 있을 것이라고 생각하세요?" 누군가가 물어본다.

"모르겠어요. 당신은 어떻게 생각하세요?"

"이거 꽤 자세하게 되어 가는데요."

"그것은 장소에 달려 있지 않을까요?" 누군가가 물어본다.

"어떻게요?"

"만약 작별인사를 집 안에서 하고 있다면 가족들만 있겠지만, 리브가가 밖에서 낙타에 오를 준비를 하고 있다면 엘리에셀은 거기에 있겠지요."

"다른 측면에서 보면……." 또 다른 학생이 말했다. "엘리에셀은 모두의 마음속에 있어요. 엘리에셀은 미래를 상징하죠. 제 말은, 아브라함도 이 장면에서 한 모퉁이에 등장시킬 수 있다는 겁니다. 브두엘의 먼 과거에서 유래한 인물로서 말이죠. 아브라함은 지금 엘리에셀을 통해 참석하고 있는 것이죠."

또 다른 학생이 말했다. "글쎄요. 그런 식으로 생각을 하면 여기에 이삭도 등장시킬 수 있겠네요."

나는 이런 식의 생각을 좋아하지만 "곁길로 너무 멀리 벗어나지 맙시다."

"리브가와 엘리에셀"(Rebeca and Eliezer)_바르톨로메 에스테반 무리요(Bartolomé Esteban Murillo)

라고 말한다. "엘리에셀은 안에 있나요, 밖에 있나요?"

"엘리에셀을 집 안에 세우되 한쪽으로 떨어뜨려 놓죠." 누군가가 엘리에셀이 되기 위해 올라온다. 그는 라반과 브두엘이 차지한 연기 공간의 반대편 모서리에 선다.

"그 밖에 또 누가 여기에 있을까요?" 나는 물어본다.

"본문에는 리브가가 '여자 종들'과 함께 떠났다고 써 있어요[역자주 : 창 24 : 61]. 아마 리브가 곁에 시중드는 여자들이 있었던 것 같네요."

"좋아요. 시중드는 여자들을 위해 세 사람이 올라왔으면 합니다. 만일 우리가 여기에 대사를 집어넣으려고 했다면, 분명히 이 사람들은 코러스 역할을 담당하게 될 거예요."

학급의 세 사람이 올라와서 무대의 '미래 영역'(future side)에 선다. 거기에는 시종 엘리에셀이 서 있다. 그들은 갈 준비가 되어 있다. "또 누가 있을까요?"

"글쎄요, 본문에는 리브가가 '달려가서…… 어머니 집 식구들에게 이 일을 알렸다.'라고 써 있지만[역자주: 창 24 : 28] 어머니에 대한 특별한 내용이 없어요."

또 다른 그룹 멤버가 말한다. "맞아요, 어머니들은 이야기에서 자주 빠져 있어요."

나는 물어본다. "그럼, 어머니를 집어넣을까요?"

멤버들이 이구동성으로 말한다. "예, 어머니를 넣어요."

"누군가 어머니 역을 대신해서 서 주시겠습니까?" 한 여성이 일어서서 생각에 잠기면서 무대 위로 올라가며, 처음에는 브두엘을, 그다음에는 리브가를 쳐다봤다. 그녀가 역할에 참여하는 이 과정, 즉 어디에 설 것인가를 결정하는 것은 전적으로 해석학적 성찰에 속한다. 그녀의 딸과 작별하는 이 순간은 그녀를 남편 브두엘 쪽으로 끌어당기는 동시에 브두엘로부터 멀어지게 했다. 그녀는 자기 자신과 이야기를 나누다가 결국 리브가 옆에 아주 가까이 섰다. 그녀의 '어머니'가 등장하는 것을 보고 있던 리브가를 연기하는 여자는 자발적으로 어머니에게 손을 내밀었다. (바로 이 점이 중요하다. 조각상 만들기의 과정은 겉으로 보이는 이미지에 머물지 않는다. 비블리오드라마의 조각상들은 움직이며, 때로는 그 조각상들의 아주 작은 몸동작이 성경 이야기를 새롭게 통찰하게 만든다.)

"당신에게 우리가 이름을 지어 줄까요?" 나는 어머니에게 물어봤다.

"네, 그녀에게 이름을 지어 줍시다." 참여자 중 누군가가 말했다.

"좋아요." 어머니가 말했다.

"당신의 이름은 무엇인가요?" 나는 물어봤다. "이름을 지어 보세요."

"우습지만 방금 '디나'라는 이름이 제 머리에 떠올랐어요."

"전 좋다고 봅니다. 당신은 디나예요." 마무리가 잘 되었다고 생각했다.

"이 장면에 또 누가 있을까요?" 침묵이 흐른다.

"이제 다 됐나요?"

경매인처럼 나는 속으로 상상의 망치를 두드린다. 끝!

"좋아요. 잠시 자신의 역할에 머물기 바랍니다. 여러분이 지금 여기서 일어나는 것에 대해 어떻게 느끼는지, 이 장면의 다른 인물들에 대해 당신이 어떻게 느끼는지 살펴보도록 하세요. 누가 당신으로부터 가장 멀리 떨어져 있나요? 누가 당신에게 가장 가깝나요? 주위를 돌아보세요. 그리고 이제 여러분이 원한다면, 이 장면을 끝내기 전에 여러분에게 등장인물로서 말할 수 있는 기회를 드리고 싶습니다."

"라반, 하고 싶은 말이 있나요? 한마디의 독백이나 다른 누구에게 할 말이 있나요?"

"둘 다 할 수 있나요?"

"물론이죠."

"내 자신에게는 '나는 내 누이가 결혼할 것이라고 기대했지만, 그녀가 집을 떠나리라고는 상상해 본 적이 없어.'라고 말하렵니다. 그리고 리브가에게는 '자주 연락해…… 어떻게든지 말이야.'라고 말하고 싶어요."

"감사합니다." 나는 라반에게 말했다. "그리고 가능하다면 각 인물들이 자신의 말을 다할 때까지 지금의 자세를 유지해 주었으면 합니다. 누군가가 여러분에게 뭔가를 물을 수 있거든요." 그리고 나서 브두엘을 연기하는 남자에게 돌아서서 말했다.

"브두엘?"

"음, 저는 라반과 같은 생각을 하고 있어요. 리브가가 우리를 떠나려고 해요. 리브가가 실제로 떠나려고 합니다. 나는…… 슬픕니다. 그녀에게 가서 그녀를 안아 주고 싶어요. 그래도 될까요?"

"물론이죠. 그러고 나서 당신이 처음에 선택한 자리로 돌아와 주세요." 브두엘은 리브가를 안아 주었다.

"엘리에셀?"

"음, 이 모든 일은 기적 같았습니다. 저는 그저 아브라함의 심부름으로 이 여행을 시작했지만, 그의 하나님을 경험하는 것으로 결말을 맺네요." 그는 잠시 멈춘다. "난 지금 아무에게도 할 말은 없지만 아브라함을 만났을 때 할 말을 연습하고 있어요."

"그리고 세 여종들은요?"

"나는 그곳에 가서 내 남편을 만나고 싶어요."

"나는 리브가가 작은 부적들과 우상들을 가져가길 바라요."

"나는 라반과 괜찮은 관계를 이어오고 있었어요. 그것이 깨지고 마는군요."

"그리고 디나." 나는 리브가의 어머니로서 올라온 여자에게 돌아서서 물었다.

"난 어디서부터 시작해야 할지 모르겠어요. 난 아무 말도 하고 싶지 않아요." 하지만 여기서 그녀는 비블리오드라마의 딸을 팔로 안으면서 그녀를 끌어당겼다. 처음에 리브가는 어색해했지만, 디나의 포옹에 뭔가를 느끼자 마음을 누그러뜨리고 그 포옹을 받아들였다. 그리고 잠시 그녀를 껴안았다.

"감사합니다, 디나."

"그리고 마지막으로 리브가, 당신은 분명 모두에게 할 말이 있다고 확신합니다만, 제가 당신에게 부탁하고 싶은 것은 당신 자신에게 초점을 맞춰서 말하라는 것입니다." 만약 리브가가 모두에게 말하게 된다면, 우리는 좀 더 큰 스케일의 비블리오드라마로 옮겨 가게 된다. 이것은 연기자들과 약속한 것도 아니고, 지금 그 행동을 취하는 것이 적절하다고 느껴지지도 않는다. 실습 초보자들에게는 조각상을 진행해 나가는 법을 익히면서 성경 해석방법으로써 조각상의 경험을 얻게 하는 것으로 충분하다고 생각한다.

리브가가 어머니에게서 떨어져 한 발짝 물러섰다. 리브가는 이 장면 속의 사람들을 하나하나 쳐다봤다. 모두가 그녀와 눈을 마주쳤다. 그리고 그녀는 아래를 쳐다봤다. 그녀는 크게 숨을 쉬고 엘리에셀을 쳐다봤다. "자, 전 준비됐습니다."

"모두 감사합니다. 각자 크게 숨을 쉬어 볼까요." 사람들이 심호흡을 하자 이어서 말했다. "이제 우리의 조각상을 허물고 걸어 볼까요? 주변을 서성이도록 합시다." 그들이 30초가량 걷고 있을 때 말했다. "이제 괜찮다면, 여러분의 진짜 이름을 만나는 사람에게 말하세요."

"로버트."

"샘."

"엘렌."

"리브가."

"아니, 당신의 진짜 이름요."

"내 진짜 이름이 리브가예요. 그래서 리브가 역할을 하고 싶었던 거예요." 우리는 모두 웃으며, 이런 식으로 마무리를 지었다. 그리고 연기자들에게 자신의 자리로 돌아가 앉도록 한 후, 성찰의 시간을 가지게 했다.

비블리오드라마의 성찰 단계에서, 나는 주로 역할극 속에서 역할을 맡지 않았던 사람들로부터 시작해서 조각상 만들기 동안에 그들이 보았던 것이나 생각했던 것을 말해 달라고 요청한다. 내가 그들로부터 시작하는 이유는 두 가지다. 첫째는 그들을 가능한 한 빨리 끌어들여 관찰자의 역할을 극대화하기 위해서다. 둘째로는 연기자들이 역할에서 벗어날 시간과 더불어 좀 더 차분한 환경을 제공하기 위해서다.

관찰자들은 배치, 자세, 느꼈던 감정들 또는 자신들이 인물을 연기했다면 무대에서 나타냈을 감정 등을 말하게 된다. 그다음에 연기자들이 말한다. 지금은 그들이 인물처럼 말하는 것이 아니라 인물에 대해서 말하는 것이 중요하다. 나는 그들이 다시 그 역할로 돌아가기를 원하지 않는다.

이번 경우에서 가장 흥미로운 순간은 리브가의 어머니를 연기했던 여성이었다. 그녀는 성찰 과정 동안 침묵으로 일관했고, 수심에 찬 모습을 보였다. 그 여성은 2년 전 딸을 일본으로 떠나보냈다. "그때 너무나 힘들었는데, 그때 생각이 지금 떠올랐어요. 난 딸아이가 가지 못하도록 붙잡고 싶었어요."

이때 리브가를 연기한 여자가 말했다. "처음에 당신이 나를 끌어안았을 때 난 빠져나오고 싶었어요. '이것이 작별을 더 힘들게 만들 거야.'라고 생각했기 때문이죠. 하지만 곧 당신에 대해서 느끼면서 당신을 이해하게 되었고, 당신을 돌봐 주고 싶었어요. 당신의 딸도 아마 그런 식으로 느꼈을 겁니다."

"네······. 맞아요. 나도 그랬다고 생각해요."

라반을 연기한 남자가 말했다. "놀랍군요. 미래에 리브가는 자신의 두 아들과 작별을 해야 할 것이고, 그중 하나인 야곱은 다시 여기로 돌아와서 내 두 딸을 데려갈 것 아닙니까?"

"다 그런 것이지요." 내가 대답한다.

"매 세대마다 그렇지요."

"그때나 지금이나."

이제 그룹은 동시에 두 가지 방향으로 가고 있다. 그들은 성경의 이야기로 돌아가 작별의 순환구조에 주목하면서, 창세기가 가지고 있는 긴 리듬의 선율 중 하나를 확인하고 있다. 또 그들은 자신의 삶을 생각하고 있다. 그들은 이스라엘로 떠난 딸들의 모습에서 최근 혹은 오래전에 집을 떠난 자신들의 모습을 떠올리고 있다. 디렉터로서 내가 깨달은 것은 오늘의 이야기들이 성경의 이야기에 생기를 주고 있다는 것이다. 두 개의 이야기, 즉 현실의 생생한 이야기와 기록된 옛 이야기가 서로 공명을 일으키고 있다는 점이다.

만일 교사로서 내가 비블리오드라마를 텍스트 중심으로 유지하려고 한다면, 나는 그쪽 방향으로 대화를 이끌어 가게 될 것이다. 예를 들어, 창세기에서 비슷한 장면이 분명하게 또는 암시적으로 연출되고 있는 장소들의 목록을 작성하게 할 수 있다. 아니면 이 본문에 대한 이해를 깊게 하기 위해서 토론을 벌일 수도 있다. 만일 나뿐만 아니라 구성원들도 이런 분위기에 익숙하다면, 좀 더 개인적인 영역에 몰입해서 대화를 이끌어 갈 수도 있다. 그래서 사람들이 개인적인 이야기를 할 때 나는 그들을 지지해 줄 것이다. 시간(얼마나 많은 시간이 남아 있는가?)과 편안한 분위기(개인사를 나눌 수 있는 신뢰가 형성되어 있는가?)가 내가 인도하는 성찰의 핵심요소다.

사실 비블리오드라마(또는 비블리오드라마적 해석)는 필연적으로 그 에너지의 상당 부분을 해석 행위의 배후를 이루고 있는 개인사(個人史)의 지층(地層)에서 끌어오고 있다. 그것은 사물을 연기하는 것에서부터 등장인물을 공연하기까지의 모든 단계에 해당한다. 참여자들이 가지고 있는 심연의 기억과 개인사의 지층을 표면 위로 이끌어 내는 것이 디렉터로서 내가 해야 할 임무는 아니다. 또 참여자가 자발적으로 말하는 것 이상으로 뭔가를 명백하게 드러내는 것도 내 임무가 아니다. 그렇다고 해서 모든 정보를 억누르는 것도 내가 해야 할 일은 아니다. 내 임무는 과정에 신뢰를 갖고, 나의 인도와 통제에 따라 본문과 자신을 오고가는 해석학적 극 활동이 성경이나 자기 자신에게 전혀 해가 되지 않을 것이라는 확신을 주는 것이다. 나는 이중 초점을 동시에 유지하려고 한다. 즉, 성경 이야기로 통하는 시각의 창(窓)을 열어 주고자 하며, 동시에 사람들이 그 창을 선택함으로써 다른 창을 여는 기회를 제공하고자 한다. 참여자들과 디렉터가 모두 편안함을 느낄 때 무대는 완성된다. 그러면 비블리오드라마는 우리 자신의 내면과 기억, 꿈으로 통하는 창을 열 수 있다. 그것이 이루어지면, 성경의 창은 오랫동안 우리 자신의

얼굴을 비추는 거울 역할을 하게 될 것이다.[1]

2. 대면

　대면(encounter)은 드라마적 상상력의 심장부이다. 대면은 서로 다른 목소리를 가지고 있고, 서로 다른 시각으로 마주 보고 있는 두 지점, 곧 한 지점과 반대 지점에서 발생한다. 성경도 예외는 아니어서 대면의 장면들로 가득 차 있다. 모세오경만 보더라도, 우리는 어디서나 대면의 상황을 발견할 수 있다 : 하와와 뱀 사이의 대화에서부터 모세가 여호수아에게 말하는 마지막 연설에 이르기까지, 그리고 그 사이에도 수많은 대면이 있다. 제사를 드린 후에 만난 가인과 아벨, 소돔의 멸망 전 아브라함과 하나님의 대면, 이삭과 그에게 위로가 되었던 리브가[역자주 : 창 24 : 67], 야곱과 형 에서의 재회, 요셉과 보디발의 아내, 모세와 바로, 아론과 우상을 숭배하려는 이스라엘 백성, 미리암과 구스 여성[역자주 : 민 12 : 1]. 그리고 모세오경 외에도 수많은 대면의 장면들을 찾을 수 있다. 예를 들면, 다윗과 요나단, 베드로와 예수, 이 장면들을 통해 우리는 비블리오드라마를 진행할 수 있다. 대면은 연기로 옮겨지기만을 기다리고 있을 뿐이다.
　대면을 창출하고 이끌어 나가는 기술들을 습득하기 위해 필요한 것은, 본문을 자세히 읽고 또 읽는 것이다. 점차적으로 당신은 그 이전에 본 적이 없던 대면을 보게 될 것이고, 거기서 비블리오드라마를 위한 가능성을 감지하게 될 것이다. 전에 우리가 본문에서 조각상의 가능성을 찾으려고 했을 때, 우리는 성경 이야기의 장면묘사에 명시적(explicit) 상황들(창세기 29장과 30장에서 인물별로 차례로 확장되어 가는 요셉의 가족처럼)이 있는 것을 알았다. 또 장면묘사들, 즉 조각상의 가능성이 암시적(implicit)이며 이를 깨닫기 위해 더 많은 상상력을 요구하는 장면도 있음을 알았다(리브가가 작별하는 장면에서 언급되지 않은 인물을 추론해서 연기해야 했던 것처럼). 이것은 대면에도 똑같이 적용된다. 어떤 것은 본문에 분명하게 나타나지만, 또 다른 것들은 함축적이며 어느 정도 투시의 능력을 필요로 한다.

명시적 대면

여기서는 명시적 대면(explicit encounter)의 사례를 다룬다. 디렉터는 이것을 대면을 인도하기 위한 본보기로 사용할 수 있다. 이때 기본적으로 다음의 단계를 주목하기 바란다.

1. 먼저 한 성경의 인물을 연기할 사람을 무대 위로 불러낸 후, 비블리오드라마의 인물 역할을 준비할 수 있는 시간을 준다.
2. 그러고 나서 그 사람은 잠시 움직임을 멈춘다. 그동안 디렉터는 두 번째 인물을 연기할 사람을 무대 위로 나오게 한 후, 인터뷰를 하여 그 등장인물이 될 수 있는 준비시간을 준다.
3. 그다음, 디렉터는 두 등장인물을 한자리에 세우고, 즉흥적인 대화를 이어 가게 한다.
4. 적당한 순간을 살펴 대면을 끝마치도록 한다. 연기자들에게 감사를 표하고 역할에서 벗어나게 한 후, 구성원 전체를 대상으로 장면에 대한 종결작업에 착수한다.
※ 주의 : 도입부에서는 각 등장인물을 극대화하기 위해서 더블 기법(doubling)이 종종 유용하게 활용된다. 하지만 일단 대면이 시작되면 두 사람의 대화가 방해받지 않도록 하는 것이 아주 중요하다. 두 사람은 그들의 성격을 소유한 채 연기할 필요가 있다.

창세기 25 : 9에는 "그의 아들 이삭과 이스마엘이 그를 막벨라 굴에 안장하였다."(새번역)라고 기록되어 있다. 이삭과 이스마엘의 만남이 본문에 명시되고 있기 때문에, 그것에 주목하게 한 후 그것을 연기하게 하는 것은 자연스러우면서도 깊이 있게 본문을 숙고할 수 있도록 만든다. "나는 이 두 남자가 아버지를 장사하기 위해 만났을 때 실제로 서로에게 무슨 말을 했을지 궁금합니다. 누구 좋은 생각 있어요?"

"내 생각에 이스마엘은 화가 났을 거예요."

"내 생각에 이삭은 겁이 났을 겁니다."

이 응답들이 꽤 거리감이 있다는 것에 주목하자. 학생들은 제3자의 입장에서 등장인물들에 대해 말하기 시작한다. 이것은 그들의 웜업이다. 첫 경험으로서 이것은 시작을 위해 쉽고 적절한 방법이다. 사람들을 바로 '무대 위로' 올려놓을 필요는 없다. 학생들로 하여금 이 장면을 대면으로 생각할 수 있도록 인도하자. 그러기 위해서 성경 이야기에 대해 질문하고 상상하게 하고, 등장인물과 동일시하는 단계를 갖도록 하자. 또 필요하다면 대면을 생각하기 전에, 조각상을 생각해 보는 것도 좋은 방법이다.[2] 당신은 이렇게 물을 수 있다.

"이스마엘이 어떻게 아브라함의 죽음을 알게 되었는지 궁금합니다."

"나는 이스마엘이 멀리 쫓겨난 걸로 아는데요."

"그랬지요. 하지만 아브라함이 이스마엘을 방문하고 연락을 취했다는 이야기가 있습니다."

"저도 알아요. 확신하건데 그는……."

"잠깐만, 이스마엘이 돼서 이야기해 보실래요?"

형식적으로 당신은 성경 이야기의 한 인물로서(as) 말하도록 참여자에게 요청함으로써 이제 연기 단계로 접어든 것이다.

이스마엘 1 : "이스마엘처럼요? 좋아요. 나를 이스마엘이라고 불러 줘요. (웃음) 실제로 나는 아브라함의 죽음을 이삭에게서 들었어요."

디렉터 : "이삭에게서요?"

이스마엘 1 : "네, 이삭이 사람을 보내서 아버지가 병들었다는 말을 전해 왔어요. 이삭은 아버지가 돌아가시기 전에 내가 아버지를 보고 싶어 할 것이라 생각했던 것 같습니다."

디렉터 : "그리고요?

이스마엘 1 : "난 그곳에 너무 늦게 도착하고 말았어요."

디렉터 : "저런."

이스마엘 2 : "난 일이 그렇게 진행됐으리라고 전혀 생각하지 않아요."

다른 누군가가 말한다.

디렉터 : "여기 또 다른 이스마엘이 있네요. 좋아요, 어떻게 일이 진행되었다고 생각하세요? 당신은 아버지의 죽음을 어떻게 알게 됐죠?"

여기에 더블 기법이 사용되었다.

이스마엘 2 : "내 어머니, 하갈이 내게 말했어요. 어머니는 아브라함의 징표(tab)를 간직한 채, 그 노인이 죽기만을 기다리고 있었죠. 그러면 내가 돌아가 이삭과 사라에게 속아서 빼앗긴 내 유산을 요구할 수 있을 테니까요."

디렉터 : "그럼 아브라함의 죽음을 어머니로부터 들었을 때 당신은 어떻게 했나요?"

이스마엘 2 : "저는 한 무리의 남자들을 모았죠."

디렉터 : "아하, 알겠군요."

이스마엘 3 : "난 또 다른 생각을 가지고 있어요."

세 번째 참여자가 말한다.

디렉터 : "또 다른 이스마엘이군요? 좋습니다. 그럼 당신이 깨달은 것은 무엇이죠?"

이스마엘 3 : "그래요, 난 이스마엘이에요. 아브라함은 유명한 사람이죠. 그는 가나안 왕들과 어깨를 겨룰 만한 사람이었죠. 그는 사라의 죽음 후에 가나안 여자와 재혼을 했어요. 그리고 그녀에게서 여러 아들을 낳았죠. 나처럼 그들은 모두

상속권을 박탈당했어요. 그들 중 한 사람에게서 아브라함의 죽음 소식을 들었어요. 그는 내게 와서 이삭을 내쫓는 것을 도와달라고 했어요."

와우, 나는 이 사람의 창의적인 생각에 놀라면서 "그래서 이스마엘 당신은 쿠데타에 합류해 달라고 요청받고 있군요."라고 말한다.

"그렇습니다." 하고 그가 대답했다.

"그럼 이 요청을 들었을 때, 당신은 어떤 느낌이었나요?"

"이미 준비가 되어 있어요." 한 사람이 말한다.

"원하던 바죠." 다른 사람이 말한다.

"양면적인 감정이 드네요." 또 다른 사람이 말한다.

내가 "양면적인 감정이라고요? 어떻게요?"라고 물었다.

이스마엘 4 : "음, 깊은 차원에서 보면, 나는 동생 이삭을 사랑합니다. 나와 내 어머니를 내쫓은 것은 그의 잘못이지만 그것은 그의 생각이 아니거든요. 사실 아브라함의 잘못도 아니었어요. 그…… 그 사라가 그를 그렇게 만들었어요. 나는 아버지를 존경해요. 아브라함은 우리 둘 모두를 사랑했어요. 그리고 나는 이 상속권에 대해 어떻게 해야 할지 모르겠어요. 나는 그것이 무엇인지도 잘 모르겠고, 내가 그것을 정말 원하고 있는지도 잘 모르겠어요."

나는 이 참여자에게 말한다. "그럼, 당신은 한번 이 빈 의자로 나와서 다음에 나오는 장면의 이스마엘을 연기해 보겠습니까?" 참여자는 약간 미덥지 않아 보인다. "당신은 언제든지 역할에서 벗어날 수 있어요. 우리에게는 이스마엘을 기꺼이 연기할 다른 사람들이 있어요. 우리는 그저 우리가 시작할 수 있도록 해 줄 누군가가 필요할 뿐이에요."

이제 그 참여자는 유연한 분위기와 자신을 도와줄 사람들을 의지하며 무대로 나와 이스마엘이 되어 자리에 앉는다.

지금 이 사람은 구성원들의 도움으로 이스마엘에 대한 이해와 생각을 가지고 있다. (주의 : 이것은 첫째 단계의 끝을 표시한다. 첫 번째 역할 인물이 선정되어 무대 위에서 역할을 맡는다.)

디렉터 : "이제 이삭에 대해서 어떻게 할지 논의해 볼까요? (둘째 단계의 시작) 어떤 사람들이 이삭을 향해 이스마엘에게 사람을 보내자고 제안했고, 또 어떤 사람

들은 이삭이 장례를 치를 때 이스마엘을 만난다면 놀랄 것이라고 상상합니다. 또 말하고 싶은 이삭은 없나요?"

이삭 1 : "제가 하고 싶어요."

디렉터 : "당신은 이삭입니다."

이삭 1 : "나는 이삭입니다. 나는 이스마엘처럼 양면적인 감정을 갖고 있습니다."

디렉터 : "좀 더 이야기해 주세요."

이삭 1 : "난 형을 잃어버렸어요. 나는 항상 형이 어떻게 됐는지 궁금했어요. 난 이스마엘이 보고 싶었어요. 내가 그와 같이 자랐다면 어떻게 되었을지도 궁금해요."

이삭 2 : "맞아요."

다른 이삭이 말한다. 다시 우리는 이 인물에 대한 더블 기법을 사용하려고 한다. 이삭에 대한 창의적이고 다양한 모습을 보게 될 것이다.

이삭 2 : "하지만 난 이스마엘이 두려워요. 나는 그가 꽤 사나운 전사라고 들었어요. 하지만 나는 약하고 겁도 많고 혼자예요. 난 그의 힘과 도움이 필요합니다."

이삭 3 : "내가 이삭이 되어도 되나요?"

디렉터 : "물론이죠."

이삭 3 : "난 형 이스마엘이 나를 탓하지 않을까 궁금해요. 내 아버지를 그런 식으로 만든 것이 내 어머니라는 것은 맞지만, 이스마엘이 떠나감으로써 이득을 본 것은 나니까요."

이삭 4 : "맞아요, 난 정말 이득을 봤어요. 아버지는 날 산으로 데려가 묶어 놓고 제단 위에 올려놓았거든요."

디렉터 : "잠시 동안 이삭을 한번 연기해 주겠어요?"

나는 마지막 발언자에게 묻는다.

이삭 4 : "물론이죠, 그가 나를 마구 때리지만 않는다면요."

이스마엘이 화가 났을 것이란 사실을 인정하듯, 농담 반 진담 반이 섞인 말을 하며 우리의 이삭은 무대 위로 올라온다. 그도 그럴 것이, 한 여성이 이삭 역할을 맡았다. 그녀는 이스마엘을 마주보면서 그로부터 약간의 거리를 두고 내가 제공한 의자에 앉는다. 둘째 단계가 끝났다. 무대 위에 두 역할 인물이 등장했다.

I부 짧은 형태의 비블리오드라마 137

나는 이스마엘을 돌아보며 말한다. "당신은 이삭이 뭐라고 했는지 들었죠? 이삭은 아버지가 자신을 산으로 데려갔다는 말로 시작했어요. 이삭에게 하고 싶은 말이 있나요?"
이렇게 질문함으로써 나는 연기자들이 서로 대화를 시작하게끔 유도한다(셋째 단계).
"내 아버지도 그런 이야기를 했지." 이스마엘이 말한다. "그리고 내가 그분의 아들이 된다는 것은 쉽지 않은 일이었어. 난 13세에 할례를 받았어. 아버지께서 그 일에 대해서 말하셨던가? 나에 대해서 네게 말씀하신 적이 있었니?"
즉흥적이지만 장면을 천천히, 그리고 안정되게 만들어 감으로써 두 사람, 이삭과 이스마엘은 서로에게 말하기 시작한다. (셋째 단계가 진행 중이다.)

이　삭 : "나는 그때 형을 기억할 정도의 나이였던 것 같아요. 나는 형과 어머니 하갈이 떠나는 날을 기억해요. 난 아버지의 얼굴 표정을 절대 잊을 수 없어요. 내가 아버지에게 불만을 가졌던 때가 있었다면, 바로 그때였을 거예요. 난 가끔 아버지가 형 대신에 나를 쫓아냈다면 어떻게 됐을까 생각하곤 했어요."

이스마엘 : "아버지께서 나에 대해서 말씀하신 적이 있니?"

이　삭 : "글쎄요……."

이스마엘 : "있는 그대로 말해 보거라. 난 괜찮으니까 말이다."

이　삭 : "아니요. 아버지는 절대 말씀하신 적이 없어요. 하지만 아버지의 침묵은 어떤 말보다 더 크게 들렸어요. 형과 하갈이 떠난 후에, 아버지는 침울했어요. 난 아버지께서 그 일을 완전히 극복했을지 확신할 수 없었어요. 그래서 아버지와 어머니 사이는 그전과 같지 않았죠. 형은 그분을 아버지로 두는 것이 어떤 것이었는지 모를 거예요. 아버지는 우리와 함께 있었지만, 동시에 있지 않았어요."

이스마엘 : "들어 봐. 이삭, 난 그것이 어떤지 안단다. 아버지는 하나님께서 하라는 것을 했을 뿐이야. 만약 내가 곁에 있었다면, 산으로 데려간 사람은 아마 나였을 거야."

이　삭 : "형은 아버지를 사랑했나요?"

이스마엘 : "그랬지. 하지만 난 아버지에 대한 존경을 잃어버렸었어. 아버지는 어머니 사라가 시킨 대로 한 거야. 아버지는 하나님께 충분히 물어보지 않았어. 그리

고 어머니 사라에게 모든 권한을 넘겨주었을 때, 그것이 최악의 상황을 만들고 말았지."

디렉터 : "이삭에게 당신이 어떤 느낌을 갖고 있는지 말해 주세요."

이스마엘 : "나는 상처받고 화가 났어요. 아버지는 나를 버렸어요. 난 아버지가 싫어요."

이　삭 : "난 아버지가 무서웠어요."

이삭이 말을 멈추자, 이스마엘은 아무 말도 하지 않는다. 나는 약간의 용기를 주기 위해 끼어든다.

디렉터 : "이스마엘, 이삭이 뭐라고 말하는지 더 듣고 싶나요?"

이스마엘 : "네, 그런 것 같아요."

디렉터 : "좋아요. 이삭, 계속 말하세요."

이　삭 : "난 아버지가 무서웠어요. 아버지는 너무 늙었어요. 아버지는 한 번도 나와 놀아 준 적이 없어요. 그래서 내가 형을 그렇게 보고 싶어 했나 봐요. 또 있어요. 아버지는 마치 다른 세계에 있는 것 같았어요. 아버지는 기도했어요. 아버지는 혼자 광야를 거닐곤 했죠. 아버지는 나에게 하나님을 가르치려고 했지만, 나는 배우고 싶지 않았어요. 단지 아버지가 무서운 것이 아니었어요. 아버지의 하나님도 무서웠죠. 아버지는 예전에 하나님이 온 세상을 홍수로 멸망시켰다고 말한 적이 있어요."

이스마엘 : "아버지는 나에게도 그 이야기를 한 적이 있어. 바로 그 순간 난 그 하나님과 아무 관련도 맺고 싶지 않았단다. 그리고 아버지가 할례를 행하려고 칼을 꺼냈을 때, 난 속으로 '아버지가 미쳤어.'라고 생각했지."

이　삭 : "맞아요, 나도 종종 아버지가 미치지 않았나 생각했어요. 그러고 나서 아버지가 나를 산으로 데려갔죠."

디렉터 : "이스마엘에게 그 일에 대해서 말해 주세요."

다시 나는 약간의 자극을 줌으로써 그들 사이에 에너지가 계속 흐르기를 원한다.

이　삭 : "내가 할 수 있을지 모르겠네요."

이스마엘 : "해 보거라."

이　삭 : "음, 마치 그것은 내 자신이 완전히 분열된 것 같았어요. 한편으로는, 이 여행이 아버지와 내 삶의 최고점인 것 같았어요. 난 아버지가 나를 하나님께 데려가고 있다는 것을 알았고, 나는…… 호기심으로 가득했죠. 난 그에게 다른 어떤 사람, 어떤 것보다 더 귀중한 그분의 하나님을 정말 보고 싶었어요. 하지만 동시에 나는 너무 무서웠어요. 난 이미 성인이었어요. 아버지는 내게 강제로 가게 하지 않았죠. 난 이 모든 것이 매혹적이고 저항할 수 없다는 것을 알았죠. 내 안의 무엇인가가 나를 그곳으로 이끌고 갔어요."

이스마엘 : "이삭, 난 방금 뭔가를 깨달았단다. (이스마엘이 끼어든다.) 난 방금 우리 아버지의 유산을 이어받는다는 것이 어떤 것인지 알게 되었단다."

이 삭 : "그게 무슨 말이죠?"

이스마엘 : "난 항상 유산이 양들이나 소 떼, 시종이나 금(gold)이라고 생각했단다. 난 지금까지 재산을 빼앗겼다고 생각했고, 내가 여기 온 것도 내 권리의 몫을 찾기 위해서였지. 그런데 난 이제 유산이 아버지의 하나님이란 걸 깨달았어. 곧 그 하나님의 종이 되는 것임을 깨달았단다. 난 이 하나님께서 명령하는 모든 것을 네가 기꺼이 할 수 있을지 모르겠구나. 내 어머니는 광야에서 하나님을 보았지만, 하나님은 나를 죽이라고 어머니에게 말하지 않았단다. 난 방금 그 유산을 받고 싶지 않다는 것을 깨달았단다."

이 삭 : "나도 받고 싶지 않아요."

이스마엘 : "네 맘을 이해할 수 있단다. 하지만 그 유산은 네 몫이란다. 난 네가 다시는 네 아들 중 하나를 제물로 바치는 일이 없었으면 좋겠다."

이 삭 : "난 절대 그렇게 하지 않을 거예요."

두 연기자들은 침묵 속에서 서로 마주보며 앉아 있다. (두 사람 사이에서 있었던 창조적인 작업이 자연스럽게 끝이 나는 시점에 도달했다. 나는 이 기회를 셋째 단계를 끝낼 시점으로 사용하려고 한다.)

"이 대면을 끝마칠 시점이라고 보여져요." 나는 제안했다. "어떻게 생각해요?"

"물론이에요."

"나도 괜찮아요."

"진솔하게 연기해 준 두 분에게 감사를 드리고 싶어요. 두 분은 우리에게 이스마엘과 이삭이란 인물을 들여다볼 수 있는 실질적인 통찰력을 주었고, 또 두 사람 사이의 관계에 대한 해석도 제공했습니다."

참여자들은 내 말에 동의한다는 표현을 해 주었다.

"두 사람 모두 일어나서 심호흡을 하고, 이 자리에 참석한 사람들에게 이름과 함께 자신을 소개해 주었으면 합니다." (역할 벗어나기) 그들이 자기소개를 마치자 나는 그들에게 자기 자리로 돌아가도록 부탁했다. 그들이 자신의 자리를 찾아 들어가는 동안 여러 사람들이 그들에게 손을 내밀거나 등을 두드려 주었다. 그들의 작업이 인정을 받은 것이다.

"우리는 L과 S가 이스마엘과 이삭 역할을 하며 우리에게 보여 준 것에 대해서 말하기 전에, 이것을 본 우리 동료들 중 이삭이나 이스마엘이 되어, 말하고 싶은 사람은 없는지 궁금하군요."

나는 이런 방식을 통해 종결로 향하려고 한다. (넷째 단계) 하지만 나머지 사람들도 연기 과정에 참여시키고 싶었다. 그와 동시에 이 역할을 연기했던 두 사람에게 감정을 가라앉힐 기회를 주고 싶었다. 나는 참여자들이 그들이 앉은 자리에서 역할의 목소리를 내도록 격려했다. 나는 새로운 이스마엘과 이삭이 무대에서 또 다른 대면 속으로 빠져드는 것을 바라지 않는다. 이 문제는 시간과 통제에 달려 있다. 많은 사람들이 고무되어 있었기 때문에, 나는 성찰(reviewing)의 시간이 되었다는 것을 확인시키고 싶다. 성찰은 참여자들과 관찰자들 모두의 이야기를 듣는 시간이며, 우리가 창조적 활동을 통해 함께 시도했던 해석들을 탐색하는 기회를 갖는 시간이다.

"이스마엘로서 나는 마음에 분노를 가지고 여기에 왔지만, 지금은 동정심(compassion) 같은 것을 느낍니다."

"이삭으로서 나는 처음에 이스마엘이 두려웠지만, 지금은 친구를 찾은 느낌입니다."

"이스마엘로서 나는 이삭에게 있었던 아버지를 부러워하고 있습니다. 최소한 이삭은 아버지가 있었으니까요."

"이스마엘로서 나는 사라나 하나님을 용서할 수가 없었습니다."

"이삭으로서 나는 우리가 앞으로 함께할 수 있을지 궁금합니다."

(여러 다른 의견들이 있지만, 이상의 예를 통해 사람들이 말하는 주된 내용을 알 수 있다.)

"감사합니다." 나는 참여자들에게 말했다. (넷째 단계가 끝났다.)

역할극이 끝나고 성찰 단계가 시작되려고 한다.

이 대면에서 이야기된 내용은 사실 일종의 창작 작업이다. 그것은 내가 이 장면을 인도했던 많은 사례에서 잘 나타난다. 만일 여러분이 인도하게 된다면, 또 다른 결과가 나타날 것이다. 감정, 통찰, 상호작용을 통해 장면은 전혀 다른 방향으로 흘러갈 것이다. 가끔 이스마엘은 그가 이삭과 말하기 전에 죽은 영혼을 불러내어 아브라함이나 사라(대면 속의 대면들)와 실제 대화를 나눌 필요가 있다. 가끔 두 '형제들'의 대화는 비난과 자기방어의 수준을 절대 넘어설 수 없을 것이다. 이 장면이 비교적 화목한 종결을 맞게 된다면 그것은 참 다행스러운 일이다. 하지만 비록 그리 부드러운 종결이 이루어지지 않는다고 하더라도 이 작업을 통해서 비블리오드라마가 본문에 대한 통찰을 창출한다는 것은 분명하다. 마찬가지로 이 대면을 탐색하는 과정을 통해서 본문에 대한 새로운 통찰을 이끌어 낸다. 비록 많은 변수(variations)가 발생하긴 하지만, 기초 형태는 다음과 같다.

- 첫 번째 역할 인물(character)을 선정하고 무대 위로 초대한다.
- 두 번째 역할 인물을 선정하고, 역할을 숙지하게 한 뒤, 무대 위로

초대한다.
- 두 사람이 서로 대화를 나눈다.
- 두 사람의 대화가 끝날 때 장면을 끝맺는다.

다른 연기자가 장면을 추가해서 연기할 수 있도록, 디렉터는 참여자들을 격려하여 해당 역할 인물의 목소리를 내게 한다. 그리고 나서 디렉터는 그 역할 인물을 연기할 사람을 선택한 후, 그 연기자를 무대로 올라오도록 해서 대화로 이끈다.

늘 그렇듯이, 나는 성찰할 시간을 남겨 둔다. 성찰은 연기자들과 관찰자들을 독려하여 지금까지의 작업이 어떠했는지에 대해서 이야기하게끔 하는 시간이다. 우리가 함께 배운 것은 무엇이었는가? 나는 개인적인(personal) 문제보다는 본문(textual) 수준에 초점을 맞추려고 하기 때문에 내 질문을 그 방향으로 이끌어 갈 것이다. 전에 이미 말했듯이, 이 상황에서 내 과제는 결코 개인의 문제를 추적하는 것이 아니다. 만일 그렇게 된다면 참여자들을 상당히 불편한 분위기로 몰고 갈 수 있다. 내가 지금까지 몰래 참여자들의 자기 노출을 목적으로 삼고 있었다는 오해를 살 수 있다. 혹은 사람들은 자신들이 조종당했다고 느낄 수 있다. 하지만, 참여자들이 자발적으로 자신을 노출시키는 경우, 그것은 디렉터의 질문에 의해서 드러난 개인 정보와는 사뭇 다르다. 그것이 자발적으로 이루어졌을 경우, 이 정보는 개인의 안정감(a sense of personal safety)과 집단 안의 타인에게 자기 문제를 털어놓을 수 있는 내적 준비도(inner readiness)에 의해 촉발된 나눔에 속한다. 이제 곧 소개되겠지만, 개인적인 문제가 종종 예상치 못하는 상황에서 등장한다. 나는 그것을 크게 부각시키려고 하지 않을 것이다. 대신에 나는 그 문제를 기꺼이 환영하면서 비블리오드라마에 대한 그들의 솔직한 경험을 과감히 이야기할 수 있도록 최선을 다한다.

나는 우선 참여자에게 감사하고 그들을 격려하는 것으로 시작한다. 그러고 나서 나는 "우리가 이런 식의 활동을 통해서 이 이야기에 대해 배운 것들이 뭐가 있을까요? 여러분 중 무언가 깨달은 것을 함께 나누고 싶은 사람이 있나요?"라고 묻는다.

사람들은 이스마엘에 대한 다른 입장들, 아랍과 유대인 사이의 역사, 이 두 민족이 서로를 향해 현실적으로 대화할 수 있는 방법의 가능성 등의 많은 것을 이야기한다. 누군가 제안한 것처럼, 어쩌면 가면을 쓰는 듯한 비블리오드라마의 특징은 평화 교육에 현실적인 도움을 줄 수 있을 것이다. 어떤 참가자들은 드라마 연기가 너무 공손하거나 너무 다정하다고 진술하기도 한다. "내 생각에 그들 사이에는 더 심각한 분노가 있었을 거예요." 어떤 사람들은 이런 본문이 성경에 존재한다는 것에 놀라워한다. 또 어떤 사람이 말한다. "이 이야기는 그들이 동굴에서 만나지 않았더라도 완벽한 의미를 제공했을 겁니다. 그것을 누가 기록했든지 이 둘이 어떤 방식으로든 화해하게끔 우리가 생각하도록 쓴 것 같아요."(시간이 더 있다면, 여기서 우리는 편집자의 말을 들을 수 있을 것이다.)

어느 시점에서 이스마엘을 연기한 사람이 처음 적대적인 태도를 바꿀 때 어땠는지에 대해 말한다. "글쎄요, 마지막에 나는 이삭에게 미안한 느낌이 들었어요. 나는 유산을 원하지 않았어요. 비유대인으로서 나는 하나님에 대한 다른 경험을 가지게 될 것 같아요. 아마 '선택받았다'는 것이 그리 과장된 생각은 아닌 것 같아요."

이삭을 연기한 여성은 마지막까지 조용히 앉아 있었다. 나는 우리와 나누고 싶은 것이 있는지 그녀에게 물었다. "그다지 없어요. 나는 방금 내 아버지에 대해 많은 생각을 했어요. 아버지는 작년에 돌아가셨거든요. 어떤 점에서 아버지는 아브라함을 닮았어요. 진지하고, 가끔은 멀리 떨어져 있는 듯했죠. 나는 아버지에게 상당한 존경심을 가지고 있었지만, 실제로는 아버지와 가깝다고 느끼지는 못했어요. 여기서 연기한 이삭이 나와 상당히 닮았다고 여겨지네요."

내가 말했다. "감사합니다. 비블리오드라마를 하면서, 우리는 흔히 이야기와 내 자신의 삶 사이에 놀라운 공명(resonances)을 발견하게 됩니다. 아울러 해석 차원에서 볼 때, 당신이 연기한 내용은 상당한 타당성을 가지고 있어요. 성경의 이삭을 바라볼 수 있는 통찰력을 제공했지요. 실제로 어떤 점에서 완벽하다고까지 느꼈어요. 이삭이란 인물은 그것에 대해 들을 필요가 있는 사람이고, 또 그것을 가장 잘 이해할 수 있는 사람이니까요."

시간이 허용하는 한, 성찰 작업은 이런 식으로 진행된다. 나머지 성찰 과정으로는 기타 자료와 주석책을 참고하거나, 좀 더 해석학적 정신을 가지고 본문으로 돌아가 이야기를 다시 읽으면서 그것을 통해 본문에 비춰지는 새로운 빛이 무엇인지를 발견하는 것, 그리고 디렉터의 세부적인 인도 과정이나 연기자를 선택하고 그들이 역할을 수행하는 중에 느낀 것들, 이 모든 것이 전체 비블리오드라마 과정을 마치기 위해 다루어야 할 내용이다. 하지만 내 관심은 이런 것들을 설명하는 것이 아니다. 내 목표는 대면을 이끌어 가는 과정을 묘사하려는 것이다.

암시적 대면

막벨라 동굴에서와 같이 명시적 대면은, 우리가 연구하는 이야기의 본문으로부터 자연스럽게 일어난다. 암시적 대면(implicit encounter)은 좀 더 본문을 파헤칠 필요가 있다. 하지만 일단 파헤치고 나면 위 장면의 진행 과정을 따라 인도할 수 있다. 다음은 암시적 대면의 몇 가지 사례다.

- 노아와 그의 아내는 방주에 올라 이야기를 한다(창 7 : 24 – 8 : 1).
- 아브라함은 그의 아버지 데라와 작별의 대화를 나눈다(창 11 : 32 –

12 : 5).

- 야곱이 장자의 축복을 가로챈 후에, 에서는 어머니와 아버지를 떠나 이스마엘과 같이 살기 위해 떠난다(창 28 : 9). 결국 모든 일이 잘 해결되었을 때, 야곱과 에서 두 사람은 서로에게 무슨 말을 하게 될까?
- 라헬이 해산 중에 죽어 가고 있다(창 35 : 16–20). 라헬은 누이 레아와 마지막 대화를 원하지 않을까? 만약 그렇다면, 이 두 여자는 서로에게 무슨 말을 할까?
- 민족의 해방자가 되어 애굽에 돌아온 후, 모세는 자신을 양자로 삼은 어머니, 즉 바로 궁전의 공주를 만난다(출 5 : 1). 그들은 서로 무슨 말을 할까?
- 아론과 모세가 황금 송아지 사건 후에 이야기를 나눈다(출 32 : 21–25).
- 아론과 미리암이 모세가 취한 구스 여인에 대해서 이야기를 나눈다(민 12장).

디렉터는 암시적 대면을 사변적인(speculative) 분위기에서 도입한다. "나는 이 두 사람이 서로 무슨 말을 했을지 궁금합니다."

또는 디렉터가 성경 이야기를 함께 읽는 동안 참여자들에게 본문 속에 감추어져 있는 암시적 대면을 찾도록 요청할 수 있다. 또는 사람들 앞에 두 개의 빈 의자를 마주보도록 배치한 후, 한 의자에 등장인물 중 한 사람의 이름(예를 들어, 사라)을 붙이고, 본문 이야기에 등장하는 어떤 사람이 사라에게 말하고 싶어 할지를 사람들에게 묻는다.

구성적 대면

세 번째로 구성적 대면(constructed encounter)이 있다. 구성적 대면은 성경을 가로질러서 별개의 이야기에 등장하는 인물들을 함께 모아놓고, 흥미로운 주제에 대해서 서로 이야기하도록 하는 것이다. 여기 몇 가지 예제들이 있다.

- 사라는 아이를 낳지 못하는 라헬에게 무엇이라고 말해 줄까?
- 아브라함은 모세에게 무엇이라고 말할까? 디나는 십보라에게 무엇이라고 말할까? 다말은 디나에게 무슨 말을 할까?
- 가인은 이스마엘에게 무슨 말을 해 줄까? 이삭은 예수에게 무슨 말을 해 줄 수 있을까?

이 같은 대화를 만들기 위해서, 디렉터는 일종의 무대 공간을 만들 필요가 있다. 그곳에서 등장인물들은 그들의 특정한 이야기로부터 빠져나와서 중립적인 차원에서 만나게 된다. 성경의 특정한 장소에서 이런 종류의 차원을 제공하는 곳이 있다. 한 예로, 막벨라의 동굴은 아브라함, 사라, 이삭, 리브가, 야곱, 그리고 레아가 장사된 곳이다. (어떤 우화적 주석에 따르면 아담과 하와도 이곳에 묻혀 있다고 한다.) 따라서 이 동굴은 조상의 영혼이 만나고 대화할 수 있는 환경이라 할 수 있다. 마찬가지로 예수께서 장사된 동굴도 구성적 대면의 무대가 될 수 있다.

하지만 똑같은 효과를 내기 위해서 디렉터는 전혀 만나 본 적이 없는 성경의 인물들이 만나 이야기 나누는 것은 어떠할지를 소리를 내어 질문하면 된다.

"여러분은 성경의 어떠한 인물도 될 수 있고, 또 성경의 어떤 인물과 만나서 이야기할 수도 있습니다. 여기 의자에 와서 앉아 보세요. 당신이 누구인지 우리에게 말해 주세요. 그리고 여기에 당신이 대면하고 싶어 하는 인물을 위한 의자가 있습니다. 그 사람이 누구인지 우리에게 말해 주세요. 우리는 누가 그 역할을 연기하러 나올지 지켜보도록 하겠습니다."

이 명시적 · 암시적 · 구성적 대면들에 추가적으로 언급해야 할 두 가지 다른 형태의 대면이 있다. 자기 자신과의 대면, 그리고 인간과 하나님 사이의 대면이다. 이 두 형태의 대면을 설명하기 위해 야곱의 씨름 이야기를 모델로 제시하고자 한다.

자기 자신과의 대면

뒤에 홀로 남았는데, 어떤 이가 나타나 야곱을 붙잡고 동이 틀 때까지 씨름을 하였다. 그는 도저히 야곱을 이길 수 없다는 것을 알고서, 야곱의 엉덩이뼈를 쳤다. 야곱은 그와 씨름을 하다가 엉덩이뼈를 다쳤다. 그가, 날이 새려고 하니 놓아 달라고 하였지만, 야곱은 자기에게 축복해 주지 않으면 보내지 않겠다고 떼를 썼다. 그가 야곱에게 물었다. "너의 이름이 무엇이냐?" 야곱이 대답하였다. "야곱입니다." 그 사람이 말하였다. "네가 하나님과도 겨루어 이겼고, 사람과도 겨루어 이겼으니, 이제 네 이름은 야곱이 아니라 이스라엘이다." 야곱이 말하였다. "당신의 이름이 무엇인지 가르쳐 주십시오." 그러나 그는 "어찌하여 나의 이름을 묻느냐?" 하면서, 그 자리에서 야곱에게 축복하여 주었다(창 32 : 24-29, 새번역).

어떤 사람들은 이 씨름을 야곱이 자기 자신과 겨룬 씨름이라고 생각하여, 야곱의 두 영혼이 다투고 있다고 한다. 자기 자신과의 대면은 늘 비블리오드라마에 풍부한 가능성을 제공한다.

예를 들어, 아브람이 그의 고향인 아버지의 집을 떠나라는 부름을 받았을 때, 그가 갈등했으리라는 것을 상상하기는 어렵지 않다. 사실, 아브라함이 자신의 소명 속에서 겪게 된 호된 시련들은 내면의 투쟁으로 가득 차 있으며, 그 절정이 모리아산을 향해 떠났던 3일간의 여행이다. 그의 영혼은 선한 에너지와 악한 에너지 사이에서, 초월적 힘과 지상의 힘 사이에서, 의무와 이기심 사이에서, 머리와 가슴 사이에서, 믿음과 두려움 사이에서, 자아와 포기 사이에서 대화하고 있다. 이 모든 내면의 씨름은 대면이라는 형태로 구체화되고 있다.

이러한 대면으로 인도하는 것은 간단한 일이다. 디렉터는 그저 특정한 이야기 상황이 등장인물의 내적 갈등을 숨기고 있는지 궁금하다고 말하면 된다. 한 예를 살펴보자.

"사라는 아이를 가질 수 없었기 때문에 시녀 하갈을 아브라함의 아내로 들이는 문제를 생각하기 시작합니다. 이 순간 사라의 마음속에서 왔다 갔다 하는 생각은 무엇일까요?" 또는, "라반이 라헬에게 와서 내일 결혼식에 레아가 대신 자리하게 될 것이라고 말합니다. 나는 이 순간 라헬이 어떤 심정일지 궁금합니다. 그것을 상상하기란 쉽지 않을 겁니다. 당신의 아버지는 서열에 따라 당신을 뒤로 미뤘습니다. 당신은 상반된 두 감정 사이에서 갈등하고 있는 것 같습니다. 누가 지금 라헬이 되어서 라헬의 내면에서 일고 있는 것을 말해 주겠습니까? 아니면 누가 라헬의 한쪽 감정을 말해 주겠습니까? 그리고 나서 다른 사람이 반대 감정을 말해 주겠습니까?" (여기서 디렉터는 두 의자를 서로 등지게 놓음으로써 간단하게 내적 갈등을 구체화시킬 수 있다.)

하나님과의 대면

야곱의 씨름에서 찾을 수 있는 두 번째 대면은 인간과 하나님 사이의 대면이다.

야곱의 경우처럼 칠흑 같은 영혼의 밤이 극적으로 표현된 하나님과의 고독한 대면은 성경의 여러 곳에서 발견할 수 있다. 야곱은 거의 말없이 씨름을 하고 있지만, 씨름은 하늘과 땅, 영과 육, 하나님과 인간의 영혼 사이의 대화를 구체적인 형태로 드러내고 있다고 상상할 수 있다. 하나님의 부르심과 사명을 받은 성경의 모든 인물들은 저마다의 질문, 의심 또는 도전의 경험을 가지고 있다. 우리는 이러한 논쟁을 소돔과 관련하여 하나님과 아브람 사이의 대화에서, 그리고 불타는 떨기 앞, 하나님과 모세 사이의 대화에서 찾을 수 있다.

물론 성경의 많은 인물들은 하나님과 대화할 기회가 별로 주어지지 않곤 한다. 하지만 우리는 그들이 뭔가 할 말이 있다는 것을 안다.

이삭이 태어났을 때 사라는 하나님께 뭐라고 말할까? 그녀의 감사 기도는 무엇이며, 하나님은 그녀에게 뭐라고 대답하실까? 출애굽기 15 : 20~21에 있는 바다에 대한 미리암의 노래를 혹자는 어떻게 결론을 내릴 것인가? 요셉은 투옥된 시간 동안 하나님께 뭐라고 말할까?

성경은 말없는 기도와 번민하는 질문들로 가득 차 있다. 아담과 하와가 에덴 동산을 떠날 때 하나님을 향해 하는 마지막 말을 상상해 보라. 모세가 죽기 전에 하나님께 하는 마지막 말을 상상해 보라. 기도와 탄원은 응답을 원한다. 비록 본문에서 하나님이 침묵할 때조차 하나님의 응답을 상상하는 것은 인간과 하나님 간의 대면 속에서 경험하는 도전 중 하나다.

이와 같은 대면을 확립하게 된다면, 디렉터에게는 인간의 의자와 하나님의 의자가 필요하다. 하나님을 대표하는 의자는 빈 채로 남겨 둘 수 있으며, 하나님의 대리자, 즉 하나님을 대신해서 말하는 사자 또는 천사가 등장할 수 있다. 또는 하나님이 무대에 등장할 수도 있다.[3]

대면은 드라마를 위한 용광로다. 그리고 성경은 대면으로 가득하다. 이 상호작용의 관점을 가지고 상반되는 시각 사이에서 대화하는 비블리오드라마는 우월한 지배적 관점을 필요로 하지 않는다. 오히려 비블리오드라마는 양쪽 모두를 깊이 있게 이해하려는 감각을 이끌어 내고자 한다.

이제 조각상과 대면을 역동적으로 다룰 수 있는 감각으로 무장하였으니, 우리는 이 요소들을 모아서 긴 형태의 비블리오드라마를 향해 걸어 나갈 준비가 되었다.

미 주

1. 여기 본문-중심의 비블리오드라마와 개인적 차원의 심층 문제를 해결하려는 비블리오드라마의 차이가 있다. 만약 한 그룹이 후자에 해당하는 작업에 대해 분명한 동의를 하지 않은 경우라면, 윤리적 차원에서 볼 때, 개인적인 문제를 드러내는 것이 아니라, 성경 해석에 초점을 맞추는 것이 디렉터의 책임이다. 무엇을 전면에 둘 것인가, 그리고 무엇을 후면에 둘 것인가의 문제다.

2. 우리는 이 장면에 대한 조각상 만들기를 시도하기 전에 누가 장사지내는 굴에 있었을까에 대한 브레인스토밍을 할 수 있다. 만약 이삭이 거기에 있었다면, 리브가는? 본문을 주의 깊게 읽는다면 우리는 쌍둥이 아들 에서와 야곱이 아브라함이 죽었을 때 15세였다는 것을 알게 된다. 아브라함의 둘째 부인 그두라는? 그리고 그녀와의 사이에서 낳은 여섯 아들은? 이스마엘의 어머니 하갈, 그리고 이스마엘의 아내, 이스마엘의 아들들은?(창세기 25 : 12 이하 참조) 이 모든 인물들을 '무대에' 세우는 것은 이스마엘과 이삭 간의 대면의 절정을 위한 완벽한 무대 환경과 웜업이 될 것이다.

3. 하나님을 무대에 등장시키는 것은 다루기 힘든 일이고, 어떤 사람에게는 꽤 불쾌할 수 있다. 나는 이것에 대해 Ⅲ부 '2. 드라마의 하나님'에서 좀 더 자세하게 다루고자 한다.

Ⅱ부
긴 형태의 비블리오드라마

4장
본문 선택과 준비

4장에서는 비블리오드라마의 본문을 선택하고 준비하는 방법을 다루려고 한다. 비블리오드라마의 내용이 길어지고 요구사항이 복잡해질수록 본문을 선택하고 준비하는 과정은 중요하다. 우리는 이미 Ⅰ부에서 이 문제를 다루었는데, 거기서는 하나하나의 장면에 초점을 맞추었다. 이번 장에서 다루려고 하는 긴 형태의 비블리오드라마는 여러 장면들이 상호 연결됨으로써 좀 더 거대한 드라마 형태를 이루게 될 것이다. 우리는 본문을 선택할 때, 좋은 시작점을 찾아야 할 뿐만 아니라, 드라마의 중간과 마무리를 어떻게 이끌어 갈 것인지도 고려해야 한다.

연기할 이야기를 선택하고 준비하기 위한 결정은 디렉터인 당신에게 주어진 과제이자, 당신이 웜업을 해 가는 과정이기도 하다. 이야기를 통해 사고하는 과정 속에서, 당신은 드라마가 가진 가능성에 점차 매료될 것이며, 이 작업을 참여자들과 공유할 것이란 사실에 흥분하게 될 것이다. 특별히 처음으로 긴 형태의 비블리오드라마를 시도하는 경우, 가장 중요한 것이 바로 당신에게 흥미를 유발하고, 도전을 주며, 의미 체험을 가능케 하는 이야기를 선정하는 것이다. 당신이 이야기에 빠져드는 만큼 참여자들도 이야기와 소통하며 이야기 속으로 빠져들 수 있기 때문이다.

긴 형태의 비블리오드라마 본문을 선택하는 작업은 무척 중요한 일이며, 동시에 주로 디렉터가 주도해야 할 과제다. 디렉터가 이러한 과제를 주도해

야 하는 데에는 다음과 같은 네 가지 중요한 이유가 있다.

1. 디렉터가 이야기를 미리 선택함으로써, 지루하고 무의미하게 흘러갈 수 있는 집단 토의, 그것도 행동을 촉진하기보다는 반발을 야기할 수 있는 토의를 피할 수 있다.
2. 디렉터가 본문에서 끌어낼 수 있는 감정, 화제, 아이디어 등 소재에 대한 통제권을 일정 수준 갖도록 해 주며, 나아가 이야기의 정서적인 깊이에까지 영향을 미칠 수 있게 해 준다.
3. 디렉터가 참여집단과 학생들보다 먼저 본문에 대한 주석이나 전승 자료를 준비할 수 있도록 해 준다.
4. 디렉터가 먼저 준비함으로써, 그 집단에서 가장 준비된 구성원일 수 있게 해 준다. 준비를 통해 당신은, 준비한 것을 너무 빨리 소진해 버리지만 않는다면, 불안의 요소를 줄일 수 있다.

1. 본문 선택의 세 기준

나는 세 가지 기준에 근거해서 이야기를 선택한다. 첫째, 얼마나 접근과

도입을 위해 용이한가? 둘째, 어떤 주제 범위를 가지고 있는가? 셋째, 어떻게 종결되고 있는가?

접근성

성경은 서구 사람들이 가장 많이 소장하고 있는 책임에도 불구하고, 서구 사람들은 그 내용을 잘 모른다. 하지만 비블리오드라마에서 성경을 대면하게 되면서, 사람들은 성경을 알아야 할 필요성을 느끼게 된다. 또한 자신이 갖고 있는 지식이 불확실하다고 느끼면서 부끄러워하기도 한다. 이런 무지와 부끄러움은 그들이 역할극에 대해 이미 가지고 있는 불안을 증폭시키기도 한다. 그렇기 때문에 적어도 처음에는 모두가 이미 알고 있거나 비교적 쉽게 배울 수 있는 이야기, 모두가 쉽게 다가갈 수 있는 본문을 선택하는 것이 중요하다.

때로는 짧게 이야기를 들려줌으로써 참여자들을 이야기에 친숙하게 할 수도 있고, 극을 위한 웜업으로 사용할 수도 있다. 일례로 만일 야곱이 천사와 씨름하였던 장면(창 32 : 23-32)을 비블리오드라마에 사용하고 싶다면, 나는 참여자들을 도와주면서 그들이 문맥을 이해했는지 확인할 필요가 있다. 그래서 나는 야곱이 그의 어린 시절에 에서를 배반했던 이야기를 돌아보고, 그의 여행과 하란에서의 삶, 그가 고향으로 돌아오던 여정, 야곱을 향해 집결했던 에서와 400명의 무사들에 대해서 이야기해야 할 것이다. 이 모든 요소들은 씨름 및 그 이후의 결과와 관계있기 때문이다.

가끔 이러한 스토리텔링은 상호 교환 방식으로 이루어지기도 한다. 나는 이야기의 일부를 들려주고, 집단 구성원들에게 세부적인 내용을 질문하면서 참여자들과 함께 하나의 이야기를 만들어 가곤 한다. "다음에는 무슨 일이 있었을까요?" 협력을 통해 이야기를 만들어 가는 과정은 몇 가지 장점을 가지고 있다. 첫째, 사람들이 참여하도록 유도하여 협력적이고 참여적인 공동

"야곱과 에서의 화해"(The Reconciliation of Jacob and Esau)_ 페테르 파울 루벤스(Peter Paul Rubens)

체를 형성한다. 둘째, 디렉터가 참여자들의 첫인상(누가 이야기할 준비가 되어 있는가? 누가 조용한가?)을 파악할 수 있게 도와준다. 셋째, 디렉터는 비블리오드라마를 이끌어 갈 때에 중요한 변수들을 확인할 수 있다. 예를 들어 지식의 깊이, 이야기에 대한 지식, 표현력, 긍정적인 영향력, 지배하려는 성향, 참여도 등을 들 수 있다.

디렉터는 너무 많이 또는 너무 자세히 이야기해서, 흥미를 자극하기는커녕 분위기를 망치는 경우를 조심해야 한다. 디렉터는 다른 수업들처럼 교사가 가장 많이, 가장 잘 알고, 학생들은 그 정답을 맞히기 위해 노력해야 하는 시간이라고 느끼게 할 수 있다. 따라서 디렉터는 구체적인 내러티브적 순간, 곧 비블리오드라마가 적절하게 시작될 수 있는 이야기의 선을 굵직하게 그려 내는 데 초점을 맞추는 것이 좋겠다.

이야기에 쉽게 접근할 수 있다는 것은 이야기로 쉽게 들어갈 수 있다는 것을 의미한다. 나는 사람들이 잘 알고 비교적 쉽게 배울 수 있는 이야기를 선택하고, 나아가 사람들이 이야기 속으로 쉽게 들어갈 수 있는 지점에서 시작하려고 노력한다. 이 방법은 장면을 열어 가는 무대의 배경이나 상황 속에서 유머와 유쾌함을 지닌 여러 등장인물들이 적절하게 등장할 수 있는 가능성을 폭넓게 제공한다. 나는 집단의 참여도를 극대화하기 위해서는 먼저 준비(웜업)되어야 한다는 사실을 인지하게 되었다. 그래서 나는 참여자들에게 처음부터 감정적으로 강하게 몰입하거나 녹아들어야 하는 역할을 맡기지 않는다. 참여집단을 지나치게 이야기의 극적인 부분으로 밀어 넣는 것은 좋은 방법이 아니다. 그들은 준비되지 않았을 것이고, 그러한 상황에서는 비블리오드라마도 제대로 진행될 수 없다. 이야기에 쉽게 접근하려면 이야기의 언저리에서 시작해서 점차 그 중심으로 향해야 한다.

예를 들어, 비블리오드라마를 통해 야곱이 씨름하던 밤을 살피고 싶을 경우, 참여자들에게 야곱이 적을 대면했던 긴박한 순간에 어떤 생각을 하고 느겼을지에 대해 질문하는 것은 지나치다고 볼 수 있다. 참여자들은 이 시점에서 그 역할을 맡을 준비가 되어 있지 않다. 우리가 아직 이 장면이 벌어질 상황까지 이야기를 발전시키지 않았기 때문이다. 우리는 아직 함께 웜업할 여유도 없었고, 무엇이 진행되고 있다는 느낌을 받거나 이야기에 상상력을 더할 만한 시간도 없었다.

이런 경우에 디렉터는 뒤로 조금 물러서서, 야곱이 그의 아내와 자녀들에게 먼저 강을 건너게 하던 장면으로 돌아가 비블리오드라마를 시작할 수 있다. 나는 이 순간에 있었을 법한 구체적인 배경을 개략적으로 설명한 후, 다음과 같이 극을 시작할 것이다.

"당신은 야곱입니다. 당신은 무엇 때문에 이렇게 가족들과 떨어져 있나요? 지금 당신은 어떤 심정인가요?" 그리고는 장면에 등장하는 특정 인물들(라헬, 레아, 유다, 요셉, 그리고 몸종이자 어머니이기도 한 빌하와 실바 등)과 인터뷰를 할 수 있다. 나는 또 야곱이 각각의 등장인물들과 했을 법한 이야기들을 나누며, 그들이 야곱에게 했을 법한 질문들과 이야기들을 다룰 수 있다. 이것은 주요 장면(main scene)에 비해 중요하지 않지만, 우리가 그 주요 장면을 준비할 수 있도록 돕는 역할을 한다.

그런 다음에 나는 드라마의 클라이맥스(절정)라고 할 수 있는 장면으로 접근할 것이다. 이때에도 나는 성경에 기록되어 있는 것처럼 가족들을 보낸 후 야곱이 "뒤에 홀로 남았는데"(창 32 : 24)라는 장면으로 참여집단과 웜업을 하면서 시작할 것이다. "야곱, 이 밤에 무슨 생각을 하고 있는지 말해 줄 수 있나요?"

정리하면, 나는 본문을 선택할 때, 본문의 극적인 상황을 고려할 뿐만 아니라, 부담스럽지 않으면서도 사람들이 점진적으로 참여할 수 있고, 상상을 통해 해당하는 장면의 세계로 다양하게 진입할 수 있는 도입 부분을 모색한다. 또, 시작 질문에 대해서도 신중을 기하면서, 집단을 이야기의 주변부에서 중심부와 클라이맥스로 가장 잘 인도할 수 있는 방법을 고민한다.

주 제

본문을 선택하기 위한 두 번째 기준은 주제다. [역자주 : 저자인 핏젤이 여기서 사용한 용어는 'depth of field'(피사계심도/被寫界深度/DOF)이다. DOF는 사진 전문용어로서 사진술에서 한 사진의 초점이 맞은 것으로 인식되는 범위를 말한다.] 비블리오드라마의 관점에서 주제는 성경 이야기의 장면들이 어떻게 우리의 삶을 변화시키고, 어떤 방법으로 우리의 마음을 감동시키는가 하는 문제와 관련된다.

비블리오드라마에서 다루기 좋은 본문 중에는 탄생, 결혼, 죽음, 또는 시작의 순간과 인생의 전환점과 같은 인생 주기의 사건을 담고 있는 본문이 있다. 이러한 본문들은 우리가 성장 과정 속에서 경험하는 순간들, 예를 들어 부모로부터 독립하거나, 직장을 구하거나, 형제간의 갈등을 해소하거나, 영적인 진리를 발견하는 경험 등을 환기시켜 준다. 비블리오드라마 인도자는 늘 인간의 원형적(原形的) 차원의 이야기를 찾으려고 노력해야 한다. 원형적 차원의 이야기란 그 의미가 세월이 흘러도 변함없이 보존되며, 현재 우리의 삶에서 구현될 수 있는 이야기를 말한다. 그런 이야기의 장면은 그 자체로 하나의 훌륭한 작품이 되거나 드라마의 장면 중 클라이맥스를 이룬다.

사실 성경 이야기에 등장하는 대부분의 사건이 원형적 상황(archetypal status)을 묘사하고 있다는 점에서, 성경은 원형적 사건의 보고(寶庫)라 할 수 있다. 하지만 우리가 자주 간과하고 있는 사실이 있다. 성경 이야기의 양식(pattern)이, 즉 그 이야기가 가족에 관한 것인가, 공동체에 관한 것인가, 또는 개인의 발달에 관한 것인가 하는 것이, 그 이후에 등장하는 모든 이야기에 깊은 영향을 미친다는 사실이다. 또 그 이야기들은 우리가 우리 자신에 대해서 생각하는 방식에도 영향을 미친다. 성경 이야기의 의미 있는 순간을 연기(재연)할 때, 우리는 필연적으로 우리 자신의 삶 속에서 일어나는 의미 있는 순간을 연기(재연)하게 된다.

그래서 우리는 본문을 선택할 때 특정 성경 이야기가 포괄적인 차원에서 어떤 주제와 관련이 있는지 생각해야 한다. 이 본문이 사랑에 관한 것일까, 아니면 죽음에 관한 것일까? 혹은 이별이나 화해, 외로움에 관한 것일까, 탐색이나 리더십에 관한 것일까? 그렇지 않으면 순종 혹은 자기 망상이나 증오에 관한 것일까? 이렇게 주제의 수위(thematic levels)를 규정함으로써 비블리오드라마의 디렉터는 참여자들의 느낌과 연상(聯想)의 문을 열어 성경 본문이 그들에게 살아 있는 현실로 다가갈 수 있게 한다.

디렉터로서의 나의 과제는 우리가 살펴보게 될 이야기의 정서적, 신학적, 그리고 도덕적 토대를 미리 탐색하는 것이다. 예를 들면, 사람들이 온 힘을 다해 올라야 할 가파른 곳은 어디일까? 하나님을 대면하는 순간일까, 기도하는 순간이나 환희의 순간일까? 우리가 슬픔이나 분노를 느낄 만한 동굴 같은 곳은 어디일까? 성경의 많은 이야기가 아픔과 관련 있기 때문에, 일부러 고통스러운 이야기를 피할 필요는 없지만, 우리가 어떤 아픔을 맞닥뜨리게 될지 생각할 필요는 있다. (그리고 잠시 후에 다루겠지만, 우리는 어떻게 끝을 맺어야 할지에 대해서도 생각해 보아야 한다. 그리고 이야기가 가져올 아픔에서 빠져나올 수 있는 방안에 대해서도 생각해 보아야 한다.)

예를 들어, 내가 그 집단을 잘 모른다거나 특별히 부탁을 받지 않은 이상, 난 가능한 한 이삭을 희생 제물로 바치는 아브라함의 이야기를 다루지 않는다. 내 생각에 이 이야기는 성경에서 가장 고통스러운 이야기 중 하나이기 때문이다. 이 이야기는 분명 쉽게 접근할 수 있다. 이삭의 이야기는 사람들에게 잘 알려져 있고, 주변상황에서부터 이야기를 전개해 나갈 수 있는 도입 방법들도 여럿 있다. 하지만 그 중심부에는 끔찍한 비극이 도사리고 있다. 결국 이야기의 끝은 구원과 유예로 종결되지만, 이 드라마의 절정은 견디기 힘들 만큼 엄청난 고뇌를 동반하고 있다. 그 고뇌의 정도가 이야기의 전부를 나타내는 것은 아니지만, 본문을 살피는 디렉터는 그것을 간과할 수 없고, 간과해서도 안 된다.

이삭 이야기와 같은 범주에 속하는 이야기가 몇 가지 더 있다. 나에게 그 주제의 깊이는 너무 깊다. 디나가 강간을 당한 이야기는 어떤 참여자들에게는 감당할 수 없는 감정을 불러일으키곤 한다. 욥의 이야기는 비블리오드라마가 추구하는 현실의 한계를 벗어나 있다. 롯과 소돔의 이야기는 특정 환경에서는 쉽게 접근할 수 없다. 노아가 벌거벗은 장면은 명백하게 문제의 소지가 있다. 그리고 복음서에서도 다루기 힘든 이야기들이 있다. 예를 들어 십자가 사건은 많은 사람들에게 감당하기 어려운 주제이기 때문에 적절한 시기를 고려하는 것이 좋다. 치유 기적 사건들은 사실상 재현하기가 불가능하다. 이상의 사례들이 내가 비블리오드라마로 다루기 두려워하는 몇 가지 본문에 속한다.

반면, 우리는 룻이나 에스더 이야기의 비블리오드라마적 가능성을 고려해 볼 수 있다. 유월절 이야기나, 구스 여인 때문에 모세에게 대항했다가 미리암이 벌을 받았던 이야기도 비블리오드라마적 차원에서 생각해 볼 필요가 있다. 요나, 다윗, 그리고 예레미야의 삶을 담은 장면들도 마찬가지이다. 신약성경에 등장하는 비유에는 사역, 형제애, 배신, 그리고 치유 등의 이야기가 나타나고 있으며, 이러한 이야기들은 드라마를 통해 탁월하게 해석할 수 있는 기회를 제공한다.

종 결

본문을 선택하는 세 번째 기준은 이야기의 종결(終結)이다. 본문의 비블리오드라마적 가능성에 대해 생각할 때, 어떤 종결이 도출될 것인지에 대해 고려해야 한다. 비블리오드라마를 얼마나 확장시킬 수 있을까? 내가 고려하고 있는 주제 장면들은 무엇인가? 참여자들은 이야기를 어떻게 구성하게 될까? 디렉터로서 난 어디에서 마무리를 지어야 할까? 비블리오드라마를 통해서 나타나는 감정이나 이미지에는 어떤 것들이 있을까? 마무리 지을 때 사람들을 어떻게 진정시킬 수 있을까? 이야기가 죽음으로 끝나는가, 아니면 화해로 끝나는가? 내가 생각하는 마지막 장면이 암울한 상실이나 말할 수 없는 분노로 끝나는가? 만약에 그렇다면 나는 더 긍정적이고 희망적인 결말의 장소를 찾을 필요가 있다. 나는 가능하면 사람들이 희망을 느낄 수 있는 이야기를 선택하려고 하며, 결론(conclusion)을 짓기보다는 마무리(closure)의 느낌을 주고자 한다.

종결이 예술적이었다고 할 만큼 만족스러운 드라마를 인도하려는 것은 모든 디렉터의 공통된 관심사다. 만약 사람들이 드라마에서 비통함, 분노, 상실이나 불편함을 느끼게 되었다면, 디렉터로서 당신은 진정성이 있고 통합적인 드라마라는 느낌을 갖도록 사람들의 기분을 소위, '좋게'(up) 해 주려고 할 것이다. 이 주제에 대한 자세한 내용은 Ⅲ부의 '6. 종결(마무리)의 몇 가지 방법'(331쪽)을 참조하기 바란다.

결국 우리는 극이 어떤 종결을 맞게 될지 매번 계획할 수 없다. 달리 말하면, 우리는 항상 계획한 대로 종결에 이르지 못한다. 비블리오드라마는 즉흥적인 과정이기 때문에, 우리는 어디서 연기를 끝마치게 될지 확신할 수 없다. 우리가 디렉터로서 어떤 목적을 가지고, 이상적으로 어느 장면에서 어떻게 드라마를 마무리 지어야 할지에 대해 생각하는 것은 중요하다. 하지만 우리는 그 생각을 느슨하게 잡고 있어야 한다. 우리는 최대한 드라마가 스스로 움직일 수 있도록 허용해야 한다. 가능한 한 구성원들의 자발성을 존중하고 그들을 따르려고 노력해야 한다.

내가 선택한 본문은 나를 반영한다

내가 이야기를 찾고 선택할 때에 인정해야 할 한 가지가 있다. 내 욕망과 기호(嗜好)가 내 선택에 적잖은 영향을 미치고 있다는 점이다. 그래서 웜업을 통해 본문과 나 자신과의 관계를 살피는 것은 본문 준비에 있어서 상당히 중요하다. 어떤 이야기에 대한 내 관심과 선호도를 살펴볼 필요가 있다. 그 이야기가 내게 어떤 의미를 주는가? 만약 그 이야기가 성구집이나 그 주에 접했던 성경과 관련이 없다면, 나는 이 순간 왜 이 본문에 끌리고 있는가? 나는 이 본문과 어떤 관계가 있는가? 여기서 확인해야 할 감정이나 생각으로는 무엇이 있는가? 그리고 왜 그러한가? 이 이야기는 어떤 점에서 나를 반영하고 있는가? 혹은 어떤 인물들이 내게 말을 걸어오고 있는가? 그리고 내가 만약 저항하고 있다면, 나는 왜 그것을 회피하려고 하는가? 이러한 질문들은 이야기를 읽어 가는 중에 혼란스러울 수 있는 문제들을 명확하게 해 준다. 스스로의 이해와 흥미를 받아들이는 것은 명확한 시야를 확보하고 이야기를 이끄는 준비를 하기 위해 중요한 부분이다.

2. 준비

본문의 구상

본문을 선택한 후에 우리는 그것을 구상(map-out)한다. 본문을 구상한다는 것은 장면의 차원에서 이야기를 생각하는 것이다. 전통적인 극장에서 그러하듯, 각 장면은 특정한 장소를 배경으로 일정한 수의 인물을 염두에 두고 있다. 비블리오드라마에서는 종종 주요 인물들의 극적인 상황이 장면의 재료로 사용된다. 장면들은 주로 조각상이나 대면(encounter) 과정을 통해 구성된다. 장면들은 짧을 수도 있고 길어질 수도 있는데, 그 시간은 주로 연기자들이 연기하는 가운데 얼마나 많은 것을 발굴해 내는가에 달려 있다.

장면이 얼마나 지속될지 미리 예측하기는 어렵다. 가끔 디렉터인 당신은 성경 속에서 특별한 것을 발견하지 못했는데, 오히려 집단(참여자)이 예상치 못했던 가능성을 보여 주기도 한다. 당신은 종종 이야기에 나타나는 일정한 깊이 혹은 복잡한 면들을 발견했지만 그것을 참여자들에게 알려 줄 수 없는 경우도 있다. 배정된 시간에 맞춰서 드라마를 이끌어 가기란 쉽지 않다. 이런 경우 당신은 어떤 연극을 꾸려 가고자 했는지 이야기해 줄 수 있다. 시간에 쫓겨서 다음 장면으로 넘어가야 할 경우, 스토리텔링은 그 장면을 함축하거나 장면 전체를 대체해 줄 수 있다. 이런 선택 사항이 있기 때문에, 실제로 시간 내에 연기할 수 있는 것보다 더 많은 장면들을 준비할 필요가 있다. 이를 통해 당신은 여분으로 준비해 둔 것이 있다는 여유를 가질 수 있기 때문이다. 그래서 특정 장면이 집단을 자극하지 못할 경우, 당신은 다른 장면을 제시할 수 있다.

장면 구성을 위한 여덟 가지 질문

각 장면을 준비하면서 일련의 질문들을 생각한다면 구상은 훨씬 쉽게 이루어진다. 다음 여덟 가지의 질문은 장면 구성을 준비하는 데 도움을 준다.

1. 내가 이야기 중 어떤 부분을 말해야 (혹은 집단에서 나누도록 해야) 극이 시작될 수 있는 장이 마련될까? 이에 대한 해답은 다음 절에서 충분히 다루도록 하겠다.

2. 우리가 연기할 장면의 주변 상황을 전달하기 위해서 나는 어떤 이야기를 들려주어야 할까? 그리고 이것이 드라마에서의 첫 번째 장면이라면, 드라마 전체를 개관하기 위해서 어떻게 해야 할까? (예를 들어, 내가 요셉 이야기를 '하려고' 할 때, 이야기를 전체적으로 다루기 위해서 기본

적으로 어떤 배경설명이 필요할까? 그리고 내가 선택한 이야기에서 특정 장면으로 들어가기 위해서는 어떤 세부적인 배경을 다루어야 할까?)

3. 문턱 상황(threshold moment)과 문턱 질문(threshold question)은 무엇인가? [역자주 : '문턱'(threshold)이란 벨기에의 종교학자 판 헤넵(van Gennep)의 용어다. 방과 방, 또는 방과 거실을 이어 주는 부분이자, 방에도 거실에도 속하지 않은 곳으로서 곧 이곳도 저곳도 아닌 중간 지역, 또는 어떤 존재의 체험과 변화가 일어나는 전이 공간을 의미한다.] 즉, 내가 문턱 상황이나 질문을 구성원들에게 적용하였을 때 (가능하다면!) 그들이 자신의 목소리를 내고 연기할 수 있는 부분은 어디인가? (이때 당신은 참여자들에게 다음과 같이 이야기하면 된다. "그래요. 이제 자신이 야곱 혹은 언덕, 가나안 땅에서 보이는 그의 일행 중 하나라고 해 봅시다. 당신은 누구입니까? 당신에게 무엇이 보이나요? 당신에게 무엇이 느껴지나요?" 여기서 마지막 질문들은 구성원들이 역할 안으로 들어오도록, 공식적으로 비블리오드라마 활동을 시작할 수 있도록 도와준다.)

4. 내가 각 장면에서 반드시 다루고 싶은 것은 무엇인가? (이것은 내가 장면 안에서 전개하고자 하는 상황과 연계되며, 집단 구성원들이 연기하기를 바라는 이야기 장면과 연계된다.)

5. 나는 어떤 인물의 이야기를 듣고 싶은가?

6. 내가 확인할 수 있는 대면의 자리와 조각상의 가능성은 무엇인가?

7. 어디에서 장면을 끝낼 것인가?

8. 만약 마지막 장면이 아닌 경우, 어떤 전이 과정(활동)을 통해 다음 장면의 연기로 자연스럽게 넘어갈 수 있는가?

비블리오드라마는 실타래처럼 하나로 엮인 장면들이기 때문에 전체 줄거리를 구상하면서 준비해야 한다. 자신의 드라마에 등장하는 장면에 대한 개략적인 스토리보드를 작성하라. 그러면 당신은 연기 중이나 연기가 끝난 후에 메모를 덧붙여 가면서 어떤 장면에 대한 생각이나 해설을 적어 둘 수 있다. 각 장면을 준비할 때, 앞서 언급한 여덟 가지 질문을 자신에게 해 보아야 한다. 이 방법을 통해 당신은 상상력에만 의지해서 드라마의 윤곽을 구성해 낼 수 있다. 또한 당신이 기대하며 추구하는 모든 구성이 종결 또는 마무리가 될 것이다.

새로운 장면을 지도하게 될 때마다, 당신은 참여집단의 관심을 스토리의 새로운 상황(phase)으로 환기시켜 줄 필요가 있다. 웜업 과정을 반복함으로써 참여자(연기자)들은 드라마가 진행될수록 역할에서 역할로, 장면에서 장면으로 쉽게 전환할 수 있다. 새로운 장면이나 새로운 인물(캐릭터)이 등장할 때는 웜업이 필요하다. 일반적으로 참여자들이 새로운 장면을 준비하는 데 유익한 방법으로는 적당한 양의 이야기를 들려주거나 읽어 주는 방법이 있다.

마지막 장면의 구상
마지막 장면과 관련해서, 다음과 같은 다섯 가지 질문을 고려해야 한다.

1. 마지막 장면을 무엇으로 할 것인가?
2. 어떤 느낌과 분위기에서 드라마의 끝을 맺을 것인가? (여기에는 상당히 많은 변수가 존재한다. 따라서 확신할 수는 없지만, 당신은 마지막 장면을 통해 사람들이 어떤 느낌을 가지게 될지 상상해 볼 수 있다.)
3. 만일 마지막 분위기가 구성원들에게 부담을 준다면 — 죽음, 상실, 고독, 불의, 상처 등 — 당신은 어떻게 희망적으로 혹은 긍정적으로 마무리할 수 있는가?
4. 당신은 어떤 등장인물에게 마지막 발언권을 주고 싶은가? 그 인물은

당신이 필요로 하는 활력이나 기도 혹은 지혜를 주거나 화합을 이루는 마무리를 가지고 올 수 있는가?
5. 종결 시점에서 화합을 이루는 분위기를 만들기 위해 사용할 수 있는 방법으로는 무엇이 있겠는가?(음악, 담소, 시 등) 구성원들에게 마무리 할 수 있는 기회를 주었을 때, 구성원들은 이를 고맙게 여길 것이다.

당신은 드라마를 준비하면서 비평이나 주석을 참조할 수 있다. 당신과 함께 여행하는 학생은 성경에 해박하지 않아도 되지만, 박식한 이들의 주석/해설은 당신이 선택한 이야기를 더 깊이 볼 수 있도록 해 준다. 이 주석들을 드라마의 중간 혹은 드라마가 끝난 후에 언급할 수 있으며, 이것을 통해 구성원들과 함께 여행하고 있는 비블리오드라마를 학계에서 이야기하는 전통적인 흐름과 연계시킬 수 있다. 위에서 언급한 것처럼, 스토리보드를 작성할 때 다양한 시점에서 언급할 수 있는 자료들을 메모해 둘 수 있다. 종종 해설은 장면에서 긴장된 감정을 이완하는 역할을 하여, 사람들이 감정에서 벗어나 이성적으로 생각할 수 있는 기회를 제공하기도 한다.

이야기의 개요를 만들어 내는 것은 부담스러운 일이다. 당신이 더 숙련되고, 자신이 생길 때에는, 조금 덜 준비되어도 드라마를 진행할 수 있다. 그때 당신은 드라마가 진행되는 동안, 당신이 조절해 나가는 역량을 믿을 수 있을 것이다. 또한 당신은 자신만의 메뉴를 개발할 수 있게 된다. 드라마를 두 번째, 세 번째 진행하는 일은 비블리오드라마를 처음 인도하는 것과는 무척 다르다. 처음은 가장 많은 준비를 요한다. 하지만 작업이 한 번 끝나고 나면, 그 위에 이야기를 형성하거나 손보고, 꾸미거나, 자신만의 스토리 라인을 만들어 낼 수 있다. 그때에는 처음처럼 당황하지 않게 된다.

이러한 방법들에 좀 더 친숙해질 수 있도록 비블리오드라마가 차용하는 구상 방법 몇 가지를 소개하고자 한다. 예를 들어, 수업 계획을 작성할 때 교사는 다루려고 하는 주제나 내용을 찬찬히 살펴본 후 체계적인 교육 전략을 구상한다. 또 친구가 저녁만찬의 특별 요리를 어떻게 준비했는지 질문한다면, 우리는 재료들을 어떻게 분류하고 식사 준비 과정이 어떻게 진행되었는지 단계별로 설명할 수 있다. 또한 우리가 여행계획을 짤 때, 우리는 어디에 들러서, 어디에서 쉬고, 또 중간에 어디에 들르고, 특정 장소에서 다른 곳으로 어떻게 이동해야 할지 생각한다. 이렇게 무언가를 예측하고 디자인하는 기술은 드라마를 구상하는 데에도 사용할 수 있다.

그리고 당신은 작은 그림 혹은 단편적인 장면을 진행하면서 얻는 비블리오드라마 경험을 바탕으로 더 큰 작품에 접근할 수 있게 된다. 당신은 한쪽에서는 조각상을 만들고, 다른 쪽에서 만남(encounter)의 방식을 시도하면서 각 요소들을 꿰어 긴 드라마를 다양하게 만들 수도 있다. 물론 처음에는 당신의 계획대로 밀고 나가려고 할 것이다. 하지만 구성원들이 만들어 낸 것에 모양을 갖춰 줄 수 있는 능력에 대한 자신감을 얻을수록, 당신은 심사숙고하여 만들어 낸 당신의 드라마를 내려놓고, 흐름에 맡길 수 있게 된다.

흘려보내기

이것을 기억하도록 하자. 일단 비블리오드라마가 시작되면, 비블리오드라마는 이렇게 진행되었으면 하던 당신의 바람과 드라마의 실제 과정 사이에서 왔다 갔다 할 것이다. 비블리오드라마가 펼쳐지는 과정에서 그 일부가 버려져도 당신이 준비했던 것이 모두 가치 없지 않다. 당신이 모든 것을 예상할 수는 없다. 하지만 이야기의 전략, 가능성, 그리고 마무리 등에 대한 깊이 있는 연구를 통해 당신은 전체를 조망하면서 능수능란하게 참여자들이 역할극에 반응할 수 있도록 무장한다. 당신이 준비한 모든 것을 활용할 수 없다 하더라도 당신은 이로 인해 구성원들의 자발성을 관찰하는 데에 준비되어 있다는 것을 느끼게 될 것이다. 당신이 혼돈 속에서 헤엄치고 있다고 느낄 때가 있다. 바로 그런 순간에 당신은 당신이 준비했던 계획으로 돌아올 수 있으며, 또한 어색한 장면을 다음 장면으로 전환시킬 수 있다.

SCRIPTURE WINDOWS

5장
웜 업

1. 디렉터의 불안 해소

한 시간 남짓 소요되는 긴 형태의 비블리오드라마로 진입하기 위해서 웜업으로 돌아가도록 하자. 여러 장면으로 구성된 드라마 앞에서 디렉터는 짧은 형태의 비블리오드라마를 할 때보다 더 심한 불안을 가질 수 있다. 따라서 디렉터는 내적 안정을 찾는 일과 본문을 선택하는 데 더 많은 시간과 노력을 기울여야 한다. 또 여러 인물이 등장하는 일련의 장면들로 구성된 드라마를 이끌어 가고자 할 때, 디렉터는 한 시점에서 다른 시점으로 이동하는 전이(transition) 과정을 고려해야 한다. 이것은 마치 체스 게임을 준비하는 것과 비슷하다고 볼 수 있다. 디렉터는 전략을 시연해 볼 수 있지만, 일단 게임이 시작되면 그 게임이 진행되면서 나타나는 변수에 반응해야 한다. 디렉터가 최우선적으로 생각해야 할 원칙은 다음과 같다. 참여자들이 본문 내용이나 디렉터의 질문에 대해서 즉흥적으로 반응할 때, 디렉터는 그것을 존중하고 적절히 응답해야 한다. 그렇게 하지 않는다면, 구성원들은 디렉터가 원하는 바와 상관없이 아주 수동적으로 사전에 계획된 줄거리를 따라가려고만 할 것이다. 그렇다고 진행계획을 세우지 않는 것은 어리석은 일이다. 긴 형태의 드라마를 준비하는 디렉터는 연기, 구성 장면, 전이와 종결에 대해 준비하고 있어야 한다.

무대공포증

우리는 이미 I부에서 디렉터의 웜업을 다루었다. 여기서는 그것을 더 세밀하게 다루도록 하겠다. 비블리오드라마가 길어질수록 디렉터는 더 많은 시간을 할애하여 준비하고 연구하고 계획해야 하기 때문이다. 한 시간 이상의 드라마 혹은 여러 장면과 인물로 구성된 드라마를 인도하려고 할 때, 디렉터는 더 큰 부담과 불안감을 갖게 된다. 따라서 기술적인 문제를 차치(且置)하더라도, 디렉터는 웜업에 있어서 자신이 갖고 있는 고도의 불안감에 유의해야 한다. 그 불안 역시 우리가 다룰 영역에 속하기 때문이다.

이 방법을 시도하려는 대부분의 사람은 다음과 같은 불안감을 갖고 있을 것이다.

"난 할 수 없어. 여기 참여한 사람들이 내가 해야 할 일을 제대로 알지 못한다는 것을 금세 알아채고 말 거야. 충분히 연구하지 못한 것 같아. 사람들은 적극적으로 참여하지 않을 거야. 사람들은 시도조차 하지 않을 거야. 그래서 비블리오드라마가 갖고 있는 풍성함이나 흥미로운 부분들을 놓치고 말 거야. 저 사람들을 드라마 속에 계속 참여시킬 자신이 없어. 반대로 내가 그럭저럭 해냈다고 하자. 사람들이 지나칠 정도로 적극적이

Ⅱ부 긴 형태의 비블리오드라마 173

면 어떡하지? 만일 어떤 사람이 지나치게 몰입되면 어쩌지? 누군가 분노하거나 울기 시작하면 어떻게 해야 하지? 난 치료전문가가 아니잖아. 나는 집단의 감정을 통제할 만큼 훈련되어 있지 않아. 더 큰 문제가 일어날 수도 있어……."

위의 독백은 이 일을 할 때, 특히 더 긴 형식의 비블리오드라마를 진행할 때 경험하는 대표적인 두 가지 두려움이다. 한 가지는 아무도 말하지 않을 것이라는 두려움이다. 반대편에는 더 무서운 두려움이 자리 잡고 있다. 그것은 진행 과정에서 통제력을 잃게 되는 것, 즉, 누군가 감정적인 힘이 터져 감당할 수 없는 사건을 일으킬지도 모른다는 두려움이다! 교실이나 교회에서 기대하는 전형적인 행동들을 벗어나기 시작한다면, 자기 멋대로 즉흥적인 행동을 하기 시작한다면, 비블리오드라마는 어떻게 끝나게 될까?

여기서 느끼는 불안은 지극히 정상적이다. 이것은 우리가 새로운 것을 시도하고, 새로운 역할을 맡았을 때 느끼는 감정이다. 그 역할을 편안하게 소화하기까지는 늘 시간을 필요로 한다. 뭔가를 학습해 나가는 과정 중 예기치 못한 돌발 상황에 처할 때, 사람은 누구나 긴장하기 마련이다. 그리고 그 불안이 두려움으로 확대되어 걷잡을 수 없는 상황에 이르면, 당신은 결국 시도조차 포기하게 될 것이다. 그렇기 때문에 우리는 시작 전부터 용기가 필요하고 자신에게 힘을 부여하는 과정이 필요하다.

몰입 연습

다음은 내가 오랫동안 다양한 형태의 비블리오드라마를 인도해 오면서 자주 활용하는 수련 중 하나다. 이것이 여기서 말하는 그대로의 형태로는 유용하지 않을 수도 있지만, 약간의 변화를 준다면 당신에게도 유용할 것이다. 어떤 상황에서든 시도해 볼 만하다.

1. 조용하고, 집중할 수 있는 장소를 찾아 자리에 앉아라. 가까운 곳에 펜과 종이를 두고 쓸 수 있는 준비를 하라. 당신 앞에 빈 의자를 놓으라.
2. 빈 의자를 바라보면서 당신이 지혜나 영감을 얻을 수 있는 존재가 앉아 있다고 상상해 보라. 그는 살아 있는 사람이어도 괜찮고, 이미 죽은 인물이거나 실존 인물 혹은 상상 속의 인물이어도 괜찮다. 그 인물에게 이름을 지어 줘라.
3. 그 인물에게 "~에게"라고 시작되는 간략한 편지를 써 보자. 그 편지에 비블리오드라마를 진행할 때 당신이 갖는 불안에 대해 간략하고 솔직하게 적도록 하라.
4. 자, 이제 당신이 편지를 보낸 인물이 당신에게 답장을 보냈다고 상상해 보자. 그 사람이 말한 것을 받아 적는 것처럼 기록하라. 검토(censor)하거나 멈추지 말고 당신이 다 적었다고 느낄 때까지 적어 보라.
5. 당신이 적은 것들을 읽어 보라.

나는 비블리오드라마를 인도하기 전, 대부분 잠시 시간을 내어 편지를 쓴다.

다음은 내가 몇 년 전 주말에 볼티모어(Baltimore)의 한 교회에서 사역을 시작하기에 앞서 내 '친구'에게 썼던 편지의 사례다.

E……에게,

음, 나 또 왔네. 신경도 예민해졌고 집중하기가 힘들구먼. 여기 제이(J)가 사역하는 교회에 온 건 나에게 큰 도전일세. 나는 제이를 정말 존경하네. 그래서 더 잘하고 싶은 마음이 들지. 제이는 회중과 함께 비블리오드라마를 해 왔다네. 제이는 아주 터프하게 인도한다네. 난 사람들을 놀라게 해 주고 싶어. 그래서 상당히 큰 부담을 느끼고 있다네. 좀 도와주게!

다음은 내 영적 격려자에게서 '받은' 답장이다.

피터에게,

많이 불안해하고 있군 그래. 그런 자네 모습이 충분히 이해가 되네. 자네가 비블리오드라마를 얼마나 자주 했든지, 처음 자네가 느꼈던 감정은 항상 있을 테니까 말이네. 왜냐하면 이건 할 때마다 새롭고, 예측 불가능하지 않은가. 제이는 자네를 사랑하고 존중하고 있네. 자네와 경쟁하려는 것도 아니고 단지 자신의 양들을 위해 좋은 것을 원할 뿐이네. 제이의 따뜻함을 느껴 보거나. 제이가 지지하고 있을 걸세. 하지만 자네가 잘 보이거나 잘되는 것이 중요한 게 아니란 걸 기억하길 바라네. 이건 자네의 자아(ego)에 관한 일이 아니잖은가? 이건 사람들과 인격적인 방법으로 일하는 것이지. 언제든 자네가 막혔다고 이야기하거나 난처하다고 말해도 되네. 과정을 항상 열어 놓고 가볍게 생각하자. 뭘 증명해야 하는 것도 아니고, 누군가에게 잘 보여야 하는 것도 아니니까 말일세. 여기에는 옳고 그름이 없다네.

그냥 사람들과 함께 성경 이야기를 탐험하도록 하게. 여기에서는 탐험이 핵심이라네. 자네는 탐험을 하면서 열린 과정 속으로 그들을 초대하는 거라네. 여기에는 지도(map)도 없고, 자네도 그곳에 가 본 적이 없잖은가.

사람들과 함께 둘러보고, 발견하게 되는 그 자체를 즐기도록 하게. 자네가 알고 있는 것보다 매번 더 많은 일들이 일어나게 될 걸세. 피터 자네와 전체 과정을 신뢰하게. 그 활동 속에 참여하고 있는 이들의 보이지 않는 힘을 의지하고 자네의 독특한 방법을 밀고 나가게. 마음을 열고 크게 숨을 들이키도록 하게나.

모든 게 잘될 걸세…….

사랑을 담아, E.

이런 개인적인 일들을 나누려니 조금은 우습게 느껴진다. 이건 결국 나 자신을 안정시키는 개인적인 방법이기 때문에, 혹자는 이것을 유치한 방법이라고 생각할지도 모른다. 하지만 내가 미리 이런 초조함을 해결하지 않을 때, 이 초조함이 곧장 참여집단에 전달되곤 했다. 내가 편안하면 다른 이들도 편안해진다. 나는 이런 방식으로 준비(웜업)하면서 나의 초조함을 덜고 자유함을 회복할 수 있었다. 내가 아는 한, 내 마음이 열린 상태에서 최상의 결과물이 나오곤 한다.

디렉터가 신뢰해야 할 세 가지

디렉터로서 내가 불안할 때, 이런 내면의 대화에 덧붙여서 나를 안정시켜 주는 세 가지 요소가 있다. 비블리오드라마의 자발성과 협동심, 참여자들의 자기반성, 그리고 이야기의 성스러움이 그것이다. 이에 대해서 짧게 설명하겠다.

- 우선, 나는 나 자신과 구성원들에게 아무도 억지로 참여하지 않아도 된다는 사실을 상기시킨다. 디렉터는 사람들이 언제든지 뒤로 물러나서 관찰해도 괜찮다고 안심시킬 의무가 있다. 디렉터는 언제든지 진행을 잠시 혹은 완전히 멈출 수 있으며, 갑자기 그들에게 무거워진 장면이나 역할에서 벗어날 수 있도록 도울 수 있다는 사실을 기억해야 한다. 참여자들이 자기 자신에게 "예."라고 말할 수 있을 뿐만 아니라, "아니요."라고 말할 수 있다는 사실을 아는 것은 참 중요하다.
- 같은 맥락에서, 디렉터는 구성원이 서로의 안녕을 살필 책임을 나눠 지도록 요구할 수 있다. 다음과 같은 말은 사람들이 비블리오드라마 과정을 제어할 수 있다고 느끼게 해 주고, 디렉터가 구성원들을 지지해 준다는 느낌을 갖도록 해 준다. "만약 여러분 중에 이 비블리오드

라마 수업에 대해서 불편함을 느끼는 사람이 있다면, 나에게 꼭 알려주기 바랍니다. 언제든 손을 들면 바로 확인하도록 하겠습니다. 난 여러분이 우리 모임 속에서 편안함을 느끼는 것이 가장 중요하다고 생각합니다."

- 두 번째로, 이전에 언급했던 것처럼 비블리오드라마 과정에 참여하는 사람들은 자신이 감당할 수 있는 것 이상의 역할을 맡지 않아야 한다. 그것이 이른바 '공적인 자리'라면 더욱 그러지 말아야 한다. 분명히 관심을 유도하려고 익살스런 행동을 한다거나 상황에 방해되는 행동을 하는 사람들이 존재할 것이다. 이런 상황에는 정중하면서 재치 있게, 엄격하면서도 유머 있게 대처할 수 있는 기술이 필요하다.
- 세 번째로, 나를 지탱해 주는 것은 비블리오드라마가 성경과 관련되어 있다는 지식이다. 성경은 비블리오드라마의 토양이자 원천이다. 우리는 비블리오드라마의 탐험 과정에서 경험하고 느낀 감정, 열정, 그리고 의미를 근본적으로 본문의 세계에서, 그러니까 본문이 추구하는 궁극적인 선(goodness)과 조명(illumination) 아래서 살펴봐야 한다. 서양 전통에서 성경은 희망에 관한 최고의 책이다. 주인공들이 겪는 돌발적인, 그리고 끔찍한 사건들은 귀환, 회복, 구원, 그리고 화해로 이어지는 커다란 우주적 이야기의 일부분이다. 성경은 하나님의 창조와 설계가 인간 경험 가운데 일어나고 있다고 확언한다. 그 계획이 펼쳐지면서 우리는 부지불식간에 하나님의 일꾼임이 드러난다. 게다가, 비록 우리가 하나님의 섭리를 신뢰하지 못하거나 인격적인 하나님에 대해 회의적일지라도, 우리는 성경에서 위엄의 이야기, 신앙의 이야기, 시련과 미지의 것 앞에서 인내할 수 있는 이야기와 만나게 된다.

비블리오드라마를 통해 참여자들은 특이한 이중 현실을 감지한다. 참여자들은 등장인물의 눈물과 두려움을 잘 알고 있는 연기자이자, 신성한 전통의 사건에 참여하고 있다는 것을 인지하고 있는 행위자이기도 하다. 이러한 전통에 참여함으로써 우리의 드라마는 추가적인 의미, 심지어 신성함의 의미를 얻게 된다. 말씀은 커다란 덮개(canopy)와 같다. 그 그늘 아래에서 수백 세대가 위로받았고, 높임 받았으며, 도전받았고, 감명받았다. 성경 이야기 가운데 인간적인 면이 드러나지 않거나 느껴지지 않는 곳이 있는가? 인간적인 면을 고려하지 않은 주석가들이 있는가? 우리가 성경의 일부를 비블리오드라마로 가져오는 것이나, 우리가 비블리오드라마를 통해서 탐구하는 것을 두려워하거나 부끄러워할 필요가 있을까? 인생에서처럼 비블리오드라마 속에서 겪는 고난의 순간에 우리는 드러나지 않는 하나님께 기도하거나 다른 이들과 함께 도움을 나누면 안 되는 것인가? 비블리오드라마를 진행할 때마다 나를 지지해 주는 것들은 다음과 같다. 비블리오드라마를 수행하는 동안, 그 영향은 누적되고 작은 성취감들은 더 큰 자신감을 얻게 한다. 나는 비블리오드라마를 예전(liturgy)의 일종으로, 살아 있는 성령의 역동적인 활동으로 보게 되었다. 비블리오드라마에서 만들어 내는 힘의 장면에 들어설 때마다, 나는 생명력이 넘치는 특별한 방법으로 공동체에, 본문에, 그리고 먼 옛날부터 있어 왔던 전통에 연결되었다고 느끼곤 한다.

2. 참여자들의 불안 해소

참여집단의 무대공포증

디렉터의 웜업과 참여집단의 웜업은 서로 깊은 연관성을 가지고 있다. 참여집단의 웜업은 상당 부분 디렉터의 몫이다. 만약 디렉터인 당신이 초조해하거나 망설이고 있다면 집단은 의식적으로나 무의식적으로 그것을 알고,

느끼고, 여기에 무엇인가 초조하게 만들거나 망설여질 만한 요소가 있다고 생각하게 된다. 반대로 만약 당신이 불안감을 해소하고, 집단에게 열린 태도로, 편안하고, 유머감각을 가지고 다가가면서, 새로운 것을 시도할 준비가 되어 있는 모습을 보인다면, 당신은 참여집단과 편안하면서도 즐겁게 소통할 수 있을 것이다.

그리고 미리 이야기하지만, 집단 구성원들을 속이는 것은 거의 불가능하다. 당신이 속으로 위축되어 있으면서 편안해 보이고 싶어 할 수도 있지만, 사람들은 당신 안에서 실제로 일어나고 있는 것이 무엇인지 어느 정도 느낀다. 따라서 참여자들에게 당신이 긴장 속에서 새로운 것을 시도하고 있다고 솔직하게 이야기하는 것이, 구성원들을 속이고 그들이 알지도 못하는 이유 때문에 불편한 감정을 갖게 하는 것보다 낫다.

또한, 당신이 비블리오드라마를 진행하면서 느끼는 것을 참여집단도 똑같이 느끼곤 한다. 이것은 이런 느낌이 당신뿐 아니라, 그들에게서도 일어날 수 있다는 사실을 시사해 준다. 그들도 전혀 다른 공부 방식에서 비롯된 새로운 역할, 새로운 학습, 다른 사람들과의 새로운 관계성에 불안감을 가질 수 있다. 당신이 어느 정도 두려움을 수용할 수 있느냐에 따라, 자유롭게 참여집단의 불안감에 관심을 기울일 수 있게 된다.

사람들이 뭔가를 새로운 것으로 시작할 때, 서로의 관심사를 말함으로써 서로 친해지는 것은 아주 중요하다. 사실, 참여집단을 준비시킬 수 있는 가장 좋고 적절한 방법 중의 하나는 당신과 구성원들이 새로운 실험 상황을 터놓고 이야기하는 것이다. 당신과 참여자들은 그 상황에서 감당해야 할 것들에 대해 함께 생각하면서 시작할 수 있다. 물론 불안에 지나치게 집중할 경우, 당신이 잠재우려고 시도했던 것을 오히려 증폭시킬 수도 있으니 주의하기 바란다.

가이드라인(지침)

이런 준비 과정을 통해 당신은 행동지침이나 원칙, 게임의 규칙 등을 전달하고 싶을 것이다. 또 사람들은 이 규칙을 알고 싶을 것이다. 하지만 이 규칙을 사람들에게 거칠고 부담스럽게 제시하는 대신, 안전하고 자유롭게 느낄 수 있는 범위에서 제시해야 한다. 또한 이러한 지침들은 많아서는 안 되고 필수적인 지침만 주는 것이 좋다.

첫 번째 지침은 참여하지 않을 수 있는 권리(permission not to play)다. 비록 당신이 참여 학습을 독려하고 있지만, 누구든 언제든지 관찰자로 남아 있어도 된다는 사실을 시작할 때에 사람들에게 분명히 알려 주어야 한다. 아울러 누구든지 말을 하고 있는 중간이라 할지라도 자유롭게 말을 멈추고 그만둘 수 있다.

디렉터로서 당신은 참여하지 않을 수 있다는 옵션을 제시함과 동시에 그 옵션을 존중해야 한다. 당신은 사람들이 자신의 역할을 지속하고 싶지 않다고 드러내지 않으면서 내적으로 이야기할 때에도 그 말을 들을 수 있어야 한다. 사람들의 목소리, 머뭇거리는 몸짓, 얼굴에 나타나는 표정, 역할에서 벗어나려는 듯한 특정 행위들은 모두 당신이 알아채고 존중해야 할 저항의 표시이다. 이미 언급한 것처럼, 당신은 그것들을 항상 확인해야 한다. "이 역할을 맡을 수 있겠어요? 이대로 계속해도 괜찮나요? 다른 사람이 여기에서부터 해 보고 싶어 할 수도 있어요."

참여자들이 하는 역할에 민감하게 반응하는 것은 당신이 처음에 불안해하던 곤란한 상황을 방지할 수 있는 중요한 요소다. 밀어붙이지 마라.

두 번째 지침은 다음과 같다. 연기는 역할을 내 모습으로 여기는 것이다. 비블리오드라마는 이야기 속의 등장인물이 되어(as) 말함으로써 성경 이야기를 탐구하는 방법이다. 디렉터로서 당신은 사람들이 맡은 역할의 목소리를 내도록 최선을 다해 도와야 한다. '극' 혹은 '연기'는 사람들이 역할을 맡아 참여함으로써 시작한다. 처음에는 당신이 선택한 본문이 규정하고 있는 부분을 말하려고 하겠지만, 점차 사람들은 당신이 준비할 때에 상상하지도 못했던 목소리를 발견해 낼 수 있다.

예를 들어, 당신이 에덴 동산에서 아담, 하와, 뱀, 그리고 하나님 등을 등장인물로 생각했다고 해도, 다른 누군가는 아담과 하와가 쫓겨난 이후에 생명나무를 지키게 된 천사의 역할을 맡고 싶을 수도 있다.

당신은 당신이 제시했던 역할 이상을 참여집단이 찾도록 격려하라. 당신이 제시해야 할 일은 사람들이 말할 때 '나'는 반드시 이야기 속의 '나'라는 사실 정도다.

세 번째 지침은 역할 안에 머물러야 한다는 규칙이다. 이것은 비블리오드라마 극 전체를 통해서 지켜져야 한다. 그러나 종종 이 규칙은 구성원들이 질문을 하거나 일어나고 있는 상황에 대한 의견을 제시하는 형태로 방해받기도 한다. 연극에 대한 저항은 역할에서 벗어나는 형태로 나타난다. 나는 대부분의 경우, 사람들에게 역할에 충실하고 그들의 의견이나 느낀 점은 나중까지 간직하고 있으라고 부탁하거나, 역할극 형태를 갖추어 자신의 느낀 점이나 질문을 표출할 수 있도록 돕곤 한다. (이러한 예시는 본서 후반부에 나온다.) 가능하다면 사람들이 역할에서 벗어나지 않도록 하라. 그들이 역할에서 벗어날 경우, 그로 인해 역할극 과정에 대한 집중력이 떨어지거나 식어 버릴 수 있다.

반면, 디렉터가 하는 행위와 그 이유에 대해서 질문하도록 함으로써 드라마가 너무 심각해지는 것을 방지할 수 있다. 진행에 관해 서로 이야기를 나누는 과정은 분위기에 생기를 더할 수 있으며, 많은 경우 다른 구성원이 먼저 지속적으로 극을 방해하는 사람에게 '일단 진행해 보자고' 제안하곤 한다. 당신이 참여자들을 정확하게 관리하도록 돕는 공식은 존재하지 않는다. 비블리오드라마는 이래야만 한다는 의지를 내려놓고, 유연하고 개방적이고 또한 편안하게 행동하라. 그러한 행동은 참여집단에게 더 중요한 메시지를 흘려보내게 된다. 곧 당신이 참여자들을 배려하고 있으며, 수업진행 과정에서 일어나는 모든 사항에 관심을 기울이고 있다는 느낌을 준다.

여기에는 비블리오드라마와 관련된 법칙이 존재한다. 사람들이 그 역할에 더 몰입할수록, 드라마의 감정적 수위는 더 깊어질 것이다. 이것은 사람들이 연기할 때 부분적으로나마 의식 경험과 무의식 경험 모두를 이끌어 내기 때문이다. 자발성과 상상력은 깊은 원천을 갖고 있다. 만약 본문-중심 비블리오드라마의 목적이 드라마의 균형을 자아가 아닌 본문 쪽으로 기울이는 데에 있다면, 디렉터는 사람들이 역할에 너무 오랫동안 머물지 않도록 주의해야 한다. 자기 역할을 지속시키는 것, 그래서 역할을 더 깊이 탐구해 가는 것을 힘들어하는 사람이 있는 반면, 역할에서 벗어나는 것을 두려워하는 사람도 있기 때문이다. 역할극을 너무 거칠게 진행하지 않고, 사람들로 하여금 중간에 개입하거나 역할에서 벗어나도록 용인하는 행동들은, 종종 너무 과하게 느껴질지라도, 참여자들이 안전하다고 느끼게 해 준다.

안전하게 실수하는 편이 훨씬 지혜롭다. 당신 역시 디렉터로서 상황을 더 가볍게 하고 싶을 때 언제든 유머를 사용하거나 사람들이 역할에서 벗어나게 함으로써 개입할 수 있다는 사실을 유념하기 바란다. 당신이 진행 과정 중 긴장을 푸는 게 좋겠다고 느낀다면 언제든지 역할극 상황에서 본문을 다루면서 그에 대한 해설을 덧붙이는 시간으로 바꿀 수 있다. 이러한 변화는 감정적으로 움직이던 사람들이 인지적으로 반응할 수 있도록 하며, 느낌과 동시에 관점을 갖도록 해 준다. 아울러 성경적 자료들을 좀 더 안전한 거리에서 다룰 수 있도록 해 준다.

비밀 유지의 원칙

비블리오드라마를 진행하는 사람들 중 일부는 디렉터가 비블리오드라마를 시작하는 서두(序頭)에 비밀 유지(confidentiality)에 대해 다루어야 한다고 생각한다. 개인적으로 나는 이 문제를 비블리오드라마의 서두에서 다루지 않는 편이다. 나는 우리가 '민감'하게 느끼는 사안을 집단 활동의 시작 부분에서 다루지 않는다. 비밀 유지에 대해서 너무 일찍 언급하면 사람들은 심리치료 차원에서 비블리오드라마를 진행하리라고 생각할 위험성이 있다. 불필요하다면 이 부분을 너무 섣불리 드러내지 않기를 바란다. 나는 주로 이러한 내용을 집단 활동의 마지막까지 보류하려고 노력한다. 다시 말해서, 나는 그 사안이 비밀 유지의 약속이 필요할 정도의 개인적이고 민감한 정보인지를 좀 더 정확하게 파악할 수 있는 시점에 이르렀을 때까지 보류하는 편이다.

3. 디렉터의 프롤로그

대본 샘플

나는 첫 번째 단계인 웜업 과정을 마무리하는 차원에서 대본 샘플 하나를 제시하려고 한다. 나는 이것을 디렉터의 프롤로그(prologue)라고 부르는데, 이것은 디렉터가 드라마를 함께하게 될 참여자들과 활동을 준비할 수 있도록 도와준다.

여기 제시한 샘플은 당신이 인도할 참여집단이 당신, 그리고 비블리오드라마와 친숙하리라는 것을, 더 바란다면 이제 시도할 긴 형태의 비블리오드라마를 접하기 전에 이미 '짧은 형식'의 비블리오드라마를 여러 번 접했으리라는 것을 가정하고 있다. (당신이 갑자기 긴 형태의 비블리오드라마를 맡게 될 가능성은 높지 않기 때문이다.)

당신은 다음과 같이 웜업을 시작할 수 있다.

■ 예시 1 : "안녕하십니까, 여러분? 우리는 그동안 비블리오드라마에서 사용하는 기법들에 대해 다루었습니다. 오늘은 이 비블리오드라마를 더 오래 지속하거나 몇 가지 장면들을 추가하게 될 경우, 어떻게 진행되는지에 대해 알아보고자 합니다. 여러분 가운데 몇 분은 우리가 비블리오드라마에 몰입할 수 있는 시간을 좀 더 할애하면 어떻겠냐는 질문을 하곤 했었죠. 그래서 오늘 이 시간을 마련하였습니다."

■ 예시 2 : "솔직히 말하자면, 비블리오드라마 전체 과정을 다루려고 하니 약간 긴장이 됩니다. 이제 우리는 한 이야기를 탐험하면서 함께 배워 가려고 합니다. 비블리오드라마는 늘 처음 하는 것처럼 느껴지네요. 그래도 언제나 기본원칙이 존재한다는 사실을 기억하시기 바랍니다. 여러분은 여러분이 원하는 만큼만 참여하면 됩니다. 여러분은 본인이 연기하는 역할에서 언제든지 나와도 됩니다. 그리고 혹시라도 누군가 역할이 부담스러워 하는 말을 제가 알아듣지 못한다면, 여러분이 저에게 즉각적으로 말씀해 주시기 바랍니다. 손을 들어서 표해 주시거나, 혹 제가 알아채지 못한다면 언제든 개입해 주시기 바랍니다."

■ 예시 3 : "오늘 우리는 모두에게 친숙한 성경 이야기를 다룰 예정입니다. 우리는 기억을 상기시키면서 이야기를 하고 본문을 읽어 내려갈 것입니다. 그리고 그 이야기 속으로 들어가 그것을 우리의 이야기로 만들고자 합니다. 나는 여러분이 평소처럼 자유롭게 우리가 하는 것에 대해 질문하기를 원하지만, 어떤 질문들은 비블리오드라마가 끝난 후에 하는 게 더 좋을 수도 있다고 생각합니다. 또한 그냥 보거나 듣기만 해도 괜찮습니다. 여러분이 원하지 않는다면 참여하지 않아도 괜찮습니다. 우리는 이제 등장인물들의 입장이 되어서 이야기 틈새와 공간 속으로 들어가 거기에 무엇이 있는지 찾아볼 예정입니다. 가능한

한, 이야기가 지금 일어나고 있는 듯 생생하게 진행해 보도록 합시다."

이상에서 진술한 내용은 비블리오드라마를 소개하는 대부분의 상황에서 일반적으로 활용할 수 있는 도입문이다. 가르치는 방식(style)에 따라 비블리오드라마를 시작하는 형태에도 큰 차이를 보인다. 어떤 사람은 매번 모든 사람들과 본문을 펴 들고 성경을 탐구하는 시간을 가지면서 비블리오드라마를 시작한다. 반면, 나 같은 사람은 좀 더 빨리 비블리오드라마 활동을 진행하려고 하는 편이다.

4. 비블리오드라마 : "요셉 이야기"의 프롤로그

이제 실제 참여집단을 대상으로 한 구체적인 프롤로그를 소개할까 한다. 내가 이 책의 나머지 부분에서 살펴보려는 이야기는 요셉 이야기(창세기 37장 이하, 특히 40장과 41장)다. 이 프롤로그는 말하기(telling)와 읽기(reading)의 연관성, 그리고 연극의 문턱 상황을 묘사한다.

(상황 : Ⅱ부에서 다룰 비블리오드라마의 전체 내용은 내가 한 회당에서 초청을 받아 성인을 대상으로 인도했던 실제 비블리오드라마를 재구성하였다. 여기 소개하는 비블리오드라마 수업은 세 번째 주말 수업에 해당하는 것으로, 나를 포함한 모든 참여자들은 서로 제법 친숙한 상황이었다. 진행 시간은 한 시간 조금 넘게 주어졌으며, 참여집단은 20명가량의 성인들로 이루어졌다. 우리는 교실 하나를 이용하였고 U자 형태로 앉아 중앙에서 연기가 가능하도록 하였다. 나는 접이식 의자 몇 개를 준비해서 교실 구석에 두었다.)

"오늘 우리가 함께 나눌 본문은 요셉 이야기의 중반부에 해당합니다. 요셉의 아버지 야곱은 요셉을 편애했습니다. 요셉은 17세 즈음 되었을 때, 두 가지 꿈을 꿉니다. 그 꿈은 아버지 야곱을 고심하게 만들었고, 그의 형들을 화나게 만들었습니다. 오늘의 사건은 야곱이 요셉을 보내 형들을 찾아오라고 한 사건 이후에 일어납니다. 형들이 요셉을 빈 웅덩이에 빠뜨린 후…… 그다음에 어떻게 되죠?"

"형들이 요셉을 노예로 팔아 버렸어요."

"처음에 형들은 요셉을 죽이고 싶었어요."

"모두가 요셉을 죽이려고 했던 건 아니었어요."

"르우벤과 유다는 요셉을 살리고 싶어 했어요."

"맞습니다." 내가 이야기했다. "이런 자세한 내용은 중요합니다. 자, 그 다음에 무슨 일이 일어났죠?"

"요셉이 감옥에 들어가게 되지요."

"그전에 무슨 일이 있었죠?"

"요셉이 보디발 장군의 노예로 팔려 갔어요."

"요셉은 일을 정말 잘했습니다. 그는 인정받는 자리까지 오르게 됩니다."

"성경에는 '여호와께서 요셉과 함께하셨다.'라고 나와요."

"제 생각에 보디발은 고자(鼓子/eunuch)였을 것 같아요. 히브리말로 보디발이 고자를 의미하지 않나요? 어딘가에서 읽었던 것 같은데……."

(종종 그렇듯, 나는 이 질문의 정답을 모른다.) "저도 잘 모르겠어요." 내가 말했다. "하지만 보디발의 성(性)적 문제는 어쩌면 그다음에 일어난 일에서 찾아볼 수 있을 것 같군요. 그의 아내를 기억해 봅시다."

"맞아요! 그녀는 요셉을 유혹하려 했어요."

"네. 마치 영화 '폭로'(Disclosure)[역자주 : 베리 레빈슨 감독, 마이클 더글라스, 데미 무어 주연의 할리우드 영화(1994)로서 성추행을 소재로 한 영화다.]에서처럼 말이죠. 그 영화 보셨어요?"

"아니요. 하지만 책은 읽었어요."

"꿈을 풀이하는 요셉"(Joseph Telling his Dreams)_베르나르도 스트로치(Bernardo Strozzi)

"네, '폭로'의 저자가 누구였죠?"

"(난 흐름을 조절하기 위해 개입했다.) 그다음에 무슨 일이 일어났죠?"

"보디발의 아내가 요셉을 좋아하기 시작해요. 그녀는 요셉에게 접근하죠."

"하지만 요셉은 그녀를 거절했어요."

"그러고 나서 그녀는 요셉에게 자신을 해코지했다고 누명을 씌웠고, 요셉은 감옥에 갇히게 되었어요."

"정당한 절차가 아니었어요."

"뭐, 그는 노예였으니까요. 유대인에 불과했죠."

"좋아요. 이제 우리가 함께 여행하고자 하는 본문에 가까워지고 있어요. 요셉은 감옥에 있었지만, 요셉은 다시 두각을 드러냅니다. 여러분이 말씀하신 것처럼, 성경에는 '여호와께서 그와 함께하셨다.'라고 기록되어 있습니다. 이것이 무엇을 의미하든, 그가 여전히 감옥에 있음에도 불구하고 그는 간수장의 사무를 처리하게 됩니다."

"그가 감옥에 있을 때 바로의 궁정에서 일하던 시종장 두 명도 함께 갇혀 있었습니다. 한 사람은 빵을 구워 올리는 시종장이었고, 다른 한 사람은 술잔을 올리는 시종장이었죠. 감옥에 있는 동안 시종장 두 사람은 꿈을 꾸게 됩니다. 꿈을 꾼 다음날 아침, 요셉은 그들의 얼굴에 걱정과 근심이 가득한 것을 보고 그들의 안부를 물었어요. 요셉은 그들이 모두 꿈 때문에 괴로워하고 있다는 사실을 알게 됩니다. 요셉은 그들에게 꿈을 이야기해 달라고 청했어요. 시종장들이 이야기를 들려준 후, 요셉은 하나님께서 그들의 꿈을 해석해 주실 것이라고 이야기합니다."

"요셉은 빵을 구워 올리는 시종장의 꿈은 사흘 뒤에 처형당한다는 것을 의미한다고 이야기했어요. 술잔을 올리는 시종장의 꿈은 그가 궁정에 복직된다는 것을 의미한다고 이야기하면서, 자신을 기억하여 바로에게 사정을 알려, 자신을 감옥에서 건져 달라고 했지요. 그러나 성경은 '술잔을 올리는 시종장은 요셉을 기억하지 못하였다.'라고 말해 줍니다. 그로부터 2년이 지났고요."

"그리고 우리는 바로가 두 개의 꿈을 꾼 중요한 사건을 마주하게 됩니다. 우리는 이 본문에서부터 시작하겠습니다. 꿈 자체가 아니라, 바로 그다음에 일어난 일에서 시작할 거예요."

"우리가 잘 알고 있듯이, 바로가 꿈에서 깨었을 때, 성경은 '바로의 마음이 뒤숭숭했다.'라고 기록하고 있습니다. 제가 이어지는 본문을 읽겠습니다."

아침에 그는 마음이 뒤숭숭하여, 사람을 보내어서 이집트의 마술사(점술가)와 현인들을 모두 불러들이고, 그가 꾼 꿈 이야기를 그들에게 하였다. 그러나 아무도 그에게 그 꿈을 해몽하여 주는 사람이 없었다. 그때에 술잔을 올리는 시종장이 바로에게 말하였다. "제가 꼭 했어야 할 일을 못한 것이 오늘에야 생각납니다. 임금님께서 종들에게 노하셔서, 저와 빵을 구워 올리는 시종장을 경호대장 집 감옥에 가두신 일이 있습니다. 저희들이 같은 날 밤에 각각 꿈을 꾸었는데, 두 꿈의 내용이 너무나 달랐습니다. 그때에 그곳에, 경호대장의 종인 히브리 소년이 저희와 함께 있었습니다. 저희가 꾼 꿈 이야기를 그에게 해 주었더니, 그가 그 꿈을 풀었습니다. 저희 두 사람에게 제각기 그 꿈을 해몽하여 주었던 것입니다. 그리고 그가 해몽한 대로, 꼭 그대로 되어서, 저는 복직되고, 그 사람은 처형되었습니다." 이 말을 듣고서, 바로가 사람을 보내어 요셉을 불러오게 하였고 ……(창 41 : 8-14).

"그럼 이제 우리는 비블리오드라마를 시작하기 위해 이야기 속으로 들어갈 것입니다. 자, 이제 여러분과 상상 속으로 떠나겠습니다. 여러분은 이집트의 궁정에 있습니다. 여러분은 바로가 얼마나 흥분했는지 보았고, 또 들었습니다. 여러분은 왕이 이집트의 점술가와 현인들을 불러 모았다는 이야기도 들었습니다. 어쩌면 여러분이 점술가와 현인들 중 한 사람일 수도 있습니다. 어쩌면 여러분은 궁정에 속해 있는 남성이거나 여성일 수도 있고, 귀족이거나 수종을 드는 사람일 수도 있습니다. 여러분은 모든 바로의 고문관(advisor)들이 전례 없이 침묵하고 있는 모습을 목격하고 있어요. 아니면 여러분은 바로 자신일 수도 있고, 그의 아내나 술잔을 올리는 시종장일 수도 있습니다. 여러분은 술잔을 올리는 시종장이 앞으로 나와서 바로에게 자신이 감옥에서 만났던 히브리 청년이 자신과 빵을 구워 올리는 시종장의 꿈을 풀이해 주었던 일을 바로에게 이야기하고 있습니다. 그리고 바로는 그 청년을 불러들이라고 외치고 있습니다.

당신은 누구입니까? 지금 벌어지고 있는 장면을 보면서 어떤 느낌이 듭니까? 오직 이야기 속의 인물이 되어서 대답해 주기 바랍니다······."

5. 프롤로그 분석

여기서 비블리오드라마 과정을 끊는 이유는 실제 웜업이 정확히 여기에서 끝나기 때문이다. 나는 지금 문턱에 서 있다. 이야기(스토리)를 연기(행동)로, 참여자들을 역할 속으로 전환시키기 직전에 서 있다. 내가 방금 제시한 과정과 이야기가 웜업이라고 할 수 있다. 웜업은 참여집단을 극의 과정 속으로 끌어들인다. 여러분은 내가 기본규칙을 제시한 후, 곧바로 이야기 속으로 뛰어들려고 했던 것을 알아챘을 것이다.

다음 장에서 본격적으로 연기를 다루기 전에, 프롤로그에 관해서 몇 가지 추가설명을 제시하고자 한다.

■ 우선, 본문 선택에 있어 내가 요셉 이야기를 선택한 이유는, 이 이야

기가 친숙하기도 하거니와, 요셉이 중심인물이자 주변인물로서 정체성 문제를 오랫동안 환기시켜 주었던 인물이기 때문이다. 이것은 이야기에 접근하기 용이하다는 것과도 연계된다. 나아가 요셉 이야기는 불운과 시련, 외로움과 화해가 담겨 있는 전형적인 영웅 이야기이다. 여기에는 비블리오드라마의 '주제'라고 불릴 수 있는 요소들이 많이 담겨 있다.

- 이 부분의 이야기를 수업 참여자들에게 들려줄 때, 나는 성경이 들려주는 이야기를 재구성함으로써 마치 우리 앞에 펼쳐지고 있는 연극을 보는 듯한 느낌을 주고자 한다. 그래서 나는 이야기를 구연할 때 현재형으로 들려준다. 그리고 우리가 성경을 읽으면서 간과하기 쉬운 특정한 등장인물, 예를 들어 술잔을 올리는 시종장과 같은 인물에 주의를 집중시킨다.

- 스토리텔링은 과거를 현재의 모습으로 묘사하는 것임을 기억하기 바란다. 이것은 수동적이던 사람들을 적극적으로 경청하게 만들고, 결말이 나 버린 이야기를 듣고 있는 것이 아니라 앞으로 어떤 삶을 살게 될지 모르는 이야기 속의 등장인물을 통해 개방된 이야기를 체험하는 것이다. 집단 웜업이 해야 할 일은 참여자들이 적극적인 경청자가 되고, 공동의 구연자가 됨으로써 실제 역할의 목소리를 낼 수 있도록 돕는 것이다. 이야기 속에서 말함으로써, 이야기의 핵심을 나의 입으로 말해 봄으로써 성경에 대해서 주로 주지적인 질문(예를 들어, "보디발이 고자를 의미하지 않나요?", "'폭로'의 저자가 누구였죠?")을 갖고 있는 학생들을 일깨워 다른 차원의 질문으로 인도할 수 있다. 또한 집단 스토리텔링은 이야기를 이미 완결된 것이 아니라 열려진 것으로 보기 때문에, 기대감을 불러일으킬 뿐만 아니라 우리가 해야 할 역할 연기에 몰입하게 만든다.

- 스토리텔링은 디렉터인 당신의 역할에도 변화를 준다. 당신은 교사의

모습에서 내레이터(구연자)의 모습으로 전이된다. 당신은 연출가가 되어 장면을 설정하는 역할을 감당하게 된다. 당신은 참여집단을 이야기 안으로 초대하여 그 안에서 자기 자신을 보고, 듣고, 느끼도록 한다.

- 나 역시 이런 식의 웜업을 통해 디렉터인 내가 무슨 의도를 가지고 있는가, 왜 이 본문을 선정하였는가, 이 본문을 통해 무엇을 하고자 하는가 등에 대해 알고자 하는 참여집단의 욕구(need)를 보류시키려고 노력한다. 이런 식의 스토리텔링은 사람들을 일상적인 욕구, 즉 어째서 이런 일이 발생했는지를 알고자 하는 욕구에서 해방시킨다. 또 학생들을 상상력이 풍부한 경청자로 변화시킨다. 신기하게도 이야기에 귀 기울이고 느끼는 것을 말하면, 사람들은 아동기를 떠올리곤 한다. 우리는 분석하고 의심하는 어른들의 속성을 버려야 한다. 우리는 우리 안에 감춰져 있는 어린이의 호기심 어린 열린 마음을 허용하고 약동하게 해야 한다. 이 과정은 즐겁다. 특별히 우리가 이야기를 알고 있다면 말이다.

- 마지막으로 — 이것이 맹점이다. — 참여집단에 속한 대부분의 사람들은 지금까지 이런 상황을 고려한 적이 없다. 그것은 놀라운 일도 아니고 그들의 잘못도 아니다. 나의 본문 선택이 사람들로 하여금 내가 여러 본문 가운데 왜 이 본문을 선택했는지 암묵적 호기심을 유발시킨다.

시인 콜리지(Samuel Taylor Coleridge)는 "불신에 대한 자발적 보류"(the willing suspension of disbelief)에 대해 언급하면서, 이것이 시를 즐기기 위한 전제 조건이라고 했다. 부분적으로 웜업의 기능이 이러한 보류를 형성하거나 적어도 그것을 시작하게끔 하는 것이다. '불신을 보류'하는 것이야말로 상상력을 작동하여 보고 느낄 수 있게 하는 필수 요소다.

6장
연기 1 : 접근성

1. 몰입

나는 비블리오드라마에 새로운 용어를 도입하고자 하는데, 바로 '몰입' (trance)이라는 개념이다.[1] 내가 여기에서 사용하는 몰입은 '마치', '~인 양' 의 경험, 자신을 상상의 세계 속으로 진입시키는 경험을 의미한다. 몰입은 어떤 면에서 내가 이미 언급했던, '불신에 대한 자발적 보류'와 연계된다. 여기에서 강조해야 할 점은 '자발적'이란 부분이다. 이런 종류의 몰입은 상상의 경험이 생생하게 느껴지고, 더 실제적인 현재의 모습을 띠면서 결국에는 그 자체로 하나의 생명을 갖는 것을 목표로 한다. 비판적 시각은 억제된 것이 아니라 의도적으로 보류되었다. 그리고 참여자들은 언제든지 그것을 그만둘 수 있다. 비블리오드라마 과정의 묘미는 '몰입이 어떻게 일어나는지' 아는 것 혹은 몰입을 어떻게 '촉진'시키는가에 달렸다.

이러한 관점에서, 당신이 디렉터로서 공간을 구성하고, 참여자들을 준비시키고, 그들에게 말하고 바라보는 모든 행동은 대부분 드라마적 환상이라 할 수 있는 몰입을 이끌어 내고 유지시키는 노력의 일환이다.

디렉터로서 당신은 '비판적인 불신'의 압력으로부터 깨지기 쉬운 '마치'의 상상력을 보호하기 위해 최선을 다해야 한다. 당신은 드라마의 모든 단계에서 이 불신을 저지할 방법, 더 나아가 이 불신에 도전할 방법을 찾아야 한

다. 디렉터는 불신을 제거하려고 하기보다는 드라마로 연계시킬 방법을 찾아야 한다. 그리고 중간에 끼어드는 행위(interruption)를 특별한 참여행위로 여겨야 한다. 당신은 당신이 말하는 방식과 움직임에 주의를 기울여야 하며, 몰입이 일어나는 과정을 어떻게 존중하는지 살펴야 한다.

디렉터가 말하는 태도가 청중의 반응에 어떤 영향을 미치는지 간단한 예를 제시해 보겠다. 다음 두 문장의 차이에 주목하기 바란다.

"이제 여러분이 바로의 궁정에 있다고 상상해 보세요.", "이제 여러분과 상상 속으로 떠나겠습니다. 여러분은 지금 바로의 궁정에 있습니다." 첫 번째 문장에서 디렉터는 사람들에게 '상상해 보라'고 요구한다. 실제로는 실현하기 힘든 노력을 시도하라는 것이다. 두 번째 문장에서의 '여러분과 상상 속으로'란 말은 적극적인 상상력을 허용하도록 부드럽게 말하고 있다. 그래서 실제로 '지금 바로의 궁정에' 있는 것처럼 상상하도록 하는 데 성공하고 있다. 기본적으로 두 문장이 가지는 차이가 적게 느껴질지라도, 사람들이 몰입할 수 있도록 하는 데에는 큰 차이가 있다. 사람들은 자신을 초청하는 상상력에 문자적으로(literally) 응하는 경향이 있기 때문에, 당신은 초청의 말에 신중을 기울일 필요가 있다.

이제 뒤로 돌아가 5장에서 참여자들에게 했던 나의 말을 자세히 살펴보도록 하겠다. 도입 후 나는 다음과 같이 말했다. (나는 여기에서 원리를 덧붙여 단계적으로 설명하고자 한다.)

1. "이제 여러분과 상상 속으로 떠나겠습니다. 여러분은 지금 바로의 궁정에 있습니다." 여기에서 사용된 서술어, "여러분과 상상 속으로 떠나겠습니다."는 듣는 사람이 내면의 창조 활동에 참여할 수 있도록 가장 부드럽게 초청하는 방법이다. 이어서 '여러분/당신'을 강조하고 있다 : '여러분은 지금'(You are here). 그리고 나는 정확한 장소인 '바로의 궁정'을 언급하였다. 이 도입부는 구체적이면서 개방적이다. '당신은 바로의 궁정에 있다.'고 했지만, 여기에서 당신은 어디에든 있을 수도 있고, 누구든지 될 수 있다. 내가 비블리오드라마의 도입과 관련해서 배운 한 가지 사실은 디렉터가 비블리오드라마를 잘 열면, 참여자들도 정말 잘 따라온다는 것이다.

2. "여러분은 바로가 얼마나 흥분했는지 보았고, 또 들었습니다. 여러분은 왕이 이집트의 점술가와 현인들을 불러 모았다는 이야기도 들었습니다." 나는 여기서 두 가지를 의도하고 있다. 첫째, 나는 감각을 자극하고 있다 : "여러분은 '보았고', '들었습니다'." 나는 참여자들이 자신의 시각과 청각 등의 감각을 능동적으로 사용할 수 있도록 자극한다. 둘째, 나는 본문의 스토리를 상기시키고 있다. 특히, 지금 참여자들이 스토리 밖에서가 아니라 스토리 안에서 본문을 떠올리게 하고 있다.

3. "어쩌면 여러분이 점술가와 현인들 중 한 사람일 수도 있습니다. 어쩌면 여러분은 궁정에 속해 있는 남성이거나 여성일 수도 있고, 귀족이거나 수종을 드는 사람일 수도 있습니다. 여러분은 모든 바로의 고문관(advisor)들이 전례 없이 침묵하고 있는 모습을 목격하고 있어요. 아니면 여러분은 바로 자신일 수도 있고, 그의 아내나 술잔을 올리는 시종장일 수도 있습니다. 여러분은 술잔을 올리는 시종장이 앞으로 나와서

바로에게 자신이 감옥에서 만났던 히브리 청년이 자신과 빵을 구워 올리는 시종장의 꿈을 풀이해 주었던 일을 바로에게 이야기하고 있습니다. 그리고 바로는 그 청년을 불러들이라고 외치고 있습니다."

이 대화를 통해 프롤로그(도입)가 마무리되고 연기를 유도하는 단계로 접어든다. 이 대화는 연기가 가능한 역할들을 제안하고 있다. 즉, 장면을 묘사하면서 사람들에게 그 장면 속으로 한 걸음 내딛을 수 있도록 돕고 있다. 그리고 본문 이야기에 대한 참여자들의 탐구욕을 더 깊이 자극하고 있다. 또 우리의 시점을 현재형으로 강력하게 변화시킴으로써 지금 몰입이 일어나게 한다. 내가 설명하고자 하는 몰입은 저곳에서 일어났다고 생각되는 사건을 여기로 가지고 오고, 그때 일어난 사건이 지금 일어나도록 하는 것을 의미한다.

4. "당신은 누구입니까? 지금 벌어지고 있는 장면을 보면서 어떤 느낌이 듭니까? 오직 이야기 속의 인물이 되어서 대답해 주기 바랍니다······."
이 대화로 유도 과정도 끝을 맺는다. 우리는 연기로 넘어가는 문턱에 서 있다. "당신은 누구입니까?"는 참여자들이 역할을 선택하도록 초청하는 말이며, "(당신은) 지금 벌어지고 있는 장면을 보면서 어떤 느낌이 듭니까?"는 참여자들이 연기자(player)로서 자신의 마음을 읽도록 초청하는 말이다.

2. 장면 1 : 오프닝

그러면 이제 비블리오드라마를 어떻게 펼쳐 가야 할까? 이 질문에 대해서 처음에 참여자들은 침묵으로 답할지도 모른다. 아무도 말하고 싶어 하지 않을 수도 있다. 하지만 조금 시간이 흐르면 나는 그 침묵을 해석하여 침묵의 목소리를 전달할 수 있다. 나는 비블리오드라마 속의 인물이 되어 이렇게 시작하였다.

"처음엔 다들 말문이 막혀 버렸어요. 그 어느 점술가와 현인들도 말이 없었습니다. 그리고 바로가 이제 사람을 보내 감옥에 있는 죄수를 꺼내 오고자 합니다! 지금은 그가 무슨 생각을 하는지 전혀 모르겠습니다."

이런 방법을 통해서 나는 침묵을 드라마에 대한 저항이 아닌, 드라마의 일부로 만들 수 있다. 이런 식으로 나는 참여자들이 말하는 것을 모두 드라마의 일부로 담아내려고 노력할 것이고, 그럼으로써 드라마적 상상력을 유지시킬 수 있다. 그리고 누군가 입을 열어, 극중 인물로서 참여하기 시작했다.

"왕이 미쳤나 봐요."

사람들은 자기 자리에서 역할을 연기하기 시작한다. 사람들은 손을 들어 말할 기회를 기다리다가, 역할에 목소리를 담아(voicing) 연기했다. 디렉터로서 나는 참여자들의 이야기를 반복(echoing/메아리)해서 들려주고 그들과 인터뷰(interview)하는 역할을 맡았다.

내가 "나는 궁정 의사입니다." 하고 말했다. 혹시 자신이 어떤 역할을 맡을지 생각해 보지 않은 사람들에게는 이런 식으로 역할을 제공할 수 있다. 또는 내가 역할을 맡아서 사람들이 극중 인물로서 극에 참여할 수 있도록 도울 수 있다. "저는 바로의 정신 건강이 걱정됩니다. 이런 식으로 사람들을 불러 모으다니, 꽤 절박했나 보군요." (메아리 기법)

"저는 제가 누구인지 모르지만, 이거 무척 흥미진진하네요."

"그럼요." 내가 반복하며 말했다. "지금은 좀 지루할 수 있어요. 마지막으로 흥미진진했던 때는 빵을 구워 올리는 시종장이 처형당하던 때였죠. 그때는 일이 정말 급박하게 돌아갔어요."

그러자 누군가 말했다. "저 현인들 중에 그 꿈이 무슨 의미인지 아는 이가 없다는 게 믿어지지 않아요."

"당신은 누구인가요?" 나는 사람들이 자기 자신을 극중 인물로 보기 바라며 물었다.

"나는…… 나는…… 궁정 사람들 중에 하나예요. 아시듯, 뭐, 별로 특별한 사람은 아니죠."

"하지만 당신은 소위 현인들에 대해 좀 회의적으로 느끼고 있는 걸요." (인터뷰)

"네, 맞아요. 우리는 정말 세상에서 제일가는 점술가와 함께하고 있어요. 우리는 세상에서 제일가는 나라거든요. 그들이 해석하지 못했던 적은 없어요. 대체 어쩌다 이렇게 되었을까요?"

"다들 침묵하기로 단합했는지도 모르죠." 내가 메아리 기법으로 말했다. "아니면 평소와는 달리 정말 특별한 내용을 접한 것인지도 모르죠. 둘 다인 것 같기도 하고……." (나는 문장을 끝맺지 않은 채, 다른 이들이 공백을 메워주기를 기다렸다.)

"…… 무섭네요."

"그래요." 내가 말했다. "이 모든 것이 정말……." (또다시 문장을 끝맺지 않았다.)

"불안정하죠. 사실, 정말 이상해요."

누군가 이렇게 이야기했다. "나는 현인들 중 한 사람인데요, 난 입을 열지 않을 거예요. 바로는 예측이 아주 힘든 사람이죠. 만일 해석이 바로의 맘에 들지 않는다면, 뭐 아시다시피 빵을 구워 올리던 시종장처럼 되어 버리겠죠."

"네." 나는 메아리 기법으로 대답했다. "현인의 역할 중 하나는 언제 입을 다물어야 하는지 아는 거겠죠. 나는 바로에게 가장 먼저 소식을 전하는 사람이 되지는 않을 거예요. 내가 안다고 해도 말이죠."

누군가 말한다. "요셉은 꽤 잘 생겼다고 들었어요."

"당신은 누구신가요?" 내가 물었다.

"아, 궁정에 속해 있는 여인들 중 하나예요."

"결혼했나요?" 나는 인터뷰하듯 물었다.

"아뇨……. 난 여기에서 장식품 같은 역할이에요."

"그가 잘 생겼다는 걸 누구에게 들었나요?" 내가 물었다.

"사실, 보디발의 아내에게서 들었어요. 오래전에 말이죠. 그녀는 요셉을 정말 좋아했어요."

"그녀는 어떻게 되었나요?" 내가 물었다.

"아, 바로 저쪽에 있어요." 그녀가 말하면서 집단에 있는 다른 여인을 가리켰다.

"이런!" 그 여인이 앓는 소리를 냈다.

"이런!" 내가 이야기했다. "여기에서 만날 줄은 몰랐네요."

나는 이런 순간을 다시 드라마로 가지고 들어오려고 노력한다. 여기에서의 "이런!"은 나에게나 다른 사람들에게 있어 드라마로 끌려 들어오는 데서 오는 당황스러움을 담고 있기 때문이다.

"아……." 그녀는 보디발의 아내 역을 맡으면서 이야기했다. "만약 그가 꿈을 해석하면 어떻게 하죠……. 만약 바로가 그를 맘에 들어 하면요……."

"그러면 닭 쫓던 개 지붕 쳐다보는 격이죠." 내가 그녀를 대신해서 말했다.

"네, 저는 뒤에 다시 숨어 있을게요."

여기에서 그 역할을 맡았던 사람은 다시 숨을 수 있는 방법을 찾았다. 그녀는 반응하면서 참여하려는 태도를 보여 주었지만, 우리는 뒤에 숨어 있으려는 그녀의 마음도 존중해 주어야 한다.

"여기에 당신 남편이 있나요?" 내가 그녀에게 물었다.

나는 그녀가 누군가를 지목해서 집단 안에서 배역이 퍼져 나가길 바랐다.

참여자들이 다른 사람을 이 게임 안으로 끌어들이는 일은, 내가 그 일을 할 때와 많이 다르다. 내가 사람들을 끌어들일 때, 사람들은 안전하다고 느끼지 못한다. 하지만 구성원들이 서로를 끌어들이기 시작하면 이것은 비블리오드라마식 술래잡기 같은 게임이 된다. "그 사람 뒤에 숨으실래요?"

"네, 내 남편은 여기 있어요."

"그를 가리켜 주세요." 내가 요청했다.

"바로 여기 있어요." 그녀가 대답하면서 그녀 옆에 있는 남성을 가리켰다. 그가 고개를 끄덕였다.

"당신에게 무슨 일이 일어났죠?" 나는 보디발에게 질문했다. 나는 그가 어떤 말을 할지 궁금했다.

"난 이 아이가 특별하다는 걸 알고 있었습니다. 아내의 말을 귀담아 듣지 말았어야 했어요."

메아리 기법으로 말했다. "진짜 불편한 상황이네요. 내 아내가 내게 이랬던 게 처음이 아니에요." 나는 내가 그가 그 자리까지 오게 되어 불편하다는 것을 안다는 마음을 전하고자 하였다.

"맞아요." 그가 말했다.

"그래서 지금은 어떤 느낌이 드나요?" 내가 물었다.

"난 굉장히 혼란스럽네요. 난 요셉을 좋아했어요. 요셉은 정말 훌륭한 일꾼이었죠. 난 요셉을 신뢰했어요. 그를 바로에게 데리고 가야 했을 때 제 마음이 찢어지는 줄 알았어요. 왜냐하면 난 아내를 잘 알기 때문에, 그녀가 꾸며 낸 일이라고 생각했거든요."

"당신은 날 믿어 준 적이 없어요!" 갑자기 보디발의 아내가 끼어들었다.

"그리고 어차피 당신은 고자잖아요." 좀 전의 이야기를 다시 할 때, 이 질문을 했던 여성이 말했다. "그녀는 자신을 여자로 느끼게 해 줄 사람이 필요했던 거겠죠."

처음으로 식은땀이 흐르기 시작했다. 이야기 속으로 끌려 들어온 사람이 공격받았다고 느낄까 봐 걱정되었다. 이것에 악의가 담겨 있는지 장난인지 분간할 수가 없었다. 나는 집단 안에서 누가 누구를 알고, 서로 어떻게 대하는지 잘 모르지만, 이 문제를 어떻게든 처리해야 한다고 생각한다. 나는 순간적으로 '보디발'을 보호해야겠다고 생각했다. 나는 우리가 아직 극의 초반에 불과하기 때문에, 사람들이 몰입을 지속하면서 동시에 분위기를 편안하게 해야 하는 난관에 부딪쳤다. 비블리오드라마를 인도할 때, 디렉터는 이런 작은 도전들을 자주 맞닥뜨리게 된다.

"자, 보디발, 그게 사실이든 아니든." 지금 이 순간 명백히 불편해하고 있을 사람에게로 돌아가서 말했다. "당신의 아내가 이 젊은이를 어떻게 생각했든, 분명한 사실은 당신이 요셉이란 젊은이에게서 특별한 뭔가를 보았다는 겁니다. 당신은 노예였던 그를 사들였고, 당신 집에서 권위 있는 자로 점차 신분을 상승시켜 주었어요. 당신은 저 젊은이에게서 무엇을 보았나요?"

"음……."

내가 보디발 역을 맡은 사람에게 체면을 차릴 수 있는 기회를 주었는가? 내 생각에 그는 용감하게 자기 역할을 지속해 주고 있었다. 그것만으로도 나에게 시사해 주는 바가 많았다.

"요셉은 내게 그저 평범한 노예 소년이 아니었어요. 그 안에는 특별한 무엇인가가 있었죠. 그를 입양했다고나 할까. 이집트어를 가르쳐 주고, 그가 여기에 소속되었다는 느낌을 주고 싶었어요. 요셉은 나를 기쁘게 해 주었죠."

"그래요." 그의 의미 해석은 정말 탁월했고, 체스의 흐름을 바꾸는 묘수와도 같았다. 내가 다시 메아리 기법으로 말했다. "요셉을 보니, 내가 얼마나 요셉을 그리워하는지 알겠어요. 그는 내게 아들 같았어요. 어쩌면 절대 가질 수 없을 아들 말이죠."

"네."라고 보디발이 말했다. 그의 내면에서 어떤 감정이 일어나 드라마에 순간적인 깊이를 더했다. "난 요셉에게 있어 아버지와 같은 존재였습니다. 요셉은 나를 신뢰했죠. 요셉은 자기가 아버지로부터 어떻게 떨어지게 되었는지, 자신이 아버지에게 얼마나 특별한 존재였는지, 그리고 그에게 있어 아버지가 얼마나 소중한 존재였는지 이야기해 주었답니다."

나는 이 순간에 침묵이 흐르도록 두었다. 우리가 이야기 속으로 발걸음을 내딛기 시작한 어느 순간에, 이야기가 우리 안으로 밀려 들어오기 시작했다. 비블리오드라마는 이렇게 개인의 참여에 의해서 구성되지만, 다시금 서사(敍事/narrative)로 환원된다. 우리는 이야기로부터 놀랍고 감동적인 해석을 이끌어 내고 있었으며, 상당히 깊은 수준의 감정적 응집력을 만들어 가고 있었다.

나는 구성원 중에서 우리를 본격적인 비블리오드라마로 진입하도록 했던 여러 사람들에게 감사하면서, 다른 사람들도 연기에 참여시켜야 할 필요성을 느꼈다. 작은 수의 참여자가 초기부터 너무 지나치게 참여할 경우, 잠재적인 참여자를 관찰자로만 머무르게 할 수 있다. 나는 처음 질문으로 돌아가서, 아직 입을 열지 않은 다른 사람들을 포함시키고자 했다.

"다른 분들은 어떠신가요?" 내가 물었다. "바로가 요셉을 부르기 위해 사람을 보냈을 때 무슨 생각이 들었나요?"

"이건 내게 정말 엄청난 순간이에요." 누군가 이야기했다. "나도 이곳으로 팔려 온 궁정 노예에 불과하거든요. 나는 귀족이라 불리는 사람들이 어지럽혀 놓은 것을 치우죠. 그들의 눈에 나는 아무것도 아니겠지만, 히브리 소년이 여기 온다는 생각만으로도, 그가 뭔가 특별한 일을 하고 이집트 사람들에게 우리가 그저 흙먼지가 아니라는 것을 보여 준다는 생각을 하니……. 와, 정말 엄청날 것 같아요."

나는 여기에서 방금 있었던 미니 드라마가 집단을 웜업시켜 주었다는 느낌을 받았다. 이 반응은 확실히 풍성했다. 연기자들은 자신을 동일시하기 시작했고, 자신의 자리를 풍성하게 채워 가고 있었다. 여기에 내가 무엇을 덧붙일 필요는 없었다.

"여기에 또 누가 있나요?"

"나는 궁중 정치가예요. 뭔가 미묘한 시기란 생각이 드는군요. 만일 그 소년이 와서, 바로를 기쁘게 하고, 옳은 말을 하면 어떻게 되죠? 완전히 새로운 정권이 들어설 수도 있어요."

(반복하면서) "네, 새로운 권력과 서열이 발생할 수도 있겠네요. 난 이 점을 조심스럽게 지켜봐야겠어요."

"네." 방금 이야기했던 사람이 확신하면서 이야기했다. "권력은 내게 게임과 같습니다. 이 도시에서 새로운 권력 게임이 시작될 수도 있겠네요."

"나는 제사장입니다. 바로는 단순한 왕이 아니에요. 그는 우리의 신(神)이죠. 신이 꾸는 꿈은 신에게서 옵니다. 그 어느 히브리 노예도 신의 뜻을 전달할 수는 없어요. 그는 성공할 수 없을 겁니다."

(반복하면서) "만일 이 소년이 옳다고 판명될 경우, 나 역시 잃을 게 너무 많습니다."

"아뇨, 당신은 이해 못해요." 제사장이 이야기했다. "바로는 내게 신이에요. 이것은 내 신분이나 법령 때문이 아닙니다. 내 신앙과 관련된 일입니다."

"그렇다면 다른 신과 상의하려는 신에 대해서는 어떻게 생각하나요?" 내가 물었다.

"음. 전례 없는 일이죠."

"이건 실제 종교 간의 대화 상황일 수도 있겠네요." 내 발언에 웃음소리가 터져 나왔다.

여기서는 짧게 재구성한 것을 보여 줄 수밖에 없지만, 실제 드라마에서 오프닝 장면은 훨씬 더 오랜 시간을 소모한다. 나는 가능한 한 많은 사람들이 발언할 수 있도록 장면을 지속시키려고 했다. 이 과정에서 나타난 참여자들의 에너지는 상당 부분 즐거움에서 비롯된다. 우리가 꽤 많은 것을 새롭게 발견해 낼 수 있다는 느낌에서 비롯된 즐거움 말이다. 우리는 점점 더 과감하게 그동안 성경에서 거의 인지하지 못했던 장면을 구체화해 나간다.

내가 던졌던 '종교 간의 대화'라는 농담은 내가 어떻게 장면을 마무리 짓는지에 대한 좋은 예다. 나의 발언은 몰입을 살짝 위태롭게 한다. 사람들은 이런 시대착오적 뻔뻔함에 조금 흔들리게 되지만, 그것 자체가 내 의도이기도 하다. 요리의 이미지를 빌리자면, 풍성한 코스요리에 나오는 셔벗처럼, 식탁의 그릇을 치우기 위한 방법이라고 할 수 있다.

나는 많은 사람들의 이야기를 들은 후 어느 시점에서, 첫 번째 연기 장면을 종결짓는다. 일반적으로, 나는 특정 장면이 너무 많이 연기되기 전에 장면을 바꾸려 한다. 사람들이 웜업되는 속도는 각자 다르다. 한번 발언한 사람들은 또 발언하려는 경향이 있다. 따라서 수줍음을 타지만, 사려 깊은 사람들에게도 말할 수 있는 기회를 부여하기 위해서 연기 과정을 충분히 지속할 필요가 있다. 연기 참여가 충분히 이루어졌다면, 이제 다음 장면으로 넘어갈 때다.

게다가, 비블리오드라마의 리듬이 활기를 띠기 시작했다. 구성원들은 내가 어떤 놀이를 자신들과 하려고 하는지 감을 잡기 시작했고, 내 역할이 말을 반복(메아리)하거나 질문을 던지며 반대 입장을 표명하기도 하고, 이야기를 만들어 가기도 하고, 상황을 심화시키는 것임을 알게 되었다. 그들은 나를 좋은 경청자로 신뢰하기 시작했을 것이다. 자신들의 말이 웃음거리가 되거나 틀릴 것을 두려워하던 모습이 내가 각 사람의 말에 모두 흥미를 갖고 있다는 사실에 의해 해소되었다. 우리 작업의 이면에 특정 교리나 도덕적 태도가 숨겨져 있지 않다는 것을 믿게 되었다. 그들은 자유롭게 이야기 속에서 놀아도(play) 된다는 사실을 발견해 가고 있는 것이다. 사람들은 새로움의 가능성을 보기 시작했다. 그들의 상상력이 꿈틀거리고 있으며, 그들의 자발성이 증가하고 있다. 그들은 재미를 느끼기 시작했다. 자기 자신에 대한 재미, 상대방에 대한 재미, 본문에 대한 재미를 말이다. 이 짧은 순간을 특정 시점에서 바라본 후, 나는 다시 드라마의 방향을 전환하고 초점을 바꿔 사람들을 다른 곳으로 더 깊이 데려가되, 에너지가 멈추지 않는 선상에서 이동하고자 했다.

벌써 많은 부분에 걸쳐 중요한 것을 다루었다. 나는 구성원들이 등장인물에 깊이 빠져들지 못했다고 해도, 대체로 많은 부분에서 스토리 안으로 들어와 있다고 생각한다. 특정 관계들이 형성되었다. 일례로 궁정의 여인, 보디발의 아내, 그리고 보디발은 흥미로운 삼각관계를 만들어 냈다. 이때 여기 임박한 권력다툼에 관심을 나타냈던 여러 참여자들이 있었다. 반면에 전혀 다른 관점에서 이 장면을 바라보던 노예도 있었다. 그는 언뜻 종결 장면에 대한 짧은 생각을 주었다. 드라마의 종결 부분에 가서 그 사람과 요셉이 비밀대화를 나눈다면 어떨까? 그들은 서로 어떤 대화를 나누게 될까? 그것은 일종의 동병상련(同病相憐) 같은 것이 아닐까? 모르겠다. 실제로 드라마를 마무리 짓게 될 때에는 내가 그를 기억 못할지도 모른다. 우리가 너무 멀리 와 버렸는지도 모른다. 하지만 내 드라마적 감(sense)은 이러한 실마리와 주제를 통해 더 속도가 붙곤 한다. 참여집단은 드라마를 만들 수 있을 법한 줄거리와 상대 인물, 자료 등을 제공하였다. 나는 다음에 무슨 일이 일어날지 알아보고 싶은 마음에 흥분을 감출 수 없다. 동시에, 방법적으로 아직 활용하지 않은 측면(aspect)이 남아 있다. 나는 본문 속에 감춰져 있는 감정적인 에너지를 깊이 탐구하기 전에 우리 참여집단이 가능한 모든 상황을 다 다루고 있는지 확인하고 싶다. 우리는 지금까지 여러 명의 인물을 짧게 다루었지만, 아직 한 명을 깊이 있게 탐구하지는 못했다. 나는 참여집단을 그런 깊이 있는 경험에 이르게 하려고 한다.

전문용어를 사용하자면, 우리는 이제 독백(voicing)과 메아리(echoing), 인터뷰(interviewing)에서 집단 연기(group characterization)로 이동하려고 한다.

3. 장면 2

"여기 술잔을 올리는 시종장이 있나요?" 내가 참여집단에게 물었다. "술잔을 올리는 시종장과 이야기를 나누고 싶네요." 나의 새로운 요청은 이야기에 대한 사람들의 시각을 전환시켰다. 내가 이렇게 이야기할 수 있었던 건, 웜업을 통해 내가 어느 정도의 신뢰를 감지했기 때문이었다. 적어도 한 명의 지원자는 나타날 것이었다.

어떤 남자가 말했다. "내가 술잔을 올리는 시종장입니다."

"궁금한 게 있어서요." 나는 그를 인터뷰하기 시작했다. "본문에 따르면, 요셉은 감옥에 있던 당신을 위해 굉장한 일을 했습니다. 그리고 요셉이 당신에게 부탁한 유일한 한 가지는 궁정에서 자신의 누명을 벗겨 달라는 것이었지요. 하지만 본문에는 당신이 요셉을 '기억하지 못했다.'고 되어 있네요. 정말인가요?"

술잔을 올리는 시종장이 말했다. "네. 부끄럽지만 사실이에요."

내가 물었다. "왜 그를 잊어버렸나요?"

"어…… 잘 모르겠어요."

술잔을 올리는 시종장 연기자는 예상하지 못한 질문을 받았다. 사실 난 그 사람의 즉흥 연기에 도전을 한 것이다. 그의 첫 대답은 시간을 벌기 위한 것으로, 연기자이자 극중 인물의 대답이다.

나는 약간 짜증이 난 듯이 말했다. "모른다고요? 그 오랜 시간 동안 한 번이라도 그에 대해서 생각해 본 적은 있나요? 그에게 빚졌다는 생각은 했나요? 당신은 그런 사람이었나요?"

비블리오드라마의 이런 상황을 어떻게 다루어야 하는지에 대한 규칙은 없다. 술잔을 올리는 시종장 역을 자청한 이 남자의 표현들은 성경에 기록되어 있지 않다. 증명할 수는 없지만 난 그 연기자가 충분히 준비(웜업)되어 있다는 것을 알 수 있었다. 그는 스스로 역할 연기에 자원했다. 그는 앞에서 정치가로서 발언했기 때문에, 나는 이미 그의 연기를 본 상태였다. 이제 그의 부담이 너무 커지는 게 걱정되기 시작했다. 난 순간적으로 그에게 위기감을 고조시켜야겠다고 판단했다. 그렇게 함으로써 그를 좀 진정시키거나 스스로 물러나게 하려고 했다.

"아뇨…… 천만에요. 그를 생각했답니다. 하지만 아시다시피 나는 궁정으로 막 다시 돌아왔잖아요. 내 위치가 절대 안정된 자리가 아니었단 말입니다. 바로에게 뭐라도 이야기하려 했지만…… 빵을 구워 올리는 시종장이…… 처형당했을 때는…… 정말…… 아, 어찌나 추악하게 죽었던지…… 바로의 기분이 좋은 상태가 아니었어요. 시기도 좋지 않았고, 그리고…… 그게…… 기회를 놓쳐 버렸어요."

"그랬군요." 나는 술잔을 올리는 시종장을 연기한 사람이 도전에 응하면서 극을 긴장감 있게 살려 두었다는 것에 기뻤다.

"궁금한 게 있어요." 내가 다시 물었다. "혹시 여기에 또 다른 술잔을 올리는 시종장이 있나요? 혹시 왜 요셉을 잊어버렸는지에 대해 대답해 줄 수 있는 술잔을 올리는 시종장이 있나요?"

나는 방금 (큰 힘을 들이지 않고) 비블리오드라마의 중요한 요소인 집단 연기의 기회를 포착했다. 현 시점에서 술잔을 올리는 시종장 역할은 아직 참여 집단에게 속해 있다. 어쩌면 극 후반부에서는 한 명이 그 역을 맡아서 다양한 변화 가능성에 맞춰 연기하게 될 수도 있다. 하지만 현재는 아직 극중 인물(character)을 발굴해 가는 시점이기 때문에, 그 인물을 좀 더 살펴보아야 한다. 그래서 나는 혹시 다른 사람 중에 술잔을 올리는 시종장을 연기할 사람이 있는지, 그를 다르게 묘사할 수 있는지 질문했던 것이다.

다른 사람이 말했다. "내가 요셉을 잊은 이유는, 그가 무서웠기 때문입니다. 요셉은 자기가 제 꿈을 해석할 것이라고 말해 주지 않았어요. 요셉은 자신의 '하나님'이 하실 거라고 했어요. 나는 그가 어디에서 왔는지 모르지만, 이 나라의 신(神)은 바로입니다. 그래서 나는 혼란스러웠어요."

"그렇군요." 내가 말했다. "당신은 요셉과 그의 하나님과의 관계가 불편했군요. 맞나요?"

"그래요. 두려웠어요. 물론, 요셉은 멋지고 침착하고 올곧은 사람이었어요. 하지만 요셉 때문에 뭔가 큰일이 일어날 것만 같았어요. 그때까지 전혀 보지 못했던 일이었거든요. 나는 그에게 감사하고 있지만, 그를 생각하면 몸서리가 쳐진답니다."

"그러니까 당신은 그를 잊고 싶어서 잊었군요."

"그렇게 볼 수 있을 것 같네요. 난 은혜를 갚을 준비가 되어 있지 않았으니까요."

"맞아요." 다른 참여자가 그 의미를 알아듣고 끼어들었다. "이 어린아이와 신이 함께하고 있다고 생각해 보세요. 그것도 강력한 신이 말이에요. 그 신이 이 이집트 땅 감옥에 있는 그 아이와 함께 있단 말이죠. 그리고 그 신이 꿈도 풀어 주고요. 그럼 이 아이는 뭐죠? 제사장인가요? 예언자인가요? 선견자인가요? 그럼 내가 이 아이에게, 그리고 그의 하나님에게 어떤 책임을 져야 하죠? 난 그저 한 인간에 불과해요. 난 어떤 신들과도 관계했던 적이 없어요."

내가 이야기했다. "신이 당신의 목숨을 구해 줬던 때를 제외하고 말이죠."

"아니요." 또 다른 술잔을 올리는 시종장이 이야기했다. "신은 나를 구해 주지 않았어요. 이 소년이 내 꿈을 해석해 주었든 그렇지 않았든 나는 풀려 났을 거예요. 그리고 빵을 구워 올리는 시종장은 죽었겠죠. 내가 요셉을 잊어버리게 된 것은 결국 그 아이는 이 일과 아무 관련이 없었기 때문이죠. 그는 감옥에 있었죠. 아마 그럴 만한 이유가 있었을 거고요. 나는 이제 자유로워졌어요."

"음." 다른 사람들을 눈으로 훑어본 후, 마지막 술잔을 올리는 시종장 역을 맡은 사람에게 물었다. "그게 사실이라면, 당신은 왜 모든 점술가들과 현인들이 아무 말도 못한 채 곤혹스러워 하고 있고, 바로는 분개하고 있고, 궁정은 극도로 혼란한 상황에서 당신의 왕에게 조용히 이 년 전의 일을 말하고 있나요?"

이 질문은 큰 도움이 된다. 조금 헷갈릴 수 있지만, 이 질문은 인물을 반대편에서 보게 함으로써 참여자들의 해석을 점검할 수 있게 해 준다. 이런 질문은 좋은 수수께끼가 그러하듯, 참여도를 높인다.

"왜냐하면, 이것이 내게 주어진 기회일 수 있거든요. 도박이죠. 물론 위험하기도 하죠. 그렇지만 이 아이에 대한 무엇인가가 내 안에 남아 있었습니다. 나는 이 아이를 잊은 게 아니었어요. 다만 바로에게 이야기하지 않았을 뿐이죠. 나는 이 아이가 해낼 수 있을 거라는 예감이 들었고, 만약 그 아이가 정말 해낸다면, 나 역시 술을 맡는 일에서 벗어날 수 있지요. 출세의 길로 들어서는 것이죠."

"그러니까." 내가 반복해서(echo) 말했다. "인생에는 도박해야 하는 순간이 온다는 거네요. 적어도 당신이 어떤 목적을 성취하기 위해서는 말이죠. 그래서 기회를 포착한다면, 그땐 위험을 무릅써야 하고요."

"맞아요. 술잔을 올리는 시종장은 미래가 불투명한 일이에요. 당신도 뭇 사람의 주목을 받으며 무대에 오르는 순간을 바라지 않나요? 이건 망설일 필요가 없었어요. 내가 술을 따라 줄 때 거드름만 피우던 그 사람들 앞에 서서 그들이 알지 못하는 것을 보여 줄 수 있는 절호의 기회였다고요. 그건 정말 해 볼 만한 일이죠."

나는 더 많은 이야기가 나올 수 있다는 생각에, 질문을 반복했다. "그러니까 술잔을 올리는 시종장님, 당신은 왜 요셉을 기억해 냈다는 말이죠?"

"먼저 내가 어떤 술잔을 올리는 시종장인지 이해하셨으면 좋겠네요."

지금 말하는 사람은 무릎에 성경을 펴놓고 비블리오드라마를 따라오고 있던 남성이다. 이건 그리 드문 일이 아니다. 나는 비블리오드라마를 따라서 성경을 읽어 내려가는 것을 권장하지 않는 편인데, 그것이 사람들의 풍부한 상상력을 방해하기 때문이다. 하지만 성경을 같이 읽어 내려가는 것도 적절한 거리를 유지하면서 비블리오드라마에 참여하는 방법 중 하나라고 생각한다. 종종 이런 식으로 성경을 읽어 내려가는 사람들은 성경에 해박한 경우가 많다. 아니면 성경을 너무 자유롭게 해석하는 게 아닌가 걱정하는 사람들인 경우도 있다. 나는 이 사람이 이야기를 시작하자 걱정이 되었다. 도전이 시작되는 것인가?

"나는 술 시종장이 아닙니다. 내게는 창고를 여는 열쇠가 없어요. 그건 내 일이 아닙니다. 나는 점을 치는 술잔을 맡고 있어요. 성경을 자세히 보면, 이야기에 또 다른 컵이 등장하는 걸 알 수 있어요. 나중에 요셉도 이 점을 치는 술잔을 가지고 그 안에……."

나는 여기서 말을 끊었다. 여기에는 뒤섞인 형태의 역할극이 등장한다. 참여자는 역할 연기자로 시작했지만, 점차 이야기 구연자로, 그리고 해석자로 옮겨 가고 있다. 이 사람은 지금 이야기 밖으로 튀어 나가고 있다. 드라마에 대한 몰입이 막 들어 올려진 무대의 막처럼 흔들리고 있다. 무대담당자가 지나간 것처럼 흔들리기 시작했다. 우리는 우리가 가상의 상황 속에 있다는 사실을 상기하게 되었다. 이 시점에서 디렉터의 역할은 복잡해진다. 첫째, 이 참여자가 옳다는 것을 확인시켜 주어야 한다. 둘째, 이 사람을 드라마 안으로 다시 데리고 올 수 있는 방법을 찾아야 한다. 셋째, 우리 연기의 기준을 다시 세워서 드라마가 토론으로 변하지 않도록 해야 한다.

나는 손을 들며 말했다. "잠깐, 잠깐만요. 술잔을 올리는 시종장님. 정말 중요한 말을 하셨어요. 난 이 궁정에 누가 있는지, 어떤 일을 하는지 잘 모르겠어요. 그러니까 당신은 점치는 방식으로 사용했던 잔에 대해서 말씀하시는 거죠?"

"네, 물론이에요. 하지만 내 맘대로 비밀을 알려 줘서는 안될 것 같네요."

아, 위기의 순간을 피한 것 같다. 우리는 아직 연기 중이다.

"그럼." 나는 급히 물었다. "당신의 그 점치는 과정에서 특별한 것이 있었나요? 예를 들어 그때가 요셉에 대해서 말을 꺼내야 할 시점이라고 느꼈다든지 말이에요."

"네, 당연하죠. 하지만 그것에 대해서 구체적으로 말할 권한이 내게는 없습니다."

"물론이죠. 그것에 대해서 묻지는 않겠습니다. 하지만 당신이 내게 말하고자 하는 것은 어떤 표징이 있었다는 거죠?"

"그럼요."

"…… 그러면 당신이 우리에게 말할 권한은 없지만, 지금이 바로 그때라는 것을 알았다는 거군요. 그렇게 점괘가 나온 거군요."

"맞아요. 우리는 '베쉐르트'(beshert)라고 이야기하지요. '숙명적인', '인연'이란 뜻을 가지고 있죠."

내가 말했다. "아. '베쉐르트'가 이집트 말인 줄 몰랐어요. 감사합니다. 또 말씀하시고 싶으신 술잔을 올리는 시종장이 있나요?"

"네, 여기 있어요." 한 여인이 배역을 맡으며 이야기하기 시작했다. "저는 바로를 사랑해요. 저는 저쪽에서 이야기하는 점치는 술잔을 올리는 시종장에 대해서는 몰라요. 저는 바로의 금잔에 술을 따르죠. 저는 포도주를 먼저 맛보곤 해요. 그리고 바로가 마실 때 그의 옆을 지켜 왔지요. 바로의 기분이 어떠하든 말이죠. 술 취해서 조금 거친 모습도 보았고요. 하지만 바로가 이런 모습을 보인 건 처음이에요. 그는 정말 동요하고 있어요. 그가 꾼 꿈은 정말 중요해요. 처음에는 요셉에게까지 생각이 미치지 않았어요. 그를 만났던 건 너무 오래전 일이었으니까요. 하지만 아무도 그 꿈을 이해하지 못한 그때, 갑자기 요셉이 생각나더군요. 갑자기 내 마음에 떠올랐어요. 내 앞에 나타나 나를 바라보는 것 같은 느낌이었어요. 그리고 내게 선택의 여지가 없는 것처럼 느껴졌어요. 무슨 말이든 해야 했다고요. 수치스럽고, 두려우면서도, 침착하고 차분하게 느껴졌어요. 마치 갑자기 내가 엄청나게 낯선 역할을 연기하도록 된 것처럼 말이죠."

나는 연기자들이 한 이야기들을 확인하면서, 술잔을 올리는 시종장들이 그려 내는 조각들을 통합하고 정리할 필요를 느끼며 말했다. "그러니까 한 편으로 보면 이기적인 동기였다는 거네요. 인간의 자아는 자신의 출세의 기회를 노리곤 하죠. 하지만 다른 면에서 보면 술잔을 올리는 시종장으로서 당신은 자아를 넘어 중요한 비전과 희망을 가지고 행동했던 것 같네요. 당신은 사리사욕을 넘어 무언가를 위해 위험을 무릅썼어요. 당신이 신은 아니지만, 당신만의 방식으로 거룩함에 대해 뭔가 느끼는 바가 있었던 것처럼 보이는군요."

"네." 다른 술잔을 올리는 시종장이 말했다. "나는 요셉의 하나님이 무서웠지만, 그 하나님에게 깊이 감동되기도 했어요. 오싹한 느낌도 있었지만, 뭔가 내가 구원받았다는 느낌이 들었어요. 아마 굉장히 낯설게 들릴 거라고 생각하지만 나는 구원받았다고 생각해요. 그래서 아주 복잡한 동기와 느낌 속에서 그 하나님을 섬기기 위해 이제 한 걸음 나아갈 수 있다는 느낌을 갖게 된 것 같아요."

이런 때에는 자연스럽게 침묵이 흐른다. 집단에서 아무도 관심을 갖지 않았던 불투명한 인물이, 우리가 보는 가운데 집단 연기를 통해 상당히 깊이 있고 복잡한 인물이 되었다. 우리는 여기서 내면의 갈등, 도덕적·영적 성장, 겸손한 영웅심의 가능성을 찾아냈다.

　나는 침묵으로 이 장면을 마무리하고자 했다. 탁월한 드라마적 통찰은 자주 자연스럽게 마무리할 수 있는 자리를 제공한다. 여기서 중요한 것은 얼마나 올바른 해석이었느냐가 아니라 얼마나 풍성한 해석이었느냐 하는 것이다. 풍성한 해석은 우리를 공감할 수 있고 음미할 수 있는 상황으로 진입하게 만들며, 잠시 동안 연기자에서 탐색자가 되게 한다. 사람들이 머물러 있던 역할의 끝이 풀어진다. 장면이 마무리될 때면, 역할들에 대한 어떤 해석, 또는 역할들에 대한 종합적인 견해로 말미암아 우리는 한 단계 높은 수준의 깨달음을 얻게 되고, 그래서 자연스러운 성찰이 뒤따라온다. 숙련된 디렉터라면 이 침묵을 감지해서, 침묵 가운데 충분히 머문 후 다음 장면으로 넘어갈 것이다. 드라마를 펼쳐 가면서, 우리는 이제 주인공 요셉에게 초점을 맞출 때가 되었다.

　장면을 끝내려 할 때, 좀 산만하거나 불충분하다고 느껴질 때가 있다. 집단의 해석을 종합하기가 늘 쉽지만은 않다. 드라마에서 일어나는 이런 전이 과정(transition)에 대해 너무 걱정하지 말기 바란다. 긴 형태의 비블리오드라마에서 장면을 지도할 때에는 구성원들이 만들어 내는 에너지를 관찰하다가 완전히 다 연기하였다는 느낌이 들기 전에 장면을 마무리해야 한다. 나는 말하고 싶어 하는 사람들의 원대로 장면을 끝까지 연기하는 것보다, 차라리 손을 들고 있는 몇몇 사람들을 실망시키더라도, 그들에게 "미안합니다만, 시간 관계상 다음 장면으로 넘어가야 할 것 같습니다."라고 이야기하는 것이 낫다고 생각한다. 강조하고 싶은 것은, 드라마 초반에 흥미, 참여, 다양성을 불러일으켜야 한다는 점이다. 나는 체스를 좋아하는 아버지 밑에서 자랐다. 아버지가 내게 가르쳐 준 것 중 하나는, 게임 초반에 내 말들을 자유로운 위치로 이동시켜서 게임을 진행하는 동안 기동성과 선택의 가능성을 확보하는 것이다. 내가 비블리오드라마로 진입하는 장면 초반부에 하는 행동에도 이런 전략이 깔려 있다.

미 주

1. 나는 대체할 만한 것을 찾지 못해 이 단어를 선택했다. 몰입이란 단어는 최면술, 자유 의지를 잃은 무의식의 상태, 환각의 상태 혹은 매료되거나 마비 상태 등, 매우 다양한 의미와 연관되어 있다. 나는 이러한 의미들을 현재 내가 사용하는 의미에서 제외시키고자 한다. 사례를 통해 분명해지겠지만, 나는 이 단어를 사용하여 창조적 활동이나 연극에 '빠져드는' 경험을 나타내고자 한다. 이것은 마법에 걸린 상태라기보다는 게임에 몰두한 상태와 비슷하다.

SCRIPTURE WINDOWS

7장
연기 2 : 주제

1. 드라마를 발전시키기

우리는 이제 비블리오드라마를 더 깊이 있게 살펴볼 준비가 되었다. 우리는 앞에서 다뤘던 장면들을 확장시켜서 여러 가지 대사와 관점, 흐름을 살펴볼 것이다. 진행 방향을 선택하기 위해서 우리는 극히 부분적으로만 도입부에서 암시된 주제나 해석의 관점, 또는 줄거리에 의지할 것이다. 비블리오드라마의 진행 과정을 기록하는 것은 그것을 관찰하거나 거기에 참여하는 것과 달라서, 그 순간에 참여자가 느끼고 발산하는 에너지를 그대로 글로 표현할 수 없다는 큰 약점을 갖고 있다. 때로는 말로, 때로는 표정이나 불안한 몸짓으로, 때로는 즉흥적으로 손을 흔들며 벌어지는 생생한 모습이 드라마의 대부분을 이끌어 가기 때문이다. 우리가 '어디로'(where) 향해 갈 것인가 하는 문제는 어느 정도 '누구'(who)와 관련된다. 즉, 이 집단의 누가 어떤 방식으로 우리를 이야기 속으로 끌어들일 만한 자발성을 가지고 있는가 하는 것이다.

성경 본문과 진행 과정 중에서 표현되지 않은 채 잠재되어 있던 에너지들이 참여집단 안에서 끓어오르기 시작한다. 디렉터로서 당신이 누군가를 지목하기 전에 당신은 어떤 일이 벌어질지 혹은 그 선택이 당신을 어디로 이끌어 갈지 모르기 때문에, 당신은 즉흥적으로 움직일 준비를 갖추고 있어야 하

며, 또 집단이 가지고 있는 즉흥적 요소 하나하나에 주의를 기울여야 한다. 어떤 사람들은 지나치게 빨리 준비(웜업)되기도 하는데, 이 사람들이 연기하려는 욕구가 덜 준비된 사람들이나 머뭇거리고 있는 사람들을 압도해 버릴 수 있다.

참여자들이 점점 자발성을 띠는 것은 칭찬해 주어야 할 만한 일이지만, 디렉터는 예상되는 변수들을 꾸준히 고려해야 한다. 디렉터는 어떤 사람은 더 준비(웜업)시키고, 또 어떤 사람들은 진정시키면서 집단이 어느 정도 균형 있게 준비될 수 있도록 하여, 연기에 소극적인 사람들에게까지 자발성이 확산될 수 있도록 해야 한다. 숙련된 디렉터는 침묵 속에서 관찰하는 것을 선호하는 사람들이 있다는 것을 알고 있다. 물론 그중에는 종종 집단의 리더 격인 사람도 있어서, 그들을 참여시킴으로써 다른 사람들을 참여시키는 일도 생긴다. 디렉터는 모임에서 의장과 같은 역할을 해야 한다. 또한 디렉터는 아직 발언하지 않은 사람들을 지명해야 한다. (그러면서도 관찰자로 남으려고 하는 사람들의 선택을 존중해야 한다.) 디렉터는 메아리 기법과 질문법을 효과적으로 사용하여 과도한 열정을 가진 사람들은 자제시키고, 머뭇거리는 사람들은 이끌어 내고, 또 참여하고 있는 사람들에게는 도전을 주어, (마치 한 발로 서 있는 듯한) 집단에 자발성과 협력을 도모해야 한다.

참여집단의 에너지 흐름을 읽는 것은 디렉터가 해야 할 첫 번째 과제다.

또 하나의 과제는 드라마의 진행상황을 주시하는 것이다. 즉, 새로운 이야기(emerging story)가 등장하면, 그것을 어떤 형태로 발전시켜 나갈지 예술적·극적 감각을 유지하는 것이다. 참여집단의 에너지가 표출되면, 그 에너지는 디렉터에게 감지되고, 또 참여자가 역할에 몰입하는 정도에 따라서 구성원들에게도 감지된다.

우리는 비블리오드라마의 질적인 부분에 노력을 기울여야 한다. 비블리오드라마에서 역할 연기의 질은 다양한 부분에 영향을 미친다. 우리에게 친숙한 연극 요소들(대사, 몸짓, 감정)과 마찬가지로 비블리오드라마의 역할 연기도 탁월해야 한다. 일반 사람들은 즉흥적인 드라마에서 자신의 말과 행동이 감정을 싣게 될 때, 놀라운 진정성의 순간을 경험한다. 디렉터는 보통 비블리오드라마 속에서 전이가 일어나 드라마의 현실성이 강력해지는 순간을 만들어 내려고 노력한다. 그때 참여자들은 설득력 있고 역동적인 방식으로 연기를 하게 된다. 하지만 이러한 탁월함에는 한계가 있다.

비블리오드라마 연기자들은 본문을 해석하고 있는 사람들이다. 그래서 연기력(등장, 음성, 행위)보다 연기자의 고유한 '해석학적 통찰'이 더 중요할 때가 있다. 디렉터로서 나는 참여자의 무미건조한 대사를 메아리 기법을 통해 극적인 음성으로 바꿔 줄 수 있다. 하지만 감동적인 통찰에서 우러난 대사는 대부분 그 자체로 귀하다. 예상하지 못했던 반응이 집단적 해석에 새로운 의미를 열어 주고 참여집단에 엄청난 동력을 불어넣는다. 그것은 무척 흥분되는 일이다. 갑자기 참여자들은 여러 가지 새로운 변형이 가능하게 되었다고 느끼게 되는데, 이런 통찰은 비블리오드라마의 해석학적 놀이에 새로운 지평을 열어 준다. 그런 충격으로 말미암아 그때까지 잠잠했던 참여자들이 힘을 얻고 적극적으로 참여하게 된다. 새로운 것을 발견했다는 느낌은 참여집단에 집중력과 호기심을 불어넣는다. 성경 본문의 여백에서 무엇을 발견할 수 있을지 누가 알겠는가? 옛이야기들이 현재에 얼마나 아름답게 나타날지 누가 알겠는가? 우리가 감성적 상상력을 가지고 전통적 인물들과 이야기 속으로 들어가 새로운 가능성의 면모를 발견하게 될 때 역할극의 우수성을 입증하게 된다.

또 '용기'(courage)의 문제가 있다. 용기란 감지하기 아주 어려운 것이긴 하지만, 실질적인 자질(資質)로서, 자주 비블리오드라마 사건에 전원을 공급하는 역할을 한다. 용기는 드라마에서 큰 비중을 차지한다. 연기자는 용기를 내서 연기할 등장인물이 되려고 노력해야 하며, 등장인물들이 느꼈던 감정적 진실과 열정적 통찰의 의미를 드러내려고 해야 한다. 참여집단 안에서 진실 혹은 통찰을 재현한다는 것은 용기를 필요로 한다. 드라마가 진행됨에 따라 참여자들은 역할 인물을 연기하는 것과 동시에 자기 자신을 연기한다는 사실을 조금씩 깨닫게 된다. 연기자들은 다른 사람에게는 보이지 않더라도 자기 자신을 투명하게 보게 된다. 그로 말미암아 연기자들은 자기 자신 안에 감추어져 있던 심리적 역동이 일어나는 것을 경험하게 된다. 확실히 그런 통찰과 투영의 자리에서 계속 연기하기 위해서는 용기가 필요하다. 그러나 엄밀히 말해서 그 용기는 연기자 개인의 진정성, 즉 자기 자신을 이끌어 내려고 하고 자기 자신의 깨달음에 근거하려는 의지를 뜻한다. 바로 그 점 때문에 참여자들은 비블리오드라마 속의 위험요소나 흥분됨을 무릅쓰고 뭔가를 감행하려고 한다. 내가 거듭해서 깊은 인상과 감동에 사로잡히게 되는 순간도 사람들이 비블리오드라마의 도전과 기회에 반응하는 모습이다.

사람들이 역할극에 쏟는 에너지는 절제되기도 하고 과장되기도 한다. 어떤 사람들은 이도저도 아닌 태도를 취하거나 머뭇거리면서, "내가 만약 궁정에 있다면, 이렇게 말하겠어요."라든지 '추측컨대' 또는 '내 생각에'라는 용어를 사용하곤 한다. 이것들은 참여자들이 연기는 하고 있지만 거리를 두고 있음을 말해 준다.

반면 어떤 사람들은 간결하게나마 박력 있는 강한 어조로, 또는 현재의 감정을 실어 말하면서 즉각적으로 참여의사를 드러낸다. 이 연기자들에게 대화의 주제나 아이디어가 얼마나 참신한가 하는 것은 문제가 되지 않는다. 이들은 내가 활동의 두 번째 장에서 발전시키고자 하는 드라마의 핵심이 무엇이든지 그들이 다루어야 할 주제나 아이디어의 새로움을 자신들의 에너지만으로도 이끌어 갈 것이다. 어떤 이유에서인지는 모르겠지만, 그들은 이미 충분히 준비되었고, 그들의 자발성은 최고조에 달해 있다. 이런 경우는 대부분 (그들이 알든지 모르든지 간에) 성경이, 그리고 성경에 대한 사람들의 내적 반응이 특별한 감명을 주기 때문이다. 이런 역동적인 모습이 늘 뚜렷이 드러나는 것이 아니기 때문에, 그 역동성을 충분히 글로 표현해 내기는 어렵다. 하지만 그 자리에 있는 참여자들의 움직임을 통해서, 즉 참여자들이 당신과 시선을 맞추려고 하고, 손을 든다거나 표현에 신중을 기하는 모습에서 혹은 다른 사람들의 말에 몸을 기울여 주시하는 모습에서 그러한 역동성을 분명하게 엿볼 수 있다.

지금까지 비블리오드라마에 대해서 살펴본 내용을 고려할 때, 드라마를 더 발전시킬 수 있는 몇 가지 가능성이 보인다. 그 가능성은 참여집단이 제공한 것이기도 하고, 성경 본문이 제공한 것이기도 하다. 예를 들어, 보디발과 요셉이 서로 대면한 것이나 바로의 생각을 장면으로 묘사할 수 있다. 그리고 아스낫과의 결혼도 있는데, 이것을 요셉 이야기의 절정으로 다룰 수 있다. 하지만 이 모든 경우에 있어서 우리는 요셉에 주목해야 하고, 그리고 참여자들이 요셉을 어떻게 바라보고 있는지 고려하면서 장면을 진행해 나가야 한다.

나는 드라마의 다음 장면으로 넘어가기 위해 성경을 소리 내어 읽어 줄 때가 많다. 장면을 전환할 때, 성경으로 돌아가 본문을 읽는 것은 장면 전환을 위해 유용하다. 본문을 읽어 줌으로써 우리는 저마다 갖고 있는 다양한 생각에서 벗어날 수 있다. 분산되어 있던 우리의 견해들이 이야기의 다음 장면과 맞닥뜨리게 된다. 어떤 생각은 멈추게 되고, 어떤 생각은 열리기 시작한다. 참여집단은 새로운 장면에 주목하면서 드라마를 계속해서 진행해 나가야 하지만, 아직도 많은 생각이 구성원들의 마음속에서 끓어오르고 있다. 참여자들은 특정 본문이나 인물에 대한 생각에 사로잡힌 채 이야기를 진행해 나가려고 하는 경우가 많다.

 본문을 다시 읽음으로써 우리 활동이 근거하고 있는 공통의 구조를 상기시킬 수 있다. 성경 속의 목소리는 우리가 재현하고 있는 고대의 이야기로 우리를 다시 연결시킨다. 성경말씀을 낭독함으로써 우리는 개인 간의 차이와 다양한 해석들을 담아 낼 수 있는 사고의 틀(framework)을 재설정하게 된다. 성경을 읽음으로써 우리는 불확실한 것을 재확인하게 될 뿐만 아니라, 성경의 한두 구절을 읽는 과정 속에서 우리가 얼마나 창의적인 측면을 소홀히 여기고 있는지 혹은 어느 정도의 범위 내에서 창의적인 측면을 취하고 있는지 깨닫고 놀라게 된다. 나는 다음을 읽어 주었다 :

> 이 말을 듣고서, 바로가 사람을 보내어 요셉을 불러오게 하였고, 사람들은 곧바로 그를 구덩이에서 끌어냈다. 요셉이 수염을 깎고, 옷을 갈아입고, 바로 앞으로 나아가니(창 41 : 14, 새번역).

 각각의 에피소드나 장면의 진행과정은 비블리오드라마 전체 진행 방향의 틀을 이루고 있다. 각각의 장면과 중심인물은 항상 변두리에서 중심으로 향하기 마련이고, 스스로 준비(웜업)되어야 한다. 우리가 다루는 장면의 절정이 요셉이 바로의 궁정에 들어가는 순간이라면, 우리는 그가 감옥에 갇혀 있던 마지막 순간부터 상상을 시작하는 것이 좋겠다. 새로운 장면을 시작하려고 할 때 나는 간단한 질문 한두 개를 던짐으로써 참여자들을 무대로 초대한다. 나는 참여자들이 이야기의 한 장면에 초점을 맞추어, 거기에 등장하는 인물이 되기를 바라고 있다. 다음 장면에 도입한 기법은 집단 연기이다.

(나는 전체 집단을 향하여 말하기 시작했다. 이제 구성원들은 이런 말이 각 사람을 역할로 초대하는 행위라는 것을 알고 있다.)

"요셉." 내가 말했다. "술잔을 올리는 시종장과 빵을 구워 올리는 시종장이 감옥에서 풀려나던 때를 기억하나요? 그때 당신의 심정은 어땠나요?"

"나는 풀려날 수 있다는 가능성에 흥분됐습니다."

"내 예언이 정확했다는 확신이 들었습니다."

"하나님의 예언을 말씀하시는 겁니까?" 나는 연기자에게 본문을 상기시키면서 물었다.

"맞습니다. 나를 통해 이루어진 하나님의 예언이죠. 아무튼 나는 내가 풀려날 수도 있겠다는 기대감에 부풀어 있었어요."

"그래요, 요셉. 그렇게 시간이 흘러 한 주가 지났습니다. 당신의 심정은 지금 어떤가요?"

"초조해요. 마음이 복잡하네요. 보디발을 찾아가서 나의 억울함을 호소하고 싶어요."

"난 집에 가고 싶어요."

"시간이 더 흘렀어요. 한 달이 지났습니다." 내가 말했다. "무슨 일이 일어났나요? 당신의 심정은 지금 어떻습니까?"

"감옥에 들어왔던 첫 해보다 더 절망스러워요."

"왜죠?" 내가 물었다.

"왜냐하면 그땐 희망이라도 가지고 있었으니까요. 그땐 히브리 노예들에게는 어떤 권리도 없다는 걸 몰랐어요. 여기에는 합리적인 절차라는 게 없거든요."

"그리고 술잔을 올리는 시종장에 대해서는 어떤 생각을 갖고 있나요?" 내가 물었다.

"아, 이젠 큰 배신감이 들어요."

"그렇게 여섯 달이 흘렀습니다." 내가 말했다. "지금은 어떤가요?"

"희망을 버리고 싶지는 않습니다. 매일 생각한답니다. '어쩌면 오늘은…… 어쩌면 오늘은…….'이라고 말이죠. 하지만 시간이 지나면서 더 절망하게 되네요."

"이제 여기서 남은 생애를 어떻게 보낼까 생각하고 있어요."

"고향을 생각하곤 하나요?" 내가 물었다. "아버지와 형제들, 그리고 누이를 생각하나요?"

"항상 그들을 떠올리곤 합니다. 나 없이 살아가는 가족의 인생이 그려지는 걸요. 아직도 슬퍼하시는 아버지가 보이는 것 같습니다. 어른으로 커 가는 베냐민도 보이고요. 제 형제들은 아직도 서로 경쟁하고 있을 거예요."

"일 년이 지났습니다." 내가 앞으로 걸음을 옮기면서 말했다. "하나님에 대해서는 어떤 심정인가요?"

"나는 버림받은 것 같습니다. 나는 내가 왜 이런 대접을 받아야 하는지 묻곤 해요. 내 인생을 돌아보면, 내가 이기적인 아이였다는 생각이 들기도 합니다. 하지만 아버지가 나를 편애하셨고, 그래서 형들이 날 미워했던 거라고요. 난 색동옷을 바라지 않았다고요."

"어릴 적에 꿨던 꿈들을 의심하게 됩니다. 실제로 일어날 것만 같았던 그 꿈 말이죠. 이젠 우리 아버지의 하나님도 느껴지지 않습니다. 하나님을 믿을 수 없을 것만 같아요."

"나는 하나님과 내 인생 사이에서 왔다 갔다 합니다. 이곳에서 언젠가 구원받게 될 것이란 믿음과 모든 것을 포기하고 죽어 버리고 싶은 욕망 사이에서 말입니다. 매일 인생에 대한 회의와 절망이 밀려옵니다. 나는 가끔 내가 불치병에 걸린 것처럼 느껴지기도 합니다. 하나님께서 내 기도를 듣지 않으시는 것 같아요."

"당신은 기도하는군요?" 내가 물었다. "어떤 기도를 하는지 말해 주세요. 당신의 기도를 들려주세요."

"자유를 달라고 기도합니다."

"인내심을 달라고 기도합니다."

"하나님의 임재를 느낄 수 있게 해 달라고 기도합니다."

"절망에서 지켜 달라고 기도합니다."

"표징을 보여 달라고 기도합니다."

"가족과 형제들을 위해 기도합니다."

"돌아가신 어머니를 위해 기도합니다."

"더 이상 기도할 수 없어요. 시간이 지날수록 더 기도하기 힘듭니다. 내 마음 깊은 곳에 나 작은 믿음이 존재할 뿐이에요. 그건 사라지지 않아요."

"23개월이 지났습니다." 내가 말했다. "달라진 게 있나요?"

"아니요. 내가 이곳에서의 삶에 최선을 다하기 시작했다는 것 외에는 변한 게 없어요. 풀려날 거란 기대를 버린 지 오래되었지만, 내 안에 살고 싶다는 마음이 있다는 것을 알게 된 후로 여기서 해야 할 일을 찾게 되었어요. 친구들도 생겼고요, 내 인생을 찾았습니다."

"최근 몇 주간 내게 변화가 있었습니다. 뭔가 편안함이 느껴졌어요. 나는 감옥에서조차 하나님의 임재를 경험하게 되었습니다. 작은 일에도 감사하게 되었고요. 어쩌면 내가 미쳐 가고 있는지도 모르죠. 작은 일에도 웃게 되니까요. 저 바깥에 보이는 새들을 바라보며 나도 모르게 미소를 짓게 됩니다. 밤에는 꿈을 꾸기도 하죠. 그것도 아주 멋진 꿈을요."

"요즘 나를 흥분시키는 일들이 내 안에서 일어나고 있습니다. 나는 미래를 알 수 없지만, 어떤 변화가 다가오고 있다는 걸 느낍니다."

"반대로, 나는 점점 더 비참해진다는 느낌을 갖게 됩니다. 이곳에서 벗어나고 싶고, 복수하고 싶습니다. 난 권력에 대한 꿈을 꿉니다. 꿈속에서 나는 통치자가 되어 세상을 다스립니다. 다른 사람들에게 벌을 주기도 합니다. 나는 바로 다음의 2인자 자리에 앉아 있습니다. 꿈속에서 내 형들이 용서를 빌 때, 나는 그들에게 대가를 치르게 하죠. 꿈속에서 나는 저승사자 같은 사람이 되었습니다. 나는 하나님께 등을 돌리고 말았습니다."

참고로 나는 여기에서 메아리 기법(echoing)을 사용하지 않았다. 메아리 기법이 반응을 풍성하게 하기보다는 그 풍성함을 손상시킬 가능성이 높았기 때문이다. 또, 나는 요셉을 향해 인터뷰를 해야 할 필요가 없었다. 요셉이 들려준 목소리(독백/voicing)의 폭과 깊이는 충분했다. 나아가, 나는 내가 개입하는 수준을 낮추려고 했다. 참여자들의 참여 수준이 높아질수록 나 자신의 참여 수준은 줄어들게 마련이다. 비블리오드라마의 목표는 연기자들이 극을 장악해서 그들이 역동적으로 극을 이끌어 가는 것이다.

"그렇군요." 나는 요셉이 잘 준비(웜업)되었고, 자기 영혼을 깊이 있게 성찰하고 있음에 만족하면서 이야기를 꺼냈다. "위의 말이 모두 사실인 것 같습니다. 10년 이상의 수감 생활 후 2년이란 시간은 정말 긴 세월이죠. 요셉 당신은 17세에 노예로 팔려 왔어요. 지금은 거의 30세가 되었네요. 당신은 삶의 반 이상을 감옥에서 보냈어요. 그동안 당신은 아이에서 어른이 되었고, 청춘 시절을 이곳에서 보냈습니다."

나는 참여자들이 이 상황을 받아들이고 있음을 느낄 수 있었다. 그들은 여전히 요셉 역할에 몰입하고 있으며, 내가 그들에게 말하는 방식("당신……, 당신이……, 당신을.")이 그들의 역할을 유지하도록 만들었다. 내 생각에 대부분의 사람들은 요셉 인생의 이 부분을 우리가 했던 것처럼 천천히, 그리고 상상력을 동원해서 읽어 본 경험이 없다. 하지만 사람들은 요셉이 겪었던 엄청난 시련을 이해하게 되면서, 익숙한 성경 본문과 구절들 사이에 이와 같이 거대한 미지의 세계가 숨겨져 있다는 것을 깨닫게 된다. 우리는 굳이 말로 표현하지 않더라도, 성경 이야기의 침묵의 깊이(심도)와 그 깊이를 채울 만큼 거대하고 풍성한 해석의 세계가 있다는 것을 깨닫게 된다. 이와 같은 침묵은 수많은 생각과 감정으로 가득 차 있다. 나는 침묵을 조금 더 연장시키려고 한다. "이제 다음 장면이 이어집니다."

이 말을 듣고서, 바로가 사람을 보내어 요셉을 불러오게 하였고, 사람들은 곧바로 그를 구덩이에서 끌어냈다. 요셉이 수염을 깎고, 옷을 갈아입고, 바로 앞으로 나아가니(창 41 : 14, 새번역).

"음." 내가 물었다. "요셉, 당신은 조금 전 이발소 의자에 앉았어요. 그리고 조금 전 당신은 궁정 재단사 앞에 서 있었죠. 그리고 방금 당신은 궁정으로 올라가는 길이었어요. 그리고 지금 당신은 왕실 문 앞에 서 있습니다. 말씀해 주세요. 지금 당신의 심정은 어떤가요?"

"내 마음은 소용돌이치고 있어요. 한편으로는 벅차고 혼란스러워요. 이제야 감옥의 삶에 적응하기 시작했는데 자유롭게 해 준다고요?"

"난 이미 준비가 되어 있습니다. 평온한 상태입니다. 난 이 순간을 기다려왔고, 지금 여기에 있어요. 난 이 상황을 잘 파악하고 있고, 붙잡을 각오가 되어 있어요. 나는 기회를 기다려 온 사람이라고요."

"바로라고요? 왜 하필 바로요? 술잔을 올리는 시종장이 드디어 나를 기억했던 건가요? 아니면 다른 일이 일어난 걸까요?"

"내 느낌은……."

나는 문장을 끝마치지 않은 채로 두었고, 그 공백을 이용하여 사람들이 생각이 아니라 감정으로 들어갈 수 있도록 유도했다.

"두렵습니다."

"그래요, 난 두려워요." 다른 사람이 그 말을 이어서, 반복하며 말했다. "내 인생은 높이 치솟았다가 나락으로 떨어지는 양상을 보이고 있어요. 나는 아버지의 편애를 받다가, 한순간에 구덩이로 떨어졌죠. 보디발의 집에서 높임을 받다가, 이 감옥의 구렁텅이로 던져졌어요. 이제는 어떻게 될까요?"

"난 다른 이유에서 두렵습니다. 내 꿈이 이뤄지고 있고, 지금은 그 시작이라는 느낌이 들어요. 꿈을 꾸고 있는 것 같습니다. 이집트에서 경험한 모든 것들이 다 꿈같고, 이 꿈이 더 깊어지고 있는 것 같습니다."

"꿈이라고요? 애송이 같으니라고. 이건 정치예요. 뭔가 일어나고 있어요. 뭔지 모르겠지만 나를 궁정으로 불러들였다는 건 일이 엄청 나쁘게 진행되고 있거나 심상치 않게 돌아가고 있다는 거예요. 신중해야겠죠. 빵을 구워 올리는 시종장에게 어떤 일이 일어났는지 기억하고 있거든요."

"다시 기도하게 되네요. 하나님의 인도를 구하게 돼요. 뭔가 명확했으면 좋겠는데…… 무슨 일인지 모르겠어요……. 아마도 마음에 임재가 필요할 것 같아요."

"하나님의 임재요?" 내가 재빨리 물었다.

"어쩌면요."

"여기에 요셉이 있습니다." 나는 우리가 연기하던 공간 한쪽에 빈 의자를 세워 두고, 그곳에 요셉이 서 있는 것으로 가정했다. 난 요셉을 3인칭으로 지칭함으로써 연기자들이 역할에서 벗어나도록 했다. "바로 궁정의 문 앞에 말이죠. 잠깐 요셉을 여기에 세워 둡시다. 그리고 바로, 당신에게 관심을 기울이도록 할게요."

나는 다시 빈 의자를 가져다가 다른 한쪽에 세워 놓았다. 이 단순한 행동을 통해서 나는 우리가 지금까지 상상하며 연기하던 장면을 구체화시켰다. 이 의자들과 소품들은 무대를 만들어 내고, 무대의 막을 오르게 한다. 나는 이런 식으로 대면(encounter)을 준비하였다.

"바로." 나는 의자 등받이에 손을 얹은 채, 참여집단을 바라보며 말했다. "이야기를 잠시 회상해 보도록 하겠습니다. 나는 모든 점술가와 현인들이 당신의 꿈을 해석하지 못했을 때 당신의 기분이 어땠는지 잘 모르겠습니다. 나는 술잔을 올리는 시종장이 나와서 당신에게 자신과 빵을 구워 올리는 시종장(기억은 하시나요?)의 꿈을 해석해 준 히브리 죄수가 있다고 말했을 때 얼마나 놀랐을지 상상할 수밖에 없군요. 바로, 당신은 왜 이 청년을 데리고 오라고 했나요? 히브리인에다 노예, 게다가 범죄자잖아요. 적어도 겉으로 보기에는 아주 이상한 행동이라고 생각되거든요."

디렉터를 위한 귀띔 : 연기자들을 무대로 올리기 위한 기준

요셉과 바로를 대신하는 빈 의자는 하나의 전환(transition)을 뜻한다. 지금까지 우리가 공유하고 협력하여 수행한 연기는 모두 내면의 공간에서 이루어졌다. 의자를 놓는 행동은 그것을 표면화시킨다. 요셉의 빈 의자는 아직 무대에 등장하지 않은 사람을 가리키고 있지만, 그 의자는 요셉이 그 자리에 있다는 것을 나타내 준다. 또 하나의 빈 의자는 왕좌를 나타낸다. 단순히 집단 앞에 빈 의자를 두는 것만으로도 연기자들에게 에너지를 공급하고 연기자들을 준비시킨다. 지금 앉아 있는 참여자 모두 비블리오드라마의 세계로 들어온 것이다. 모두가 참여할 수 있는 원형극장이 만들어진 것이다.

내가 이 의자들을 채울 것인가 말 것인가 하는 문제는 다양한 요소들과 관련이 있다. 지금 이 시점에서 너무 이른 감이 있지만, 드라마 진행과 관련해서 깊이 고려해야 할 부분들을 이야기하도록 하자.

일반적으로 집단이 크면 클수록, 나는 사람들을 '무대 위로' 불러서 특정 역할을 맡기지 않는다. 달리 말하면, 집단이 클수록 한 사람이 특정 인물의 역할을 맡기보다는 사람들이 자리에서 목소리(독백)로 참여할 수 있게 한다. 하나 혹은 여러 개의 의자를 사용하여 등장인물을 표현하거나 신비로운 장면을 만들 수 있겠지만, 나는 참여자들이 자기 자리에서 목소리를 내게 하는 경우가 많다.

그 이유는 자원한 사람이든, 지명된 사람이든 일단 누군가 앞에 나서게 되면 — 예를 들어, 누군가 바로나 요셉의 역할을 맡게 되면 — 다른 구성원들은 청중의 역할로 빠져나가거나 비블리오드라마에 대한 자기 해석을 중단하는 경향이 있기 때문이다. 하지만 전체 집단이 모두 참여한다면 드라마는 다양하게 진행해 나갈 가능성을 꾸준히 유지할 수 있고, 참여자들은 드라마 과정에 매료되어 서로 대결하기도 하고 자기 자신의 생각을 주장해 나가기도 한다. 대사가 미리 준비되어 있지 않을 때, 어떤 대사도 가능하다. 이미 이야기했듯이, 이것의 장점은 참여를 최대한으로 유도할 수 있다는 것이다.

그러나 이런 식의 접근이 최대한의 참여도를 이끌어 낼 가능성이 있는 반면, 드라마의 진행을 더디게 만들고, 때로는 드라마 사건을 피상적이게 만들 수도 있다. 다양한 목소리를 들을 수 있다는 것은 드라마를 위해 폭넓은 옵션을 제공한다는 것이겠지만, 그중에 하나도 깊이 있게 진행하지 못할 가능성이 있는 것이다.

내가 이 책에서 제시하는 비블리오드라마는 대규모의 사람들과 함께 진행할 수 있을 뿐만 아니라(나는 이 이야기를 500명과 함께 진행했던 적도 있다.), 십여 명의 사람들과 진행할 수도 있다. 이 책은 약 스무 명가량의 사람들로 구성된 참여집단을 가정하고 있다. 이런 상황이라면 사람들을 역할극으로 초대하는 것이 바람직할 것이다. 작은 집단에서는 무대로 접근하기가 더 쉽고, 그 사람들이 단순 청중으로 전락할 가능성이 낮다. 그리고 작은 집단에서는 자기 노출에 대한 두려움이 보다 적은 편인데, 이것은 연극이 진행됨에 따라 참여자들 간에 신뢰가 형성되기 때문이다. 경험상 작은 집단의 사람들일수록 역할 연기를 더 깊게 하려는 욕구 곧 목소리에서 행동(연기)으로, 자기 자리에서 무대로 나가려는 욕구를 강하게 느낀다. 또 비블리오드라마의 극적 가능성을 더 많이 깨달은 사람일수록, 작은 집단의 비블리오드라마에서 안정적으로 역할 연기를 펼친다.

2. 장면으로 돌아가기

이제 바로라는 인물에 집중하려는 상황에서 내가 고려해야 할 것은 성경 이야기가 어떤 식으로 진행되고 있는가 하는 것이다. 비블리오드라마를 인도할 때 가장 어려운 점 중 하나는 등장인물에 대한 새로운 해석, 즉 이 이야기의 미래를 우리가 모르고 있다는 전제에서 시도하는 해석과 우리가 알고 있는 기존의 해석, 즉 어떤 의미에서 이미 등장인물의 미래가 결정되어 있는 해석 사이의 균형을 맞추는 일이다. 예를 들어 우리는 여기 등장하는 바로를 모세 이야기에 등장하는 바로처럼 연기할 수 없다. 우리는 대부분 출애굽 당시의 바로를 하나님의 음성에 전혀 귀 기울이지 않았던 독재자로 기억한다. 그러나 여기 창세기에 등장하는 바로는 전혀 다른 사람이다. 사실 그는 요셉의 말에 귀 기울이려고 하고 있으며 호의적인 태도를 취하고 있다. 그것이 그의 간교함인지 위대함인지는 모르겠지만, 바로는 요셉의 손에 이집트의 안녕을 책임질 전권(全權)을 부여하려고까지 하고 있다.

이 점을 기억하면서, 나는 현실주의적이고 미심쩍은 바로의 모습으로 질문을 던졌을 때[역자주 : '디렉터를 위한 귀띔'으로 중단되기 전 디렉터가 바로를 향해 던진 질문을 기억하라.]의 반응에 주의를 기울이려고 한다. 우리는 요셉을 시험해 볼 수 있으면서도 요셉의 비범한 재능을 알아챌 수 있는 특별한 인물을 원한다. 여느 곳에서처럼 여기서도 드라마에 대한 내 관점이 드라마의 향방에 영향을 미치게 되는데, 나는 이 인물을 통해서 왕으로서의 모범적인 측면을 발견한다. 물론 이 장면에서 바로는 자신의 꿈과 왕국의 안녕에 대해서 심각하게 고민하고 있을 것이다. 그리고 이 고민 때문에 바로는 정치와 종교적 관심을 넘어서, 그리고 계급이나 조건에 상관없이 해결책을 찾으려고 한다.

사람들의 손이 올라가는 것을 보면서 나는 아직 들어 보지 못한 목소리가 없는지 살폈다. 지금쯤이면 나는 누가 빨리 준비되고, 누가 농담을 하며, 누가 그 농담 속에 진지함을 담고 있는지 알고 있다. 또한 반대로 참여자 중에 누가 아직도 거리를 두고 있는지 알고 있다. 연기자들 중 누가 더 영적이고 신비적인지 알고 있으며, 누가 자기감정을 드러내는 위험을 감수하고 있는지 알고 있다. 어떤 사람들이 랍비적 해석에 해박한지 알고 있다. 연기자들의 목소리는 점차적으로 집단 간의 대화로 이어진다. 성경의 의미와 심각성에 대한 대화로, 등장인물의 윤리적·영적 차원에 대한 대화로, 하나님의 본성에 대한 대화로 이어진다. 연기에 참여할 연기자를 선정하려고 할 때, 나는 내가 인도하는 집단에서 얻은 정보에 의존하는 편이다. 성경은 등장인물에 대한 기준을 제공함으로써 연기자가 간섭할 수 없는 등장인물의 단면을 명확하게 규정하고 있다. 디렉터는 검은 불꽃과 흰 불꽃 사이로, 즉 고정된 부분과 개방된 부분 사이로 참여집단을 인도해야 한다.

이제 연기 상황으로 돌아오려고 한다. 내 마지막 질문은 이것이었다. "바로, 당신은 왜 이 청년을 데리고 오라고 했나요? 히브리인에다 노예, 게다가 범죄자잖아요. 적어도 겉으로 보기에는 아주 이상한 행동이라고 생각되거든요."

이제 답변들이 이어진다.

"난 지금까지 이런 꿈을 꾼 적이 없습니다. 내가 꿈에서 깼을 때 평생 그렇게 불안했던 적이 없어요. 재앙이 도래할 것만 같았죠. 평소 내게 해답을 제시하던 궁정 사람들에게 질의했을 때 그들은 얼버무리거나 침묵하기에 바빴다는 사실에 놀랄 수밖에 없었습니다. 나는 내가 무엇을 찾고 있는지 몰랐지만, 아무도 설득력 있게 내 꿈을 풀어 주지 못했습니다. 어쩌면 이게 핵심이겠지만, 이 꿈에 대해서 뭔가를 해야만 했습니다."

다른 사람이 말하기 시작했다. "때로는, 정치란 게 참 고달파요. 난 술객들이 하는 말을 수없이 들었는데 모두들 자기만의 의도를 가지고 있었어요. 그래서 깨달았죠. 내 주변에는 자기 욕심을 갖고 있지 않은 사람이 하나도 없다는 것을 말이죠. 난 내 꿈만으로도 벅찬데, 신하들이란 자들의 편파적이고, 경쟁적이며 옹졸함을 보게 될 때, 정말 외롭다고 느꼈습니다. 사실 그것은 늘 느껴왔던 것이기도 합니다. 수많은 일들의 균형을 유지하려고 했을 때 느꼈던 외로움, 그 외로움이 밀려오더군요. 술잔을 올리는 시종장이 내게 요셉에 대해서 말해 주었을 때, 직관적으로 내 마음이 기울었어요. 사실 그가 내 꿈을 해석해 주리라 믿었는지에 대해서는 잘 모르겠어요. 하지만 내 궁정 사람들을 골탕 먹일 수 있는 절호의 기회였죠."

세 번째 사람이 말하기 시작했다. "음, 실은 난 아무에게도 말하지 않았던 꿈을 하나 더 꾸었어요. 이 세 번째 꿈에서 나는 친숙하게 느껴지는 얼굴의 소년 앞에 서 있었는데, 그게 어딘지는 모르겠어요. 한 번도 본 적 없는 얼굴이기는 했지만, 이 낯선 아이의 눈을 바라보자 내 눈에 눈물이 고이기 시작했어요."

이 이야기는 내게 깊은 인상을 남겼다. 이러한 작업을 나는 정말 좋아한다. 이 사람은 시적인 형태로 이야기했을 뿐만 아니라, 성경에 등장하지 않는 꿈을 시적 방식으로 깊이 있게 가미했다. (창의적으로 공헌한 이 사람이 여성이었기 때문에 여성형으로 지칭하겠다.) 그녀는 이 가슴 아프고 말문이 막히게 하는 꿈을 만들어 냈다. 이와 같은 해석이 비블리오드라마에 감동적인 아우라(aura)를 더해 준다.

다른 사람이 말했다. "나는 다급했습니다. 우리 이집트 사람들은 꿈을 중요하게 여깁니다. 또 이 꿈에 대한 예감은 소름이 끼칠 정도였어요. 궁정 사람들도, 현인이라고 하는 사람들도 모두 침묵으로 일관할 때 — 내 생각에 지금까지 이렇게 오랫동안 침묵이 흐른 적은 없었어요. — 난 우리가 저주에 걸려들었다고 생각했어요. 침묵이 길어질수록 난 점점 다급해졌어요. 술잔을 올리는 시종장이 나와서 말했을 때, 난 그 말을 받아들였습니다. 그렇다고 내가 잃을 건 없잖아요?"

나는 더 많은 손들이 올라가는 것을 확인하였다. "솔직히 말해서 나는 내가 뭘 하고 있는지 모르겠어요. 난 아직도 꿈을 꾸고 있는 것 같습니다. 아시다시피 어떤 꿈들은 너무 강력해서 떨쳐 버릴 수 없는 것들이 있잖아요? 그 꿈이 그랬어요. 난 그 꿈에서 헤어날 수 없었어요. 밤낮으로 그 이미지들이 나를 괴롭혔고, 그게 정확히 무엇을 의미하는지 몰랐지만, 그것들이 예고하는 바가 있을 거라는 느낌을 받았어요. 난 뭔가를 해야만 했어요. 나를 깨워 줄 수 있는 뭔가를 말이죠. 그리고 술잔을 올리는 시종장이 내놓은 우스운 아이디어가 날 정신 차리게 해 줄 그 무엇이라는 생각이 들었죠."

내가 참여집단을 향해 말했다. "그럼 누가 여기 나와서 바로를 연기해 보시겠어요?"

즉시 몇몇이 손을 들었다. 나는 그중 한 명을 선택하였다. 내가 사람을 선택하는 기준의 일부는 직감에 의한 것이고, 일부는 우리가 30분가량 경험했던 상호작용의 결과다. 나는 이 집단을 파악하고 있으며, 말로 표현하기는 어렵지만 약간의 탁월함을 지닌 인물을 찾았다. 나는 한 여성을 선택하여 바로의 자리에 앉혔다. 종전에 그녀가 보인 반응과 그녀의 표현 범주, 그리고 그녀 안에 있는 위엄으로 인해 그녀를 선택하게 되었고, 나는 시간이 걸리기는 했지만 이러한 직감을 신뢰하는 법을 습득하게 되었다. 디렉터는 이런 모험을 견디는 법을 배우게 된다. 그들이 해낼 수 있으리라는 보장 없이 누군가를 불러 무대 위에 세우는 것을 말이다. 동시에 나는 그녀가 흔들리기 시작하면 언제든 다른 사람으로 대체할 수 있다는 것 또한 기억하고 있다. 손을 들었던 다른 사람들을 의지할 수도 있고, 더블 기법(이중자아)을 통해서 다른 사람을 세우거나 다른 입장의 연기를 진행할 수 있다.

"당신은 바로입니다." 왕좌로 놓아둔 의자에 이 연기자를 앉히며 말했다. "당신은 이집트의 왕이고, 당신의 신하들은 당신을 적어도 공식적으로는 신(神)이라고 믿고 있습니다. 당신은 스스로를 불편하게 하는 꿈을 꾸었지만,

아무도 만족스럽게 꿈을 풀이하지 못했습니다. 당신은 이 왕국에 대해 걱정하면서 하찮고 편파적인 정치에 지쳐 있습니다. 당신은 지금 어느 때보다도 더 고립되고 외롭다고 느끼고 있고, 그 꿈의 무게에 힘겨워하고 있습니다."

이런 식으로 나는 지금까지 나왔던 다양한 실타래를 하나로 엮고, 연기자가 자신의 역할을 맡을 수 있도록 돕는다.

"왕좌에 앉아 심호흡을 하며 왕임을 느껴 보세요. 당신의 왕관과 예복, 당신의 자리를 상상하십시오. 그리고 스스로 바로라고 느끼십시오."

나는 이렇게 그녀가 자기 역할을 깊이 있게 느끼고 풍성하게 상상하며 체득하게 함으로써, 생각으로만이 아니라 그녀의 몸이 연기에 참여할 수 있도록 돕는다.

나는 무대를 가로질러 구석으로 가서 바로의 맞은편에 놓인 요셉의 의자에 앉았다. (제3장 '명시적 대면'의 4단계 과정을 따르고 있다. 133쪽을 참조하라.) "이제 요셉이 필요합니다." 다시금 사람들이 손을 들었다. 나는 내 직감에 따라 젊은 남성을 선택하였다. 그는 얼굴에 정직함과 용기를 드러내고 있었다. 반짝이는 그의 눈은 어쩌면 그의 총명함을 보여 주는지도 모르겠다. 그는 자리에서 일어나 앞으로 나와 내 옆에 섰다.

"아직 문이 열리지 않았어요." 나는 그와 바로의 접촉을 늦추고, 우리 무대에 현실성을 더하기 위해 그에게 말했다. "오랜 감옥 생활을 거쳐 이 자리에 서 있네요. 당신은 지난 2년 동안 심각한 신앙의 갈등과 절망을 경험했습니다. 갑자기 이유도 모른 채, 당신은 풀려나서 씻고 면도하고 옷까지 차려입었습니다. 그리고 당신은 왕좌가 있는 문 바로 앞에 서 있습니다. 준비되셨나요?" 이 마지막 질문은 두 세계, 이야기의 세계와 연기의 세계 모두에 존재한다. 연기자들은 "네." 혹은 "아니요." 또는 "어쩌면요."라고 대답한다. 모두 요셉의 역할에 맞아떨어진다. 왜냐하면 요셉조차도 바로가 기다리고 있는 무대에 오르는 연기자 중의 한 사람이었기 때문이다. "요셉, 문이 열리고 있어요." 내가 말했다. 여기에서는 문을 여는 동작을 취할 수도 있다. "자, 들어갑니다."

요셉이 바로를 향해 걸어갈 때 나는 집단에게 이야기했다. "우리가 바로와 요셉이 대화를 나누는 것을 지켜보면서, 여러분 중에는 요셉 혹은 바로로서 뭔가를 덧붙여서 말하고 싶은 분들이 있을 겁니다. 여러분은 여기 연기자들이 이야기하는 것과 다른 것을 말하거나 상상할지도 모릅니다. 우리 이야기에 참여하고 싶다면 그저 손을 들어서 표해 주셔서 여러분이 할 말이 있다는 것을 알려 주세요. 그러면 내가 여러분을 지목하겠습니다. 지목된 분은 자리에 그대로 앉아서, 혹은 자리에서 일어나 무대의 의자에 앉아 있는 인물의 어깨에 손을 얹고서 여러분이 원하는 인물을 목소리로 연기할 수 있습니다."

디렉터를 위한 귀띔 : 더블

나는 위에서 집단 연기 방식과 소수 참여자들이 무대에서 연기하는 방식(이 경우 나머지 사람들은 구경꾼으로 남게 된다.), 이 둘 사이에 다리를 놓는 방법이 있다고 말한 바 있다. 더블(이중자아)은 모든 청중들에게 연기자의 기회를 제공한다. 참여자들은 간단한 신호를 내게 보냄으로써 무대에서 연기하고 있는 인물의 새로운 모습을 보여 주고 싶다는 의사를 보낸다. 더블은 자기 자리에서 진행할 수도 있고, 무대로 나와서 등장인물의 어깨에 손을 올려 이중자아가 되어 연기할 수도 있다. 나는 자주 주인공 연기자가 앉아 있는 의자 뒤에 다른 의자를 놓곤 한다. 이 두 번째 의자는 더블을 초청하는 의미이자 더블을 재연하는 역할을 한다.

이렇게 의자를 배치하는 이유는 그 역할을 대체하거나 변형할 수 있다는 것을 보여 주기 위해서다. 현재 연기자가 말하지 못했지만 집단 참여자들이 느끼고 있는 것들이 있다. 참여자들이 그것을 말해 줌으로써 새로운 통찰을 제공한다. 가끔 첫 번째 의자에 앉아 있던 연기자가 일어나 뒷자리로 가서 앉는 경우도 있다. 자기 자신이 드러내지 못했던 생각과 느낌을 말하기 위해서다.

더블이 말한 것을 다른 등장인물은 엿들을 수 없다. 이런 관례는 기존 드라마에서 사용하는 기법과 비슷하다. 더블이 말하는 것을 무대의 다른 등장인물이 듣게 하려면 더블 연기자가 집단의 제안을 받아들여 무대에서 자기 목소리로 연기해야 한다.

이런 관례는 무엇이 연기의 주된 흐름인지 명확하게 하기 위함이다. 다시 말해서, 주인공들이 서로 대화하며 주고받은 이야기가 무엇인지, 그리고 어떤 즉흥적 행동이 가능하고, 이야기의 주 흐름에 어떤 장식들이 더해질 수 있는지를 분명하게 하기 위해서다. 주인공들이 더블에게 반응한다면 그것은 예술적인 면뿐 아니라 내러티브적 차원에서 혼선을 야기할 것이다.

물론 어떤 점에서 보면 더블은 이미 혼선을 야기하고 있고, 참여집단을 과도하게 참여시킴으로써 늘 이야기의 진행을 더디게 만들 위험성을 안고 있다. 가장 탁월한 더블 활용법은 주인공들이 자신의 역할을 준비(웜업)할 수 있도록 돕는 것이다. 즉, 한 장면이나 대면을 시작할 때 더블들이 하는 말을 들음으로써 몇 가지 해석의 가능성을 제공받는 것이다. 하지만 장면이 진행 중일 때는 사용하지 않는 것이 좋다.

또 더블은 연기자가 지치거나, 등장인물에 대한 감을 잃기 시작했을 때 혹은 과도하게 인물에 몰입했을 때 효과적이다. 그때 더블은 연기자들과 디렉터에게 드라마에 다른 연기자를 투입시킬 자연스러운 기회를 제공한다.

가끔 더블 연기자가 무대에서 실제 인물을 대신하기도 하는데, 이는 더블 연기자가 해석학적으로 아주 탁월한 대사를 말하거나 장면이 지루해지는 상황에서 이야기에 새로운 가능성을 제공할 때 발생한다. 때로는 더블 연기자가 등장인물의 내면을 독백하기도 한다. 가끔 우리가 대화를 듣는 것만으로는 그 사람이 표현하는 감정을 느끼기에 부족할 때가 있다. 만약 더블이 제공하는 풍성함이 이미 주인공이 발전시킨 이야기의 흐름과 동일선상에 있다고 느껴지면, 나는 주인공에게 더블의 말을 받아서 자신의 목소리와 언어로 연기하도록 부탁하곤 한다. 그렇게 하면 더블이 제공한 통찰을 공식적으로 무대 연기자의 연기에 불어넣을 수 있다. 예를 들면, 다음과 같이 말이다. "저 부분을 채택하도록 합시다.", "더블이 말한 것을 당신의 말로 해 보세요. 그리고 어떤 반응이 일어날지 살펴봅시다." 요약하자면, 더블은 다음과 같다.

- 드라마를 발전시켜 나가기 위해 더 많은 연기자들을 참여시키는 방법이다.
- 해석학적으로 몇 가지 변형 가능성을 열어 둘 수 있는 방법이다. 즉, 장면 연기가 너무 단순한 방향으로 나아갈 때 효과적이다.
- 새로운 연기자를 무대 위로 초대하는 방법이다.

요셉이 앞으로 나왔다. 더블 개념을 설명하기 위해 나는 참여자들에게 말했다.
"바로에게 걸어 나갈 때 요셉, 당신의 심정을 한마디로 말해 주세요."
"두려워요."
"흥분되네요."
"할 말이 없습니다."
"기도하게 돼요."
"자랑스러워요."
"자신감이 넘쳐요."
"작게 느껴져요."
"준비되었어요."

"자, 당신은 이제 바로 앞에 서 있습니다." 요셉 연기자는 반사적으로 경의를 표하지만, 무릎을 꿇지는 않았다. "그리고." 나는 사람들을 이 상황 속으로 몰입시키기 위해 서둘렀다. "바로는 이 젊은이가 자신을 향해 걸어올 때 어떤 생각이 들었는지 한두 마디 해 주세요."

"젊네."

"잘생겼군."

"내 꿈을 상기시켜 주는군."

"두려워하고 있군."

"저 자를 시험해 봐야겠어."

"저 자가 과연 제대로 할 수 있을까?"

그러고 나서 나는 바로를 바라보며 말했다. "바로, 이 대화는 당신이 시작할 거예요. 우리는 당신이 이 청년과 꿈에 대해 이야기할 거라고 알고 있어요. 하지만 아마 그전에 이 청년이 어떤 친구인지 살펴볼 필요가 있을 것 같은데요. 시작하세요."

나는 한 걸음 물러섰다. 실제로 그리했다. 지금까지 나는 드라마를 만들어 갈 때 적극적으로 개입하는 편이었다. 여기서부터는 내 손을 떠났다. 확신할 수는 없지만, 내가 연기자들과 전체 참여자들에게 보내야 하는 신호는 이제 그들이 원하는 대로 이 극을 만들라는 것이다. 특히 이 순간 나는 내가 끌고 나가려는 의도를 내려놓고 두 연기자들과 더블 연기자들인 참여자들이 어떤 연기를 펼칠지 살펴보려고 한다. 나는 귀를 기울이고 있다. 나는 집단 참여자들이 더블 연기자로서 목소리를 낼 수 있도록 문지기 역할을 해야 하겠지만, 동시에 두 연기자들이 나를 지나치게 의식하지 않으면서 즉흥연기를 펼쳐 갔으면 좋겠다. 이런 종류의 드라마가 잘 진행되기 위해서 연기자들은 '그 안으로 빠져들어' 새롭게 출현하는 인물의 모습에 상호작용하면서,

예상치 못했던 도전에 지속적으로 직면해야 한다. 이제 대면(encounter)에 들어갈 준비가 되었다.

3. 대면

바 로 : "젊은 친구, 네 이름이 무엇이더냐?"
요 셉 : "제 이름은 요셉입니다, 폐하."
바 로 : "요셉, 나이는 어떻게 되지?"
요 셉 : "서른 살입니다, 폐하."
바 로 : "그럼 고향은? 네 아버지는 누구인가?"
요 셉 : "네, 폐하. 제 아버지는 야곱, 이삭의 아들이고 아브라함의 자손입니다. 제 아버지는 이스라엘이라고도 불렸습니다. 저희는 가나안에 있는 헤브론에 살았습니다."
바 로 : "유목민? 양치기인가?"
요 셉 : "네, 폐하. 그러나 저희는 헤브론에 정착해서 살았습니다. 그곳에서 3대에 걸쳐서 지냈습니다."
바 로 : "요셉, 너는 어떻게 이집트까지 오게 되었느냐? 이곳은 네 고향에서 상당히 먼 곳이란다."
요 셉 : "폐하 …… 이야기가 깁니다. 제 아버지는……."
바 로 : "요셉, 간단히 말해 보아라. 내겐 아주 급히 해결해야 할 일이 있단다."
요 셉 : "폐하, 제 형제들이 저를 노예로 팔았습니다."
바 로 : "네 형제들이 너를 노예로 팔았다고? 어떻게 그런 일이 일어났단 말이냐? 요셉, 간단히 말해 보거라."

요 셉 : "폐하, 솔직히 말씀드리자면, 잘 모르겠습니다. 때로는 제 교만 때문에 형들이 저를 없애려고 했구나 하는 생각이 들 때도 있는가 하면, 형들의 하찮은 질투심 때문이었다고 생각될 때가 있습니다. 또 어떤 때는 제 삶 자체가 꿈처럼 느껴지기도 합니다. 이해할 수가 없습니다."

바 로 : "꿈이라……. 그래, 꿈. 그리고 감옥에 있었다지?"

요 셉 : "네, 폐하. 그랬습니다."

바 로 : "죄목은?"

요 셉 : "저는 높은 분을 섬기다가 그 집 여주인에게 옳지 않은 행실을 했다는 누명을 썼습니다."

바 로 : "그리고 그 죄목은 사실이더냐?"

요 셉 : "아닙니다, 폐하. 그렇지 않습니다."

바 로 : "안됐구나. 하지만 감옥에 있는 사람들은 모두 자신이 무죄라고 주장하곤 하지. 너는 감옥에 있는 동안 다른 사람들에게 여러 영향을 미쳤다고 들었다. 내 종, 빵을 구워 올리는 시종장과 술잔을 올리는 시종장이 감옥에 있었을 때 그들이 꿈을 꾸었는데, 네가 이 두 사람의 꿈을 해석해 주었다지? 그 일을 기억하느냐?"

요 셉 : "네, 폐하. 하지만 그것은 제가 해석한 것이 아니라 저를 통해 하나님께서 하신 일입니다. 왜냐하면 꿈을 주시는 분이 하나님이시고, 오직 하나님의 영으로만 그 뜻을 알 수 있기 때문입니다."

바 로 : "요셉, 너의 하나님에 대해서 말해 보거라."

요 셉 : "저는 이 하나님에 대한 이야기만을 알 뿐입니다. 하나님께서는 제 증조부를 부르셔서 고향을 떠나 가나안으로 가라고 하셨습니다. 또 하나님께서는 제 할아버지께 가나안을 그 후손에게 주시겠다고 약속하셨습니다. 제 아버지는 언젠가 하나님과 씨름을 했고, 자손들을 통해 큰 민족을 이루게 되리라는 약속을 받았다고 들었습니다. 저 자신은 이 하나님을 아직 본 적이 없사옵고 그분의 말씀을 직접 들은 적도 없습니다. 하지만 때로 제가 진실을 보거나 말할 때, 그것이 제가 아니라 하나님이 그것을 보게 하시고 저를 통해 말씀하신다는 느낌

을 받곤 합니다."

바 로 : "요셉, 너는 제사장처럼 말하는구나."

요 셉 : "저희 지역에는 제사장이 없습니다."

바 로 : "하지만 너에겐 신들이 있지 않느냐?"

요 셉 : "하나님 한 분만이 저희를 다스리십니다."

바 로 : "제사장이 없단 말이지?"

요 셉 : "어쩌면 저희 모두가 제사장이라고 할 수 있을지도 모르겠습니다."

바 로 : "요셉, 이집트에서는 내가 신이니라. 너는 그것에 대해 어떻게 생각하느냐?"

요 셉 : "폐하, 폐하는 고민을 갖고 계신 신입니다. 그렇지 않았다면 폐하께서는 저 같은 종을, 그것도 낯선 종을 당신 앞에 부르지 않으셨을 겁니다."

바 로 : "난 신이지만 이상한 꿈을 두 번이나 꾸었단다. 요셉, 내가 그것을 네게 말해 주기를 원하느냐?"

디렉터를 위한 귀띔 : 전략과 선택사항

지금까지 이 대면은 아주 놀라웠고 만족할 만하다. 나는 이 두 인물이 두드러지게 사실적이라고 느꼈다. 내가 가장 인상 깊게 느꼈던 부분은 이 연기자 모두가 공통된 종류의 언어, 그러니까 비슷한 수준의 언어를 사용하였다는 점이다. 한편으로는 격식을 차리면서도 그리 부자연스럽지 않았다. 주목할 만한 사실은 집단에서 아무도 더블로서 이야기하기 위해 손을 들지 않았다는 점이다. 집단 참여자들 역시 이 두 연기자들이 즉흥적으로 만들어 가는 연기의 섬세함과 더불어 거기에 충분한 독창성과 현실성이 담겨 있다는 것을 알아차렸기 때문에 어느 누구도 이 연극을 중단시킬 필요성을 느끼지 못했던 것이다. 하지만 바로와 요셉의 대면 과정이 사실적이면서 격식을 갖추었음에도 불구하고, 나는 더블 연기를 위해 구성원들 중에서 누군가를 초대하면 좋겠다는 마음이 들었다.

우리는 전환점에 있는 것처럼 보였다. 요셉은 자신의 무죄를 잘 설명했으며, 바로는 그에게 꿈을 이야기해 주고자 했다. 우리는 지금까지 전개된 이야기를 심화시켜 성경에 드러나 있는 이야기의 배후를 살펴보려고 한다. 성경은 바로가 무엇을 요셉에게 들려주려고 하는지, 그리고 요셉은 바로에게 무엇을 말하려고 하는지 우리에게 알려 준다. 그 내용이 성경에 있다. 하지만 우리가 지금까지 연기한 드라마는 이 두 남성이 서로에 대해 어떤 생각을 갖고 있는지, 그리고 그들이 이 장면을 연기하면서 어떤 심정인지에 대해서 알려 주지 않는다. 우리는 충분한 감정의 층, 다시 말해 숨겨진 대본을 갖고 있지 않다. 그것을 알기 위해서 나는 참여자들에게 더블 연기를 맡아 주기를 청했다. 나는 이 더블 연기의 과정이 대면의 또 다른 음영을 제시할 것이라고 기대하였다. 나는 참여자들에게 이같이 말했다.

"이 장면은 여기에서 잠시 멈추도록 하죠. 잠깐 정지시키겠습니다. 그리고 여러분 중에서 바로 혹은 요셉의 더블(대역)을 맡아 이야기를 해 주었으면 합니다. 그들은 어떤 심정일까요? 그들이 말하지는 않았지만 어떤 생각을 하고 있을까요?"

대부분의 참여자들은 더블 연기를 위해 자리에서 일어나 무대로 나와 연기자들의 어깨에 손을 얹으며 말한다. 그들은 자기 역할을 수행한 뒤, 다시 자리로 돌아가 앉는다.

"바로로서 내가 요셉을 처음 보고 놀랐던 건, 그가 정말 아름다운 청년이었다는 사실입니다. 요셉은 외형적으로 멋질 뿐만 아니라, 무엇인가 그 주변에 빛이 드러나고 있었습니다. 광채라고 할까요. 나도 요셉에 대한 소문을 들었습니다. 왜 보디발의 아내가 그를 유혹하려 했는지 이해가 되네요." 이 말을 한 사람이 자리에 앉았다.

다른 사람이 일어났다. "바로로서 내가 이런 사람의 말을 듣는 게 잘하는 일일까 하는 생각이 듭니다. 먼저, 그는 어립니다. 소년에 불과해요. 그는 이집트 기준에 합당한 교육을 받지 못했어요. 그는 복잡한 궁정의 정치 생활에 익숙하지 않을 테고요. 게다가 그는 외국인이고, 유목민이고, 우리가 모르는 신을 섬기는 자예요. 이 나라의 안녕을 그에게 맡겨도 될까요?"

자기 자리에서 한 남성이 말했다. "바로서, 나는 이 젊은이의 솔직함이 마음에 드네요. 나는 유익을 얻고자 하는 아첨꾼들과 탄원하는 자들, 그리고 정치적 속물들에게 둘러싸여 있는 데 익숙해요. 그런 정치적 욕심이 없는 사람을 만난다는 건 무척 신선한 일이군요. 그가 바라는 건 감옥에서 자유롭게 되는 것 외에 없을 테니까요. 그리고 그건 그리 어려운 일도 아니지요. 아니, 그냥 이 요셉이 마음에 들어요. 그에게는 차분함과 올곧음, 그리고 평화로움과 같은 무언가가 있어요."

이제 나는 요셉 쪽을 향했다. "요셉." 나는 참여자들에게 물었다. "지금 당신의 마음속에는 어떤 생각들이 일어나고 있나요? 그리고 바로에게 말할 수 없는 것들이 있다면 그건 무엇일까요?"

"요셉으로서 나는 아직도 어안이 벙벙합니다. 이곳에 있다는 사실도 그렇고, 바로 앞에 있다는 사실도 그렇고요. 내 꿈은 참 터무니없는 것이었죠. 그럼에도 불구하고 그런 내 꿈에서조차 이런 일이 일어나리라고는 상상하지 못했습니다. 하지만 내가 바로와 이야기를 나눌 때, 나는 왕도 아니고 신도 아닌, 심리적으로 불안해하고 있는 한 남성을 보게 되었습니다. 그에게서 자기 나라와 자기 백성들을 걱정하는 마음이 느껴져요. 그는 진실을 찾고 있어요."

한 여성이 일어서서 요셉을 대신하여 말한다. "때로는 외부인이라는 사실이 뭔가를 똑바로 볼 수 있게 해 줍니다. 나는 이 모든 상황을 어떻게 처리해야 할지 알 것 같습니다. 그의 꿈을 풀이해 줄 때, 내가 해야 할 역할에 대해서 그의 마음에 깊은 인상을 심어 줄 거예요. 나는 그에게 장차 도래할 흉년에 그 큰일을 감당할 사람이 필요하다는 것을 알려 줄 겁니다. 그 일을 감당하기에 나보다 더 나은 사람이 어디 있겠습니까? 나는 그가 찾고 있는 해결사가 될 겁니다."

다른 여성이 일어나서 다른 입장을 펼친다. "요셉으로서 느끼는 것은, 하나님이 지금 나와 함께 계시고, 또 지금까지 항상 함께 계셨다는 겁니다. 이제 문이 열리는 것 같아요. 이건 제 소명이라고 생각해요. 이상한 기분과 자신감에 들뜨게 되네요."

나는 이 말을 한 요셉에게 놀랐다. 누군가에게 자신이 하나님과 함께하고 있다고 느낀다는 말을 듣기란 흔치 않은 일이기 때문이다. 나는 이 연기자에게서 더 많은 것을 듣고 싶었다. 나는 본래의 요셉 연기자를 그대로 둔 채, 이 더블 연기자를 무대로 초대하여 본래 요셉 연기자의 어깨에 손을 얹도록 했다. (혹은 그저 그 옆에 서 있게 한다.) 그리고 내가 말했다. "'하나님이 함께 하신다'는 것이 어떤 느낌인지 말해 주세요."

"어떤 면에서 나는 살아오는 동안 내내 이런 느낌을 받았어요. 단순히 일이 잘 풀렸기 때문에 그렇다는 건 아니에요. 내 인생은 참 파란만장했거든요. 내가 이기적이었기 때문에 그런 일이 일어났다고 생각하지 않아요. 내 성격이나 재능, 그것이 무엇이든지 그것과는 큰 상관이 없다고 생각해요. 이건 신뢰의 문제예요. 내가 옳은 일을 말하고 행동할 것이라고 믿는 거죠. 내 안에는 나를 인도하는 무엇인가가 있는데, 바로 그것을 신뢰하는 거죠. 내가 형들에게 내 꿈 이야기를 했을 때에도 그런 마음으로 이야기했어요. 뭐, 형들은 내가 잘난 체한다고 했고, 아버지는 기뻐하지 않으셨지만 말이에요. 하지만 난 내 꿈을 이야기해야 한다고 생각했어요. 만일 내가 내 꿈을 이야기하지 않았더라면, 난 그 꿈의 결과를 알지 못했을 거예요. 내가 보디발의 아내의 유혹을 거절하고 감옥에 갔을 때에도, 나는 그 행동에 대한 확신이 있었고, 감옥에 그렇게 오랫동안 있었지만 하나님께서 내 곁에 함께하신다고 느꼈어요. 사람들은 내게 친절을 베풀었고, 내게 부드럽게 대해 주었어요. 또 감옥에 들어왔던 사람들에게 내가 힘을 주거나 위로를 줄 수 있었던 경우가 많이 있었어요. 어떤 사람들에게는 꿈을 해석하여 주었고, 어떤 사람들에게는 기도할 수 있도록 도왔고, 때로는 그저 그들의 이야기를 들어 주었죠. 나는 특별한 사람이 아니었지만 하나님께서 나를 그분의 드라마에서 주연이 되도록 선택하셨다고 느껴요. 이렇게 확신할 수 있는 이유는 내 가슴 깊은 곳에 평안함이 있기 때문이에요."

디렉터를 위한 귀띔 : 하나님에 대해서 말하기

요셉에게 이렇게 길게 말하도록 기회를 준 데에는 내가 이 작업을 하는 몇 가지 이유와 기준이 있기 때문이다. 먼저, 나는 비블리오드라마를 인도할 때, 성경의 서사성(내러티브)과 해석의 창의성에 중점을 둔다. 나는 참여자들이 상상력을 동원하여 본문의 새로운 의미 지평으로 진입하기를 바란다. 둘째, 나는 사람들이 창조적으로 협력하면서 하나의 드라마를 만드는 장면을 보고 싶다. 비록 즉흥적이고 순간적이긴 하지만 비블리오드라마는 창의적 감각을 공유할 수 있게 만든다. 셋째, 나는 집단의 한 사람 한 사람에게 관심을 기울인다. 나는 인물을 연기하는 과정에서 그들이 각 개인의 문제와 맞닥뜨리길 원한다. 만일 그것이 성공할 경우, 각자 역할 연기에서 벗어나 편안함과 침묵 속에서 자기 자신을 관찰할 수 있는 자유를 얻게 되리라고 확신한다. 넷째, 나는 가능한 선에서 사람들이 하나님을 어떻게 구체적으로 경험하는지 드러내고자 한다.

하나님 경험 — 우리의 질문과 깨달음이 될 수도 있고 신학적 논쟁이 될 수도 있고, 찬양과 감사의 표현일 수 있다. — 은 성경 이야기의 드라마 작업을 통해서 자연스럽게 일어난다. 모든 성경 이야기들이 영적 측면을 가지고 있기 때문이다. 결국 성경 이야기는 하나님의 이야기다. 그 안에 등장하는 인물들은 모두 하나님의 연기자들이다. 하나님이 실제 드라마에서 등장할 수도 있고, 등장하지 않을 수도 있다(비블리오드라마에 하나님을 등장시키는 것의 장단점에 대해서는 Ⅲ부 '2. 드라마의 하나님'을 참조하라). 하지만 성경 이야기를 연기한다는 것은 늘 하나님의 역할과 의미, 하나님의 뜻과 계획, 그리고 하나님에 대한 감정, 즉 하나님이 '우리와 함께하심'의 느낌에 대해서 생각하게끔 한다.

나는 지금 분명한 영적 에너지가 이 집단에 자발적으로 일기 시작했다고 느낀다. 나는 일종의 하나님에 관한 이야기를 듣고 있다. 이것은 교리적인 이야기가 아니라 자연스럽고 즉흥적인 이야기다. 내가 선호하는 방식이지만, 나는 이걸 느낄 수 있는 여유를 둘 뿐만 아니라, 집단의 다른 참여자에게도 그와 유사한 촉매작용을 할 수 있지 않을까 고민하곤 한다. 나는 드라마의 몰입 과정을 방해하지 않으면서 집단의 참여자들이 자신의 모습을 함께 이야기하도록 한다. 나는 이 특별한 상황을 강조하기 위해 참여자들에게 이렇게 묻는다.

"여러분의 인생 가운데서 하나님 임재를 경험한 다른 요셉이 혹시 있나요? 하나님께서 '당신과 함께하고' 있다고 느꼈던 분은 손을 들어 주세요."

나는 몇몇 손이 올라가는 것을 확인한다.

"나는 어머니가 살아 계실 때, 그러니까 어머니와 함께했던 어린 시절에 하나님의 임재를 경험했어요."

"나는 초원에서 아버지의 양 떼를 지킬 때 하나님의 임재를 경험했어요. 밤이었는데, 홀로 별을 보고 있었어요."

"나는 형들이 나를 노예로 팔아서 거의 죽을 뻔하다 다시 살아났을 때 하나님의 임재를 경험했어요."

"나는 감옥에서 다른 사람들을 섬기면서 절망보다는 사랑을 느낄 수 있었을 때, 하나님이 함께 계시다고 느꼈어요."

"나는 꿈이 보여 주는 혼돈 사이에서 단순한 진리를 볼 수 있었을 때 하나님의 임재를 경험했어요."

그때 갑자기 바로의 역할을 맡았던 남성이 나를 향해 말했다. "아시다시피, 나 역시도 요셉과 이야기하면서 독특한 경험을 한 것 같습니다. 난 그가 믿는 하나님의 영이 그와 함께하고 있다는 것을 느꼈고, 이제 나에게까지 그것이 전달됩니다. 말이 안된다는 걸 알면서도, 일이 잘 풀릴 거라는 생각이 드네요. 이 젊은이에게서는 평화가 뿜어 나오는 것 같습니다. 그에게서는 사랑도 느껴집니다. 심지어 노예이고 이방인인 그가 나와 나의 백성들을 돌보기 위해 이곳으로 보내진 것 같다는 느낌이 듭니다."

내가 말했다. "세상에는 하나님을 마음에 모시고 사는 것 같은 사람들이 있어서 우리 마음에 평화와 안식을 느끼게 해 주곤 합니다. 그들의 눈빛을 보면 알 수 있죠." 잠시 멈추었다. "그리고." 나는 자연스럽게 전이되는 것을 확인하면서 바로에게 말했다. "이건 사실 우리 본문에서 말해 주는 당신의 감정이기도 해요. 당신은 가서 요셉에게 당신의 꿈을 들려줄 겁니다. 그가 말하는 풍년과 기근에 대한 해석, 그리고 그 시기를 관리해야 할 사람을 찾아야 한다는 제안에 귀를 기울이게 될 거예요. 당신은 그의 해석이 옳다고 느끼고 있고, 그 해석에 깊이 감동을 받습니다. 그래서 당신은 당신의 궁정과 궁정 신하들 앞에서 그를 총리대신, 당신의 버금가는 권력자로 세울 겁니다."

나는 이어서 말했다. "당신의 생각을 표현하자면 '이와 같이 하나님의 영에 감동된 사람을 우리가 어디서 또 찾을 수 있겠는가?'라는 것입니다. 바로 당신은 정말 멋진 통찰력을 지녔기에 하나님께서 이 사람과 함께한다는 것을 알았습니다. 그래서 당신은 그에게 이 왕국의 열쇠를 건네주며, 이집트의 모든 지역을 다스릴 수 있는 권한을 부여합니다. 그리고 당신의 반지를 그에게 주었죠. 그에게 멋진 예복을 입혔고 이집트 이름을 주었습니다. 그리고 마지막으로, 그에게 최고의 권력을 부여하기 위해 온(On)의 제사장[역자주 : 온은 고대 이집트의 도시 이름으로, 소위 '태양의 도시'(헬리오폴리스/

Heliopolis)들의 중심지로 알려져 있다. '태양의 도시'란 태양의 신 라(Ra)를 섬기는 성전이 있던 도시를 말한다. 창 41 : 45 참조] 보디베라의 딸 아스낫과 결혼시킵니다. 바로, 당신은 왜 이 결혼을 주선했죠?"

(다른 곳에서 나는 이 상황에 대해 바로와 온의 제사장 사이의 대화를 유도하였다. 그때는 이야기 속의 이야기가 진행됨과 동시에 해학적인 해소가 이루어졌다. 하지만 오늘 나는 시간을 확인하면서 이 우회로를 선택할 시간이 부족하다고 생각했다. 바로를 인터뷰하면서 그와 유사한 효과를 얻을 수 있겠다고 생각했다.)

참여집단이 바로에게 다시 관심을 쏟고 있는 동안, 나는 요셉에게로 다가가 감사를 표하고 자기 자리로 돌아가도록 하였다. 이제 바로만이 무대에 남았다.

무대에 있는 바로가 말했다. "내가 이 결혼을 주선한 것은 그가 미혼으로 있기에는 너무 멋지고, 또 너무 많은 권력을 가졌기 때문입니다. 보디발의 집에서 무슨 일이 있었는지 아시잖습니까. 그는 이집트 안에서 배우자로서 최고의 인물입니다. 나는 그가 다른 일에 신경 쓰지 않기를 바랍니다. 아시겠지만, 이 결혼이 그를 이런 문제들로부터 보호할 겁니다." 바로를 연기한 사람에게 있어 이 말이 마무리를 의미한다고 판단한 나는, 그에게 진심어린 '감사'를 표한 후 자리로 돌려보냈다. 나는 이 드라마가 어떻게 진행되어야 할지 알고 있고, 다음 장면에서는 왕이 필요하지 않다. 하지만 나는 다음 장면인 요셉의 결혼식 무대를 준비하고 싶었다. 그래서 결혼식의 이유에 대해서 조금 더 시간을 할애하고 싶었다. 나는 참여자들 모두에게 이렇게 물었다. "당신은 왜 요셉과 이 결혼을 주선했나요?"

"바로로서 나는 단지 요셉을 제사장의 딸과 결혼시키려고 했던 것이 아니라, 이름이 말해 주고 있는 것처럼 보디발(Potiphar)의 가문과 결혼시키려고 했던 것입니다. 그 제사장 이름이 보디베라(Poti-Phera)지요. 이렇게 조치함으로써 나는 과거 요셉의 스캔들을 해결했던 것입니다. 보디베라 가문과의 결혼은 요셉의 과거사를 잠재울 겁니다."

"바로로서 나는 요셉을 이용하려고 하는 사람들에게서 그를 보호하고 싶었을 뿐만 아니라, 이집트를 위해서 그에게 안정을 주고 싶었습니다. 미혼에 어느 가문에도 속하지 않는다면, 그는 어느 순간 나에 대한 의무에서 벗어나려고 마음먹을 수도 있습니다. 결혼이 그의 충성을 보장해 주지는 않겠지만, 꽤 강력한 유대관계를 형성할 것입니다. 나는 이 결혼으로 그가 이집트에 충성할 것이라고 확신합니다."

"바로로서 나는 그를 시험해 보고 싶습니다. 나는 이 결혼을 평범한 사람이 아닌, 제사장의 딸과 주선하였습니다. 이것은 결혼의 의미를 넘어 성스러운 연합을 의미합니다. 나는 이 요셉이 나를 위해 일하게 되어 기쁘고, 그리고 요셉과 함께라면 그의 하나님과 한편이며, 나는 이 하나님을 이집트 신들 중 하나로 여기고 싶습니다. 제사장의 딸과 결혼하는 것이 이집트 종교로 개종하는 것이 아니라면 성스러운 두 집의 연합으로 볼 수 있습니다. 나는 요셉을 시험하고 있습니다. 만일 그가 이 결혼에 응한다면, 나는 그가 실제로 이집트에 충성을 맹세하는 것이라고 생각합니다."

"그래요, 바로인 내가 이 결혼을 주선했습니다. 정치적 차원에서 보면, 이 결혼은 비정치적입니다. 요셉은 제사장 계급과 결혼하게 됩니다. 언젠가 그에게 자녀들이 생긴다면, 그들은 이 왕국의 어떤 권력도 요구하지 않을 겁니다. 그들은 제사장 계열의 일부가 될 테니까요. 이런 결혼은 요셉을 격리하면서도, 그의 충성을 보장합니다."

"이건 모두 마키아벨리적입니다. 바로인 나는 요셉이 행복했으면 좋겠습니다. 아스낫은 왕국에서 가장 아름다운 여인이고, 헷(Het)의 제사장이나, 오시리스(Osiris)나, 라(Ra)의 제사장과 달리, 온의 제사장은 모든 신들이 유일신(One), 온의 현현 — One과 On의 유사성에 근거한 말장난이다. — 이라고 생각합니다. 모든 신 중에 온은 요셉이 섬기는 하나님과 비슷합니다."

장난스럽지만 아주 그럴듯해 보이는 마지막 해석은, 비블리오드라마 디렉터가 기다리고 있던 전환(transition) 시점을 제공한다. 나도 내 나름의 말장난으로 유머에 동참했다. "우리 이야기를 계속해(get on) 나가야겠군요." 웃음소리가 들려온다. "앞으로!"(Right on)라고 누군가 말한다. 이런 식의 말장난을 하는 가운데 우리는 역할에서 벗어나 자연스럽게 드라마의 다음 장면으로 넘어간다. 나는 내가 생각하고 있는 방향으로 집단을 준비시킬 것이며, 시간 관계상 이것이 우리의 마지막 장면이 될 것이다.

4. 클라이맥스(절정)

나는 처음 본문을 읽을 때부터 어떤 장면을 클라이맥스로 해야 할지 생각하고 있었다. 이제 다루려고 하는 장면은 내가 가장 좋아하는 장면 중 하나다. 성경은 요셉과 아스낫의 결혼 사실만 겨우 언급하고 있다.

> 바로는 요셉에게 사브낫바네아라는 이름을 지어 주고, 온의 제사장 보디베라의 딸 아스낫과 결혼을 시켰다. 요셉이 이집트 땅을 순찰하러 나섰다. 요셉이 이집트 왕 바로를 섬기기 시작할 때에, 그의 나이는 서른 살이었다. 요셉은 바로 앞에서 물러 나와서, 이집트 온 땅을 두루 다니면서 살폈다(창 41 : 45-46, 새번역).

이 결혼은 스쳐 지나가듯이 언급되었지만, 우리가 인물의 특징을 사실적으로 생각해 볼 때 이 결혼은 틀림없이 젊은 요셉에게 내·외적으로 엄청난 결과를 가지고 오는 사건이었다. 결혼은 본래 극적이면서 코미디 같고 열정으로 가득한 시간이다. 참여자들 대부분은 이것을 잘 알고 있다. 그렇기 때문에 요셉의 결혼은, 그것이 비록 본문에서는 지나가듯이 언급되고 있다 할지라도, 전혀 새로운 일련의 경험과 관계를 통해 활기를 불어넣는 극의 일부가 된다.

확신하건대, 바로에 의해 주선된 이 결혼은 전혀 로맨틱하지 않을 것이다. 배우자 선택에 대하여, 배우자에 대한 감정에 대하여, 그리고 개인적 감사와 의무 사이에서 생기는 갈등에 대해서 어떤 해석과 반응이 생길 것이다. 게다가 요셉과 아스낫의 결혼은 이방인과의 결혼, 즉 '이교도와의 결혼'이다. 복잡한 도덕적 상황에 대한 정확한 기반이 우리의 작업을 위해 필요하다. 우리는 이 사건과 관련하여 개인의 내면에서, 그리고 개인 상호 간에 어떤 대화를 이끌어 갈 수 있을까?

나는 갑작스런 결혼에 대한 주변 사람들의 반응을 먼저 상상해 봄으로써 요셉과 아스낫의 무대를 시작하려고 한다. 우리는 이야기의 주변부에서 시작하여 중심부로 옮겨 갈 것이다. 나는 다양한 반응을 얻기 위해 다음과 같이 말했다.

"바로는 그의 섭정자와 아스낫의 결혼을 선포했습니다. 말이 퍼지기 시작하고, 소문과 이야기들이 생겨났습니다. 여러분은 이집트 타임즈의 기자입니다. 사람들이 뭐라고 하던가요?" 침묵이 잠시 흐른 뒤, 몇몇 사람들이 미소를 짓기 시작하는 것을 보았다. "사람들은 뭐라고 말하던가요?"

"이 결혼이 오래가지 못할 것이라고 말합니다."

"이집트의 가장 멋진 총각이 지금 팔려 간다고 하네요."

"요셉이 개종하는 의식을 치러야 할 거라고 해요."

"맞아요. 포피를 다시 꿰매야 할 겁니다."

"온의 제사장이 자기 딸을 결혼시키려고 엄청난 선전과 홍보를 했다고 합니다."

"보디발의 아내는 수녀가 되었다네요."

"보디발이 요셉의 오른팔이 되고 싶어 한다고 들었어요."
"술잔을 올리는 시종장이 승진했답니다."
"그 사람이 신랑의 들러리를 선다는데요."

이렇게 조금은 우스꽝스러운 목소리의 합창이 이어진다. 결코 무의미한 우스갯소리는 아니다. 유머의 행진이 끝난 후 나는 다시 집단을 정리하기 시작한다.

"우리가 연기했으면 하는 마지막 장면이 있습니다. 먼저 요셉에게, 그리고 아스낫에게 집중했으면 좋겠습니다. 두 사람이 각자의 방에 있다고 상상해 봅시다."

나는 무대 한쪽에 빈 의자를 놓아 요셉을 위한 방을 만들고, 그 반대편에 다른 의자를 놓아 아스낫을 위한 방을 마련하였다. (이런 식으로 집중해야 할 초점을 구체화시킬 수 있다.) 그리고 계속해서 말을 이어 나갔다.

"결혼식 전날 밤이라고 생각합시다. 결혼식 준비가 마무리되었고, 종들도 처소로 돌아갔습니다. 각자의 방에 혼자 남았습니다. 요셉, 당신부터 시작하죠. 당신은 오늘 밤 어떤 심정인가요?" (집단 연기)

무대 장면을 명확하게 하고 구성원들이 등장인물에 집중할 수 있도록 하기 위해서, 나는 다시 한번 시간과 장소를 고정시켰다. 이처럼 역할 연기는 정확한 시간과 공간의 행렬을 필요로 하는데, 자주 떠올리기 힘든 등장인물의 내면 상황이 그 삶의 특정 순간과 연관되기 때문이다. 다른 시간과 다른 장소는, 매번 다른 말과 다른 이미지를 떠올리게 한다.

사람들이 손을 들어 올린다. 나는 한 사람 한 사람을 바라보면서 각자 자리에서 일어나 이야기할 기회를 준다.

"지금 하나님은 도대체 어디에 계신지 묻게 되는 또 한 번의 시간입니다. 하나님은 신비롭게 일하시지만, 이 결혼은 나 개인의 운명에만 속하는 일이 아니기 때문입니다. 지금까지 나는 아버지의 집에서 쫓겨난 상황이었습니다. 그런데 내가 이렇게 결혼하게 되니, 내가 정말로 아버지의 집에 등을 돌리는 것처럼 느껴지네요. 그렇다고 내가 어떻게 다시 가족들 품으로 돌아갈 수 있겠어요? 이집트는 내게 가나안보다 훨씬 좋은 것을 주었고, 바로는 내 아버지보다 더 훌륭한 분이었어요. 아스낫과의 결합은 내가 고향에서 할 수 있는 그 어떤 결혼보다 나은 것이죠. 형들이 나를 봤으면 좋겠어요."

"내게 바로의 제안을 거절할 만한 힘이나 방패막이 있나요? 이 결혼을 거절하고 싶은 마음이 없진 않아요. 아직도 궁금한 건, 언제쯤이면 내가 진정한 내 인생, 내 선택, 내 의지를 가지고 살아갈 수 있을까 하는 겁니다. 나는 장기의 졸(pawn)[역자주 : 만만하거나 우습게 보는 대상을 비유적으로 이르는 말]과 같은 존재였어요. 처음에는 아버지의 사랑 게임에 휘말리다가 운명의 시소에서 삶이 변하고 말았죠. 노예이자 수감자로 일생의 반을 보냈고, 지금도 난 권력을 가진 사람처럼 보일 뿐, 내 인생에서 가장 사적이어야 하는 순간에도 누군가의 명령을 따라야만 합니다. 싫습니다. 싫다고 말하고 싶어요. 내가 바라는 건…… 고향으로 가고 싶다고 말하고 싶었지만, 그것조차 진심인지 아닌지 모르겠어요. 고향은 나에게 두려움을 주거든요. 난 내 인생을 찾고 싶어요!"

"난 내가 어디에 속한 사람인지 도무지 모르겠어요. 나는 아주 높은 권력과 영향력을 갖게 되었어요. 사람들이 내 앞에서 함부로 하지 못합니다. 세상이 내 아래에 있는 것 같지만 나는 그 어느 때보다도 외롭습니다. 내게는 새로운 이름이 주어졌는데, '요셉'은 어디로 가 버렸나 궁금합니다. 아무도 나를 단순히 '요셉'으로 보지 않아요. 아무도 나를 '요셉'이라고 부르지 않고, 내 자신조차도 그 '요셉'과 등지게 하고 있어요. 하지만 다른 한편으로는 나는 어느 때보다도 '요셉'처럼 느껴지고, 내 운명에 그 '요셉'이 관여한다고 느낍니다. 아버지가 보고 싶습니다. 그 어느 날보다도 오늘 밤 결혼을 준비하면서 아버지의 축복을 받고 싶어요."

집단에서 누군가 손을 들며 묻는다. "제가 야곱 역할을 해도 될까요?"

"물론이죠. 요셉에게 해 줄 말이 있나요?" 나는 또 다른 대면을 바라면서 그에게 물었다.

"네."

"요셉에게 무슨 말을 해 주고 싶은가요?"

"요셉, 네 아비로서 내가 말한다. 이 결혼, 하지 말거라. 네 엄마나 이모처럼 착한 유대 소녀와 결혼해야지. 이집트 여인이라니. 아이고! 안식일 저녁에는 뭘 하려고 그러니? 네 자녀들이 유대 계명을 지키게 되겠니? 축복의 이름을 가진 네 어머니가 무덤에서 벌떡 일어날 게다."

디렉터를 위한 귀띔 : 도전적인 참여자 다루기

이제 나는 비블리오드라마에서 종종 발생하는 사례를 제시하려고 한다. 즉, 어떤 사람이 위의 경우처럼 현대 유대인의 관점을 가지고 본문의 흐름에 반하거나 지나치게 과장된 해석을 제시할 경우가 생긴다. 나는 '야곱'의 연기에 약 1/4가량의 참여자들이 웃음을 터트렸던 것으로 기억한다. 이런 순간은 드라마의 신뢰를 위협하는 행위로서 디렉터에게 심각한 도전이 될 수 있다.

몇 가지 생각이 스쳐 지나간다. 나는 이 발언과 웃음이 반감의 표현이라고 생각한다. 부분적으로 이 반감은 나를 향한 것이다. 내가 유대 공동체에서 종종 발생하는 이교도와의 결혼 문제를 부각시키는 장면을 선택했기 때문일 것이다. 사실 이 문제는 그들에게 큰 부담이 되곤 한다. 드라마 과정에 대한 반감이 유머를 통해 살짝 드러나긴 했지만, 그것은 적어도 한 참여자에게 부담이 될 수 있는 드라마적 순간을 가볍게 하려는 시도라고 볼 수 있다. 이 불편한 웃음은 이 야곱의 연기를 한 참여자와 같이 생각하는 연기자들이 더러 있다는 것을 의미한다. 반면에 집단의 다른 참여자들은 드라마의 분위기에 방해된다는 것을 감지하고 눈살을 찡그리기도 한다. 이런 반응을 고려할 때, 나는 비블리오드라마의 한마디 한마디에 사람들이 얼마나 민감하게 반응하고 있는지 새삼 느끼게 된다. 이것은 결코 특별한 일이 아니다. 집단 구성원들은 연기자들의 한마디 한마디를 ― 공격은 아닐지언정 ― 평가하고 있다.

이 순간을 유연하게 대처하기 위해서 디렉터는 절대 거절의 표시를 하거나, 도전자를 향해 반감을 드러내는 일이 없어야 한다. 내 '공연'(show)에 방해된다는 불편함에도 불구하고, 내게 떠오른 생각은 이런 반응이 정당한 관심에서 비롯되었다는 것이었다. 나는 그가 자신의 목소리를 역할 연기를 통해서 드러내고자 했다는 사실을 알아차렸다.

디렉터는 역할을 맡은 연기자를 존중하면서도 드라마를 유지해 나가는 방법을 모색해야 한다. 이런 경우, 디렉터가 두 가지를 동시에 달성할 수 있는 방법이 메아리(echoing) 기법이다. 나는 그 내용을 다시 들려줌으로써 참여자들이 정확히 들은 바를 확인시켜 줌과 동시에, 그의 말에 담긴 반감을 없애고 드라마의 중립 지역으로 돌아갈 수 있게 한다.[1]

내가 이 참여자의 의도를 '파악'하고 그가 이 이야기에 계속해서 긍정적으로 참여할 수 있도록 사용한 메아리의 내용은 다음과 같다.

"요셉, 네 아비로서 나는 우리의 전통을 매우 소중히 생각한단다. 네가 이 길을 선택한다니 나는 화가 나기도 하고, 무척 슬프기까지 하구나. 이 전통에 익숙하지 않은 여인과 결혼한다면, 네가 어린 시절 배웠던 전통을 어떻게 지키려고 하니?" 나는 즉시 메아리의 대상인 그 구성원을 쳐다보면서 그가 말하고자 했던 것을 제대로 전했는지 살핀다. 이런 사람을 비블리오드라마로 다시 참여시키기란 쉽지 않다.

"아니요." 야곱이 아직 감정을 누그러뜨리지 못한 채 말한다. "아니요, 이해 못하셨어요. 날 위해서 이러는 게 아닙니다. 요셉의 어머니를 위해서 이러는 겁니다."

아! 아주 골치 아픈 문제가 발생하고 말았다. 지금 야곱 연기자가 디렉터인 나의 실수를 지적하고 있을 뿐만 아니라 자기 해석을 직접 나에게 제시하고 있다. 역할 연기자가 지금 가면을 벗고 있다. 이 참여자는 마치 자신을 대변하듯 이야기하고 있다. 그리고 그는 나를 무대 위로 끌어들이고 있다. 나는 그 사람과의 대화에 엮이고 싶지 않았다. 그가 대화해야 할 대상은 요셉이다.

먼저 나는 야곱의 말을 반복(메아리)하는 방법으로 이렇게 말할 수 있다. "요셉! (그가 연기자라는 사실을 상기시키고자 한다.) 네 아버지로서 네게 말한다. 네 어머니가 죽은 이후로 나는 그녀의 역할을 대신해야 했단다. 나는 네 어머니의 입장에서 말하고 생각하고 행동하려고 노력했단다. 나는 그것이 네 어머니에 대한 신뢰와 사랑이라고 믿고 있단다. 나는 네 어머니가 나를 향해 남편 노릇도 제대로 못했고, 아버지 노릇도 제대로 못했다고 여길까 봐 늘 걱정하고 있단다. 만일 지금같이 네 인생의 중요한 순간에 내가 침묵한다면 네 어머니는 나를 절대로 용서하지 않을 게다." 다시 한번 야곱의 반응을 살핀다. 이제 그는 고개를 끄덕일 것이다.

또는 내가 그의 생각을 제대로 파악하지 못했다고 여길 때, 이렇게 말할 수 있다. "여기 라헬을 대신해서 이야기할 사람이 있나요?" 내 전략은 그 사람 말고 다른 사람들에게 말할 수 있는 기회를 제공함으로써 갈등의 순산에서 벗어나는 것이다. 나는 지금 내 앞에서 벌어질 가능성에 대해서 고심하며 진행을 계속해 나간다. 나는 이 이야기 안에 있는 또 하나의 이야기를 선택함으로써 새로운 해석의 길을 열고자 한다. 그것은 순간적인 결단이기도 하다. "요셉이 자기 결혼을 준비하는 오늘 밤, 그가 자기 어머니를 생각할까요? 그는 어머니가 어떤 심정이고 어떤 말을 들려줄지 궁금해할까요? 방금 우리는 야곱이 라헬을 대신해서 말하는 것을 들었습니다만, 이제 그녀에게 직접 말할 수 있는 기회를 주도록 합시다. 요셉이 깊은 잠에 빠져 꿈을 꾼다고 가정해 보십시오. 요셉은 본래 '꿈꾸는 자'이니만큼, 분명히 오늘 밤에도 꿈을 꾸었겠죠? 좀 더 가정을 해 봅시다. 바로 라헬, 당신이 꿈에 나타나는 겁니다. 어쩌면 다른 사람이 함께 있을 수도 있겠군요. 당신은 누군가요, 요셉을 만나러 꿈에 등장한 당신 말이에요. 요셉에게 무슨 말을 전하고 싶어서 이곳에 왔나요?" 이런 전략을 통해서 나는 야곱 연기자에 대한 존중을 표하고, 그 안에 있던 창조적인 요소를 활용하게 된다. 사실 다른 인물을 등장시키는 생각은 즉흥적으로 떠오른 것이었다. 나는 요셉의 꿈에 등장하는 인물을 확장시킴으로써 다양한 목소리를 요셉의 꿈에 초대하려고 했다.

요셉이 말을 시작함으로써 꿈속으로의 전환을 도와주었다. 나는 그에게 일어서라고 손짓하였다. "내가 요셉입니다. 그리고 나는 어머니를 생각하고 있어요. 나는 한 번도 여인을 사랑해 본 적이 없습니다. 나는 아스낫을 사랑하지 않습니다. 적어도 아직은 말이죠. 하지만 어머니를 사랑했습니다. 그리고 내 아버지는 어머니를 얼마나 사랑했던지 어머니와 결혼하기 위해 14년을 종으로 일했습니다. 내가 이집트에서 종으로 살았던 시간도 그 정도가 되었네요. 어머니가 이 결혼에 대해서 뭐라고 말할지 정말 궁금하네요. 어머니를 마지막으로 본 것이 정말 오래된 것 같습니다. 어머니를 생각하면 늘 슬퍼지곤 합니다." 나는 요셉에게 일어서 있으라고 요청했다. 누가 그와 이야기를 나누고 싶어 할까?

"나는 야곱입니다." 한 사람이 손을 들며 말했고, 나는 그에게 일어서라는 동작을 취했다. 이 야곱 연기자는 앞선 장면에서 보디발을 연기했던 사람이다. 나는 그가 노예시장에서 사들였던 요셉을 입양한 자식처럼 느꼈다고 말했던 것을 기억했다.

"야곱, 당신의 아들에게 무슨 말을 하고 싶은가요? 그리고 요셉, 당신은 뭐라고 대답하겠습니까?" 야곱이 요셉에게 다가가자, 요셉은 그가 어떤 말을 할지 기대하며 기다렸다.

"내 아들아, 지금 네 결혼식에 참석하지 못해서 미안하구나. 내 아버지와 어머니도 내 결혼식에 참석하지 못해서 참 외로웠던 기억이 나는구나. 결혼할 당시 난 어리석기도 했고 어렸단다. 하지만 나는 네 어머니를 사랑해서 결혼했지. 네 이모 레아와는 의무 때문에 결혼했단다. 나는 그 차이를 안단다. 거기에는 차이가 있을 수밖에 없단다. 나는 네가 낙심할까 두렵구나."

"그러면 제가 어떻게 해야 할까요? 전 이 여인을 알지 못해요. 아버지가 옳아요. 이건 정치적인 결혼이지, 사랑에 의한 결혼이 아니에요. 이게 잘못된 것인가요?"

"나도 잘 모르겠다." 여기서 야곱은 눈을 피하면서 축복도 해 주지 않은 채 자리로 돌아와 앉는다. 우리 요셉은 아직도 서서 고개를 숙이고 있었다. 나는 이렇게 말했다. "꿈은 모두 일장춘몽(一場春夢)에 불과하군요. 수년간 보지 못했던 아버지를 꿈에서 만났는데 갑자기 사라졌어요. 또 누가 오늘 밤 꿈에서 요셉을 만날 건가요?"

"난 레아란다. 야곱의 말을 듣거라." 누군가 좀 전에 도전적으로 말했던 남자를 가리키며 말한다. "아마 하나님께서는 네가 바로에게 이 결혼은 안 된다고 말하기를 원하실 게다. 그래서 네가 이방인들과 구별된 삶을 살기 원하실 거야. 이건 시험이란다. 네가 원칙을 지킬 때, 하나님께서 널 위해 길을 열어 주시리라는 믿음을 갖거라."

"나는 네 어머니 라헬이란다." 한 여인이 나와서 요셉의 어깨 위에 손을 올렸다. "불쌍한 내 아들아, 이 자리에서 외로워하는 널 보니 마음이 아프구나. 이런 날에는 축하와 잔치가 벌어져야 할 텐데……. 가족들에게 둘러싸여 있어야 하는 날인데, 나는 네게 어떤 위안도 줄 수가 없구나. 하지만 네 결혼을 나무라지 않으련다. 다 잘될 테니까. 믿음을 가지렴." 요셉은 얼굴을 들어 집단으로 돌아가 자리에 앉는 어머니를 보며 미소를 짓는다.

"나는 라헬이란다." 또 다른 사람이 일어났다. "나는 네 인생이 이렇게 힘든지 몰랐구나. 이렇게 어렵고 끔찍한 일들이 네게 일어나다니. 이 결혼은 내가 네게 바랐던 일은 아니구나. 하지만 너는 내 아들이란다. 널 오랫동안 보고 싶었단다. 널 사랑한단다. 네가 얼마나 고민하고 있는지 알겠구나. 내가 이 일로 기뻐하지 않을 거란 생각을 하지 말거라. 좋은 남편이 되거라. 아내를 존중하렴. 그녀의 말에 귀를 기울여 주고. 시간이 지나면 그녀에게서 위안을 얻게 될 거고, 너 역시 그녀에게 위안이 될 수 있겠지. 이건 그녀에게도 어려운 일일 테니까."

"나는 사라란다."

(아, 꿈이 두 세대를 거슬러 올라갔다. 이런 순간이 우리를 흥분시킨다. 연극의 가능성을 높일 수 있고, 연극의 진행에 엄청난 에너지를 불어넣을 수 있기 때문이다.)

"이 일로 인해 유산은 너를 통해 이어지지 않을 거야. 네가 아닌 유다의 계보를 통해 아브라함의 진정한 계보를 잇게 될 거다."

"나는 아브라함이란다." 다른 참여자가 일어서면서 말했다. "요셉, 나는 내 아내 사라가 죽은 뒤, 가나안 사람을 아내로 맞아들였단다. 그녀의 이름은 그두라였어. 우리를 향하신 하나님의 뜻은 이 땅의 모든 민족이 복을 받는 것이란다. 동족 간의 결혼, 부족 내의 결혼, 이것이 전부가 아니란다. 순수한 결혼이란 생각 자체가 허망한 것이지. 우리 중 누가 순수하다고 말할 수 있겠니? 너는 큰일을 앞두고 있단다. 내가 살던 시절에 우리 민족이 400년 동안 노예생활을 할 것이란 예언을 들었단다. 너는 잘 모르겠지만, 그것은 분명하단다. 그 커다란 역사의 첫 장면이 시작되는구나. 너는 거기서 빼놓을 수 없는 역할을 하게 될 거란다. 너는 자녀를 갖게 될 것이고, 네 가족과 다시 만나게 될 거란다. 너는 네 민족으로부터 존경과 영광을 받게 될 거란다."

"아브라함 할아버지." 요셉이 말했다. "적어도 할아버지는 하나님이 말씀하시는 걸 들으셨잖아요? 난 하나님께서 제게 말씀하시는 걸 듣지 못했어요. 하나님께서 나와 함께하실 수도 있지만, 나는 그것을 볼 수도 느낄 수도 없어요. 나는 낯선 곳에 살고 있는 이방인으로만 느껴져요."

"요셉, 그건 누구나 다 그렇단다. 우리는 혼자라고 느끼곤 하지."

디렉터를 위한 귀띔 : 무한한 가능성

많은 사람들이 손을 들었다. 우리는 이 모두를 드라마에 참여시킬 필요는 없다. 이것은 마치 비블리오드라마 디렉터가 찾고 있던 자발성의 금맥을 캔 것과 유사하다. 엄청난 자원을 발견하는 것은 그리 놀랄 만한 일이 아니다. 물론 내가 이 특별한 이야기를 인도하던 처음에는 정말 대단한 일이었다. 사실 나는 단순히 문제를 극복하기 위한 방안을 찾고자 했다. 도전적인 참여자를 다룰 방안을 모색했을 뿐이다. 그런데 그것이 비블리오드라마의 보화로 바뀐 것이다. 이런 일은 흔히 발생한다. 막다른 골목이라고 여겨지던 곳에서 새로운 시야와 가능성을 열어 줄 드넓은 풍경과 만나게 되는 일 말이다.

물론 항상 일어나지는 않지만 비블리오드라마가 이러한 풍경에 들어설 때, 수많은 일들이 일어나게 될 것이다. 여기 요셉의 가상 꿈은 건실한 이야기를 이끌어 냈고, 또 만족할 만한 결과를 가져왔다. 우리는 꿈꾸는 자에게 꿈을 제공했다. 그리고 이것은 열려 있는 꿈이었다. 사람들은 요셉에게, 그리고 서로에게 다양한 방법으로 말할 수 있다. 그리고 이 방법을 통해 우리는 중요하고 의미 있는 주제들을 즐기듯이 다룰 수 있다. 결혼, 근친혼(近親婚), 돌아가신 어머니, 아버지의 부재, 이방인의 삶, 외로운 아들, 친족과의 이별, 침묵하시는 하나님 등의 문제들은 모두 우리 삶의 선택과 목적, 의미와 관련된 질문들이다. 성경 이야기의 특별한 상황들이 우리 개인의 경험과 만날 때 실존적인 생동감을 전해 준다. 성경의 영역과 우리의 생생한 삶이 서로 결합하고 또 대조를 이룬다. 우리의 소소한 이야기들이 (성경의) 거대한 이야기 속에서 '펑' 하고 터뜨려진다. 자수(刺繡)의 실처럼 우리 이야기가 성경 이야기로, 또 성경 이야기가 우리 이야기로 서로 교차하며 결합한다.

때로는 여기에 하나님을 등장시키려고 할 때도 있다. 나는 에서와 이스마엘이 등장해서 자신들이 따돌림받았던 삶을 요셉과 나누며 화해하는 이야기도 들었다. 그들은 요셉에게 자신들을 가족처럼 생각해 주길 바랐고, 장차 요셉이 자신이 외로웠던 시간 곁에 있었던 사람들에게 은혜를 갚을 때가 온다면, 그때 자신들을 기억해 달라고 부탁했다. 또한 다양한 여인들이 등장했다. 라헬과 레아뿐만 아니라, 사라와 리브가도 등장했다. 나는 꿈에 더 많은 인물이 등장하기를 구성원들에게 요구하지 않는다. 집단 참여자들의 성경 지식에 다소 차이가 있기 때문이다. 소모둠으로 나누어 이 꿈 이야기를 시도했을 때, 이야기가 풍성해질 때도 있지만 그렇지 못할 때도 있다. 하지만 이 이야기를 생생하게 다루지 못할지라도, 이것은 우리가 어떻게 '드라마 안의 드라마를, 즉 다양한 관점'을 창조해 낼 수 있는지 제시해 주곤 했다.[2]

이런 식으로 장면을 다양하게 교환하고 조합할 수 있다. 여기 기록한 것들은 참여하기 쉬운 사례를 소개하기 위해서다. 어느 시점에서 장면을 마무리하게 될 때 나는 다음과 같이 말할 수 있다. "요셉, 잠자리에 들기 힘든 밤이군요. 수고했습니다." 그리고 "혹시 무대를 떠나기 전에 하고 싶은 말이 있나요?" 나는 연기자들에게 정리할 수 있는 기회를 줌으로써 그들이 드라마의 다른 장면에서 새 역할을 맡을 수 있는 에너지(여지)를 남겨 두고자 한다. 이 경우에 있어서 요셉은 더 하고 싶은 말이 없다며 자리에 앉았다. 나는 진행을 위해서 어떤 참여자들에게는 감정을 절제시킨다. 대부분의 참여자들은 절제가 가능하다. 하지만 그렇지 못한 사람들은 잠시 드라마에서 빠져나와 그들의 생각을 정리하기도 한다. 때때로 역할을 더 하고자 하는 사람이 있을 경우, 이런 식으로 본래 자신으로 돌아가 동일시(identification) 상황을 끝마치게 한다.

나는 마무리하는 차원에서 집단을 향해 말한다. "많은 사람들이 꿈속에서 요셉을 찾아왔습니다. 이제 그는 깊은 숙면을 취하고 있습니다. 꿈도 꾸지 않고, 모든 걱정에서 벗어나 있습니다." 나는 침묵이 약간 흐르게 하면서 사람들이 이전 역할이나 이전 장면에서 벗어나 비블리오드라마의 중립적인 자리로 돌아오게 한 후, 새로운 장면 연기를 준비할 수 있도록 한다.

"심호흡을 하세요." 나는 사람들에게 말했다. "그러는 동안 그의 예비신부는 홀로 이 밤을 보내고 있습니다. 이제 그녀에게 조명을 비추도록 하지요." 나는 아스낫의 방을 가리키고자 '무대'의 다른 공간, 그녀의 빈 의자로 걸음을 옮긴다.

"아스낫, 당신은 이 밤에 무슨 생각을 하고 있나요?"

손들이 올라가고 나는 사람들을 지목한다. 그들은 일어나서 말하고 자리에 앉기를 반복한다. 이 중 몇 가지만 기록하겠다.

"여자가 무슨 말을 할 수 있겠어요? 누가 내 말을 들어줄까요? 우리 시대에 나는 아버지에게서 남편으로 이전되는 소유물에 불과한 걸요."

"전 여성일 뿐 아니라, 여제사장이에요. 이건 정치적인 결혼일 뿐 아니라 거룩한 예식이죠. 요셉을 …… 전에 본 기억이 있어요. …… 잠시 이야기를 나누었죠. 나는 그가 하나님의 사람이라고 생각해요. 그의 하나님, 나의 하나님, 신이 하나이든, 여럿이든 …… 그게 정말 중요한가요? 이 세계 뒤에는 또 다른 세계가 있어요. 요셉과 나는 그 세계를 섬기죠. 우리는 함께 섬길 수 있는 방법을 찾을 거예요."

"우리가 아이를 갖게 된다면, 우리는 그들을 어떻게 길러야 할까요? 그는 자기 조상의 방식을 가르치려 할까요, 아니면 우리의 종교 방식대로 양육하려고 할까요?"

"나는 소녀에 불과해요. 나는 이 대단한 남자가, 이미 유명 인사인 이 남자가 무서워요. 그 사람은 나에게 무엇을 원할까요? 그 사람은 다른 아내나

첩을 둘까요? 나는 그에게 단순한 장식품에 불과할까요? 바로가 그의 손에 끼워 준 반지처럼 말이에요. 아니면 나는 그의 새로운 신분의 일부에 불과할까요? 그의 가면 정도? 글쎄, 제가 이 사람을 알게 되기는 할까요? 제가 과연 그걸 원할까요? 그게 중요하기는 할까요?"

"나는 이 이야기에서 잊혀질 거예요. 내 이름만 제외하고요. 나에 관한 역사는 기록되지 않을 거예요. 아무도 나를 알려고 하지 않겠죠. 나는 한없이 작은 존재, 이름뿐인 존재, 한 줌의 모래처럼 느껴져요."

"내가 꿈을 꿀 수 있을까요?" 한 아스낫이 물었다. 그리고 약간 상기(上氣)된 표정으로 집단에게 물었다. "누가 꿈에 나를 찾아올 건가요?" 여기 집단의 한 참여자가 상기된 나머지 주인공뿐만 아니라 디렉터가 되었다.

참여자들은 빠르게 반응하며 다양한 가능성을 제시한다. 보디발의 아내는 시기하는 마음을 가지고 등장해서 아스낫과 이야기한 후 자기 잘못을 뉘우쳤다. 예비 신부에게는 남편의 명성이 다시 세워지는 것이 중요했다. 이스라엘의 중요한 어머니 중 하나이면서도 그 내면의 세계가 전혀 알려지지 않았던 다말은 야곱의 집안에 들어오는 여인을 든든하게 지지해 주었다.

"잊지 마세요." 그녀가 아스낫에게 말했다. "우리에게는 그들 자손의 어머니라는 운명만이 주어져 있다는 것을 말이에요."

이 말은 누군가로 하여금 이스마엘의 어머니인 하갈이 되어 이야기하게끔 자극한다. 하갈은 자신의 삶의 일부를 아스낫에게 들려주었다. 어떤 드라마에서는 요셉의 이복 누이인 디나가 등장하기도 했다. 랍비 전통에 따르면, 아스낫을 가나안에서 성폭행당했을 때 생겼던 아이로 보기도 한다. 이 경우 근친혼에 위배되지는 않는다. 하지만 그때 디나는 가부장제의 피해 여성으로서 이야기했다.[3]

이 시점에서 내 역할은 과도한 몰입을 완화시키는 것이다. 특별히 지금의 경우는 시간을 확인하고 참여자들의 에너지를 가늠하는 것이다. 디렉터는 마무리와 성찰을 위해 시간을 남겨 두어야 한다. 생기가 넘치던 장면들조차도 어느 순간에는 시들어지기 마련이기 때문에 장면을 조금 일찍 끝내는 것이 늦어지는 것보다 낫다.

이 작업을 마무리해야겠다는 판단이 들었을 때, 내가 아스낫에게 말했다. "그러니까 아스낫, 결혼 전날 밤 당신의 기분과 심정은 복잡했고, 여러 방문객들이 있었군요. 함께 이야기를 나누어 주어서 감사합니다. 이제 당신도 깊은 잠에 빠져드는군요."

장면을 연출해야 하는 디렉터로서, 구성원들이 비블리오드라마를 마치기 전에 제안하고 싶은 것이 하나 있다. 나는 이 피날레의 시점에 가능한 한 많은 사람들을 참여시킴으로써 요셉 이야기 전체를 마무리 짓고 싶었다.

내가 말했다. "우리가 알다시피 실제로 결혼식이 있었습니다. 요셉과 아스낫은 결혼했지요. 요셉, 당신은 풍요로운 땅을 정비하여 곧 들이닥칠 기근에 대한 대책을 마련하고 있습니다. 아스낫, 당신은 당신의 삶을 살고 있어요. 어쩌면 당신은 남편과 동행했을지도, 혹은 당신 일에만 몰두했을지도 모르겠네요. 하지만 성경에서는 당신 부부에 대해서 한 가지만을 알려 줍니다. 아스낫 당신은 두 아들의 어머니가 됩니다. 나는 두 사람을 우리의 마지막 장면으로 초대하고 싶습니다. 나는 우리 집단을 네 개의 모둠으로 나누겠습니다. 각 모둠에서는 아스낫을 연기할 사람과 그녀의 더블(이중자아) 역할을 맡을 사람이 있어야 합니다. 또 각 모둠에는 요셉과 그의 더블이 있어야 합니다. 연기하고 싶지 않은 사람은 지켜보기만 해도 괜찮습니다.

사람들이 일어날 때 나는 이야기했다. "여러분 본인의 목소리로 말하지 말고 드라마의 가상(假想) 세계를 유지해 주세요. 조금 있다가 토의할 시간이 있을 테니, 지금은 계속해서 역할에 충실해 주시기 바랍니다." 나는 사람들이 4명 또는 그 이상의 모둠을 구성하도록 돕는다. 그들이 자리하면서 나는 "아스낫이 누구죠? 요셉은요? 더블은요? 지켜볼 사람은 누구죠? 네, 좋습니다. 이제 연기 중에는 역할에 충실해 주기 바랍니다. 우리는 이야기 안에 있습니다. 내 설명이 끝나면, 요셉과 아스낫, 두 사람이 대화를 시작해 주기 바랍니다. 이중자아들은 언제든 끼어들어도 좋습니다. 지켜야 할 사항은 역할에 집중하는 것 하나입니다. 관찰자들은 만약 이 사람들이 자기 역할에서 벗어나기 시작하면 다시 연기할 수 있도록 도와주세요. 아시겠습니까? 좋습니다."

"그렇게 풍년의 시간이 지나가고 기근이 시작될 무렵이었습니다. 풍년의 때에 요셉과 아스낫, 당신은 두 아들을 낳았습니다. 이 부분에 해당하는 이야기를 여러분께 읽어드리겠습니다."

> 요셉과 온의 제사장 보디베라의 딸 아스낫 사이에서 두 아들이 태어난 것은 흉년이 들기 전이었다. 요셉은 "하나님이 나의 온갖 고난과 아버지 집 생각을 다 잊어버리게 하셨다" 하면서, 맏아들의 이름을 므낫세라고 지었다. 둘째는 "내가 고생하던 이 땅에서, 하나님이 자손을 번성하게 해 주셨다" 하면서, 그 이름을 에브라임이라고 지었다(창 41 : 50-52, 새번역).

나는 두 아들의 이름을 다시 반복해 주었다. 만약 칠판이 있다면 나는 두 아들의 이름과 성경에서 말하고 있는 의미를 적을 것이다. "그 아들의 이름은 '하나님이 나의 온갖 고난과 아버지 집 생각을 다 잊어버리게 하셨다.', 그리고 '내가 고생하던 이 땅에서, 하나님이 자손을 번성하게 해 주셨다.'라는 뜻입니다. 이것은 지금까지 요셉이 경험한 내적 삶을 잘 보여 주고 있습니다. 이제 요셉, 그리고 아스낫, 당신들은 부부로서 비밀도 없이 모든 것들을 서로 나누고 공유하며 살아가고 있습니다. 당신들은 친구 같은 사이입니다. 서로 이야기 나누도록 하세요. 결혼생활이 어땠는지, 당신의 인생이 어땠는지, 특별히 자녀의 이름을 지으면서 나눴던 이야기는 무엇이었는지 나누세요. 요셉, 이집트에서 당신 내면의 삶은 어땠는지 말해 보세요. 자, 이제 시작하기 바랍니다."

디렉터를 위한 귀띔 : 흘려보내기

모둠활동이 이루어지고 있는 동안, 나는 눈에 띄지 않게 모둠을 돌며 이야기를 경청했다. 가끔씩 필요한 경우 사람들에게 역할에 집중하라고 조언하기도 한다. 비블리오드라마가 내 감독 없이 진행될 때, 이 과정 전반에 대해서 저항하고 있는, 즉 연기나 대화 내용에 불편함을 느끼고 있는 사람들이 역할보다는 본인 입장에서 이야기할 위험성이 있다. 그렇게 된다면 연극의 환상(illusion)이 사라진다. 또 개중에는 드라마를 통해 깨달은 것을 말하고 싶어 하는 사람들이 있다. 그들도 조금 더 기다려야 한다. 하지만 그렇다고 해서 내가 모든 사람들을 동일하게 드라마 속으로 참여시킬 수는 없는 노릇이고, 그것이 바람직한 일도 아니다. 만약에 사람들이 역할 연기에 갇혀 있다고 느끼면, 그들은 과도한 통제에 저항하는 반응을 보인다. 그래서 마음을 닫은 채 집단을 향한 자기 에너지를 눈에 띌 정도로 차단시켜 버리기도 한다. 또는 드라마 진행에 지장을 줄 정도로 내게 도전적인 태도를 취하기도 한다. 아니면 역할에서 벗어나 옆 사람과 잡담을 나눌 수도 있다. 이런 경우, 나는 이 활동에서 가장 중요한 것이 무엇인지 나 자신에게 상기시키려고 한다.

가장 중요한 것은 연기를 지속할 수 있느냐 없느냐가 아니다. 그것은 내 의지만으로 이루어질 수 없다. 이야기와 이야기를 통한 우리의 여정이 통합점을 가지고 있어야 사람들은 기꺼이 연기 상황을 즐길 수 있다. 시간, 깊이, 그리고 즉흥성과 독창성이 얼마나 창조적 과정에 빠져들 수 있는가를 결정한다. 만약 연극이 즐겁지 않으면 그것이 아무리 진지하다 할지라도 비블리오드라마는 강요된 교육 과정, 즉 디렉터가 의도하는 결과를 산출하는 데 사용된다. (심지어 좋은 비블리오드라마를 만들고자 하는 시도조차 하나의 계획된 의도로 느낄 수 있다.) 간단히 말하자면, 고삐를 느슨히 해서, 창조의 말(馬)들이 자유롭게 돌아다니도록 해야 한다. 처음부터 나는 어떤 발언도 괜찮다고 이야기했다. 같은 맥락에서 내가 어떻게든 '한 장면 더' 하려고 할 때 참여자들의 에너지가 시들해지고 사그라지는 것을 느끼기도 했다. 나는 연극을 너무 길게 끌지 않기 위해 조심해야 한다. 마지막에 잠시 지루한 것조차도 그 이전에 왔던 것들에 영향을 미칠 수 있다. 다시금 원칙을 강조하고자 한다. 일찍 장면을 끝내는 것이 늦은 것보다 낫다는 것이다.

그래서 한 눈은 시계를 향하고 다른 눈은 참여자들의 움직임과 침묵을 향한 채, 이 장면에 할당해야 할 시간을 가늠한다. 그리고 나는 모두에게 멈추라고 지시한다.

"모두 감사합니다. 이제 역할에서 벗어나기에 앞서서, 아스낫 역을 맡았던 분들 중에 요셉에게 마지막으로 하고 싶은 말이 있나요? 또는 요셉, 아스낫에게 다 하지 못한 말이 있나요?"

"나는 아스낫에게 감사하고 싶어요. 그녀는 나와 함께해 주었죠. 그녀는 내가 외롭지 않게 해 주었어요."

"내가 요셉에게 하고 싶은 말은 나 역시 아무도 날 이해해 주지 않는 소외감을 느꼈다는 겁니다. 하지만 나는 그에게 '요셉, 나도 이 땅에서 사는 것이 고통스러워요.'라고 말하지 못했어요. 난 그저⋯⋯." 여기까지 말하던 여성은 흐느끼기 시작했다.

디렉터를 위한 귀띔 : 감정 조절하기

내가 사람들에게 마지막으로 말하도록 기회를 준 것이 그들의 감정의 문을 열었던 것 같다. 등장인물들은 서로를 향해 말해야겠다고 느꼈던 것을 말하게 되었다. 나는 그들에게 한 단계 더 나아가자고 요청했다. 이미 장면을 위해 에너지는 충전된 상태다. 나는 이 눈물에 크게 신경 쓰지 않았다. 나는 그 눈물을 집단 구성원들과 드라마 과정, 그리고 디렉터인 나에 대한 신뢰의 표시로 받아들인다. 만약 연기자가 안전하다고 느끼지 않았다면 그렇게 하지 않았을 것이다. 또 그 본문이 연기자들 개인의 삶에 어떤 의미를 주었는지는 모르겠지만, 그들이 얼마나 본문의 상황 속으로 깊숙이 들어가 있는지 알 수 있다.

상담 훈련이나 감정교육의 경험 없이 비블리오드라마에 참여한 사람들은 여기서처럼 연기자가 감정에 휩싸여 눈물을 흘리게 될 때 당황할지도 모른다. 하지만 성경은 슬픔, 상실, 죽음, 이별, 추방, 방황의 문제로 가득 차 있다는 점을 기억할 필요가 있다. 성경에는 유복자보다 소외된 사람이, 성인(聖人)보다 죄인이 많다. 심지어 성경의 주요 인물조차도 그들의 연약함이나 납득하기 힘든 운명 때문에 괴로워하곤 한다. 우리의 삶도 마찬가지다. 우리의 개인적 이야기들이 성경 이야기 속에서 메아리칠 때, 우리 내면에 깊이 감춰져 있던 감정의 봇물이 터져 나온다. 이때 우리의 목소리를 통해 성경 이야기의 표면 아래 감춰져 있던 내용들이 드러나게 된다.

내 느낌은 아스낫의 눈물과 같은 감정은 두 세계, 즉 드라마의 세계와 연기자 개인의 삶의 세계를 모두 포함하고 있다는 것이다. 디렉터로서 나는 연기자가 드라마에서 표출되는 감정을 존중하려고 애쓴다. 그것을 결코 자기 조절에 실패한 연기자의 충동이나 돌발적 감정이 아닌 성경 인물의 감정 표출로 받아들이도록 노력한다. 연기자가 안정감을 가지고 성경 인물의 역할을 지속할 수 있도록 돕는 것이 디렉터의 제일 원칙이다. 이를 위해 나는 성경 인물의 이름으로 참여자들을 불러 주고, 그들이 연기하는 인물에 대한 감정 표현이 얼마나 적절한지 이해하고 있다고 그들에게 말해 준다.

디렉터는 감정에 대해 불편해하지 말아야 한다. 만일 디렉터가 불편하게 느끼면, 그 느낌이 의식적으로든 무의식적으로든 여러 형태로 집단에 전달되어 영향을 미치게 된다. 감정의 몰입이 점차적으로 자유로워지고, 부끄러움과 과도한 부담감을 줄이는 것이 자발성의 원인일 뿐만 아니라 자발성의 결과이기도 하다. 따라서 우리의 감정을 차단할 경우 드라마 자체를 망치게 된다. 아울러 비블리오드라마는 치유 프로그램이 아니다. 그리고 그렇게 되어서도 안 된다. 디렉터는 감정을 표현하도록 강요할 필요가 없다. 감정의 표출은 웜업 과정에서 자연스럽게 표출된다. 디렉터가 기억해야 할 것은 집단 안에 암묵적인 합의가 다양한 형태로 존재한다는 점이다. 즉, 상식적인 선에서 서로 통용되는 자연스러운 억제를 통해서 통제를 유지해 나가는 것이다. 여기서처럼 감정이 깊어지고, 말 대신에 감정이 바로 표출될 때, 디렉터가 해야 할 행동은, 감정을 강하게 드러낸 사람 가까이에 가서 그 사람의 어깨에 손을 얹고 그녀의 메아리(echo) 역할을 해 줌으로써 그 감정표현을 드라마 속에 위치시키는 것이다. 이것이 내가 말하는 가면을 계속 쓰고 있게 하는 의미다.

그래서 나는 이 아스낫 연기자에게 다가가 메아리 기법을 통해 그녀의 말을 반복했다.

"요셉과 나는 과거에 겪었고, 지금도 겪고 있는 실제 고통을 공유하고 있어요. 우리는 홀로된다는 것, 소외된다는 것이 어떤 느낌인지 알고 있지요. 우리가 함께 있어서 참 다행이라고 생각해요."

훌쩍이면서 다른 연기자들도 고개를 끄덕였다. 그녀가 메아리 역할을 제대로 했는지 아닌지는 중요하지 않다. 그저 자신이 갑자기 노출되었다는 느낌으로부터 그녀를 보호하는 것이 중요하다.

때때로 연기자를 관찰자 역할로 돌아가게 하는 것만으로도 충분하지만, 여기서처럼 어떤 경우에는 감정의 에너지가 이어지기도 한다. 즉, 연기자가 지나치게 역할을 이어 가며 드라마의 연기자로서뿐만 아니라 자기 자신을 위해서 감정 에너지를 사용하기도 한다. 아스낫 연기자는 역할 연기를 통해 깨달은 것을 간직한 채, 즉 여전히 역할의 가면을 쓴 채로 말을 이어 갔다.

"네, 맞아요. 내 아버지는 날 포기하고 말았어요. 난 아이들을 남편의 방식대로 키웠거든요. 나는 내 아버지와 내 어린 시절의 신앙을 소중히 생각하고 있어요. 나는 사람들이 양심보다 종교를 앞세울 때, 너무 소심하다는 생각에 화가 나곤 해요. 가슴이 아픕니다. 내 남편과 나는 자주 혼자라고 느끼지만 우리는 서로 함께하고 있어요."

나는 이 연기자가 드라마가 끝난 후 성찰 시간에도 이 상황을 기억할 수 있을지 모르겠다. 하지만, 드라마에 대해 성찰하는 시간에 이와 같은 상황이 — 실제로 언급되지는 않더라도 연기자들이나 참여자들에게 적잖은 영향을 미치는 유사한 상황들이 많이 등장한다. — 벌어지게 된 과정을 되짚어 볼 필요가 있다. 그래야 우리가 드라마의 마지막에 우리 안의 긴장감을 해소하고 우리 자신의 바쁜 삶으로 돌아갈 수 있기 때문이다.

나는 그녀의 메아리라기보다는 그녀의 듀엣에 가까운 연기를 했다. "요셉, 당신 때문에 하나님께 감사해요. 하나님이 어떤 분이시든지 말이에요."

"네." 이 연기자가 말했다. "사실이에요." 침묵이 흘렀다. 곳곳에서 한숨 소리가 들리고 어떤 사람들의 눈가에는 눈물이 고였다. 어떤 사람들은 훌쩍이기도 했다. 나는 이쯤에서 마무리를 짓는 것이 자연스러우리라 생각했다.

"정말 놀랍지 않나요? 성경 인물들이 이 긴 세월 동안 마음에 담아 두고 있던 일들 말이에요."

또는, "다른 사람이 자기 마음을 알아줬다는 데에 대한 아스낫의 안도의 한숨이 느껴지는 것 같네요."

또는, "우리가 마무리를 향해 가면서 이 이야기가 가지는 슬픔과 아픔을 공유할 수 있어서 좋네요. 그들이 어떤 성공을 했든 요셉과 아스낫은 이방인이라는 느낌 때문에 아픔을 가지고 있겠죠."

이렇게 말함으로써 사람들은 이 장면을 조금 거리를 두고 바라보고, 본문 해석 차원에서 감정을 다루게 된다.

나는 드라마를 이어 갔다. "혹시 아직 하고 싶은 말이 남은 사람이 있나요?"

"요셉으로서 나는 아스낫 당신을 얼마나 귀하게 여기고 있는지 이야기하지 못했소. 내가 그동안 당신을 어떻게 대했는지 깨달았소. 나는 당신에 대한 고마움을 표현하지 못했던 것 같소. 당신이 나의 배우자임에 감사하오."

"요셉으로서 나는 부족한 사람이라고 생각합니다. 우리는 그동안 함께 했던 세월을 이야기했어요. 그게 얼마나 힘들었는지도요. 우리는 우리의 아들에 대해서도 이야기했어요. 아스낫은 이런 말에 지쳤겠지만, 나는 때때로 내가 가족들을 다시 만나기까지, 그리고 내 동생 베냐민을 다시 볼 때까지 진정한 요셉이 될 수 없을 것 같다는 것을 느끼곤 합니다."

"아스낫으로서 다른 아스낫에게 말할게요." 울고 있던 아스낫을 가리키며 말했다. "당신이 어떤 마음인지 충분히 이해해요. 우리 나중에 이야기를 좀 나눠요." 이런 방법으로 구성원들은 역할을 존중하면서 그것을 확장시키기도 한다.

다른 사람들이 손을 들었다. 다른 목소리들이 들려왔고, 곧이어 침묵이 드리워졌다. 우리는 멀리까지 왔다. 마무리를 지을 때가 되었다. 우리는 아주 많은 이야기들을 함께 나누었다. 나는 집단 구성원들을 두루 바라보며, 눈을 맞추기도 했다. 그들에게 미소 짓거나 고개를 끄덕이거나 고개를 가로저으면서 "참 오랜 여행을 했군요."라는 마음을 전했다.

나는 그다음 두 개의 의자를 가져다 집단의 중간에 놓고, 한 의자를 가리키며 말했다. "여기 요셉이 있어요." 또 다른 의자를 가리키며 말했다. "그리고 여기 아스낫이 있어요." 그리고 집단을 가리키며 말했다. "이제 여러분은 여러분 자기 자신이에요. 성경 인물이 아니고 그저 여러분 자신입니다. 이제 각자 돌아가면서 우리의 성과 이름을 말하겠습니다." 구성원들이 반응하기 시작했다. 어떤 사람들은 아직 마음을 잡지 못하고 있고, 어떤 사람들은 빨리 토론으로 넘어가지 못해 안달이다. 드라마적 환상, 즉 '몰입'으로부터 모두가 동시에 벗어나기는 어렵다. 우리는 가상현실과 일상의 삶 사이에 양다리를 걸치고 있다. "우리가 완전히 우리의 드라마를 끝내기 전에, 요셉이나 아스낫, 아니면 우리가 연기한 다른 성경 인물에게 하고 싶은 말이 있나요?" 나는 잠시 생각을 한 후, 세 번째 빈 의자를 놓고 사람들에게 물었다.

미 주

1. 사소한 문제지만 비블리오드라마에 적합한 언어는 분명히 존재한다. 그것은 한편으로 지나치게 격식을 차리거나 고급스러워서는 안 된다. 비블리오드라마가 해석학적 차원에서 추구하는 목적은 우리의 윤리적, 감정적, 그리고 영적 세계를 성경의 등장인물과 연결시키는 것이다. 우리는 우리의 드라마 세계를 실제 우리의 언어로 표현해야 한다. 반면, 그 언어를 지나치게 일상적인 속어로 치장해 버린다면 우리의 성경 드라마가 갖고 있는 내러티브 차원을 마비시키고 등장인물을 비인격적 존재로 만들 위험이 있다. 독자들도 이것을 기억했으면 한다. 내가 그동안 다양한 비블리오드라마 경험을 통해 깨달은 것이 있다면, 참여자들이 사용하는 언어 스타일에 나름 최고의 현실성(plausibility)이 있어야 한다는 점이다. 우리는 현실의 문화에 던져지는 것을 불편해하지 않으며, 꾸며서 독특하게 말하는 것에도 거리감을 느끼지 않는다. 디렉터가 참여자의 말에 메아리 기법(echoing)을 사용함으로써 수행해야 할 과제 중 하나는 드라마적인 언어 표현력과 음색, 수준 있는 어법을 형성해 주는 것이다. 이것들은 감정을 전달할 뿐만 아니라 품위를 느끼게 한다. 같은 맥락에서 디렉터는 그 자신의 언어 스타일, 반복(echoing) 스타일을 사용해서 감정의 강도를 조절하거나 과도하게 드라마화 되는 것을 막을 수 있으며, 일상적인 자연스러움을 어느 정도 가지고 올 수 있다.

2. 같은 이야기를 비블리오드라마에서 반복할 때 생길 수 있는 위험이 있다. 누구나 한 이야기를 여러 번 진행하게 될 때 소위 '초심'을 유지하기 힘들다. 비블리오드라마 디렉터가 경계해야 할 요소가 있다. 경계해야 하는 이유는 그것이 그 집단의 자발성에 영향을 미치기 때문이다. 내게 있어서 가장 위험하다고 생각하는 문제는 어느 특별한 내용을 반복하려고 하는 것, 또는 특정 해석을 강요하는 것이다. 그전에 독창적이고 생동감을 불어넣었다 할지라도 나중에 그것을 강요할 경우 자발성이 떨어지기 마련이다. 비블리오드라마에서 얻은 과거의 통찰은, 성경 해석과 마찬가지로 하나의 전략이나 설명 정도로 활용해야지, 그것을 가지고 비블리오드라마의 절정에 다시 도달하고자 한다면 지금의 상황에서 처음으로 발견할 수 있는 해석의 기회를 놓치게 된다.

3. 종교 공동체나 종교 기관, 그리고 신학교에서 비블리오드라마를 진행하면서 감사했던 것은 성경 본문에는 등장하지 않는 여성들의 목소리를 드라마 속에서 들을 수 있다는 점이다. 여성만 발언한 것은 아니었지만, 개인적으로 이런 작업은 페미니스트적 관점을 드러낼 수 있는, 그것도 성경 이야기와 생생한 관련 속에서 드러낼 수 있는 한 가지 방법이라고 생각한다. 당연한 이야기겠지만, 이러한 시도는 교회 및 신앙 공동체에서 여성들에게 더 많은 이야기의 기회를 제공함으로써 연구 영역에서뿐만 아니라 전통적인 예전의 자리에 여성의 역할을 지속적으로 세워 주고 확장시킬 것이다. 그동안의 경험에 따르면, 비블리오드라마는 일종의 놀이 공간을 제공한다. 그 공간 안에서는 알아야 할 것을 알지 못하고 있다고 해서 참여의 기회를 제한하지 않는다. 결국 비블리오드라마는 그동안 예배 공동체에 적극적으로 참여하여 자기 목소리를 내기 힘들었던 주변인들, 즉 여성, 아이들, 개종자들, 그리고 최근 늘고 있는 타 종교 배우자들의 목소리를 듣고 그들의 존재를 인식하게 해 준다. 그들은 자주 깜작 놀랄 만한 통찰을 보여 주기도 하는데, 그것은 마치 그들이 종전까지 침묵하던 성경 이야기 속으로 들어가는 듯한 모습을 보여 준다.

SCRIPTURE WINDOWS

8장
종결 : 놀이를 끝내다

비블리오드라마를 품위 있게 마무리 짓기란 여간 어려운 일이 아니다. 특별한 드라마 장면에서 종결을 이끌어 내야 한다. 가끔은 화음을 듣듯이 부드럽고 조화로운 분위기에서 끝을 맺기도 하지만, 어떤 때에는 시간 부족으로 인해 도끼질하듯이 서둘러 끝내 버릴 때도 있다. 디렉터로서 당신은 비블리오드라마가 때로는 깊고, 때로는 얕은 몰입의 긴 여정을 거쳤다는 것을 기억할 필요가 있다. 당신은 사람들을 몰입상황으로 이끌고 들어가 머물도록 했으며, 그것을 수정하고 강화시켰고, 끊거나 재개하기도 했다. 이제 비블리오드라마를 마치면서, 당신은 몰입의 마법을 거두어야 한다.

나는 스쿠버다이빙이란 은유(metaphor)를 사용하려고 한다. 당신은 연기자들을 수면 밑으로 데리고 갔었고, 이제 그들을 데리고 나와야 한다. 심해 속을 다이빙하는 사람들의 경우, 물 밖으로 너무 빨리 나오게 되면 잠수 과정에서 생겨난 질소가 혈액에서 빠져나가지 못해 잠수병과 같은 경련을 일으키기도 한다. 깊이에 따라서는 다이버가 다시 배에 오르기까지 시간이 많이 걸릴 수도 있다. 비블리오드라마도 마찬가지다. 하지만 대부분의 경우 종결 지점에 이르면 몰입의 정도는 얕아지기 마련이다. 가끔 나는 그대로 놔둔 채 지켜보기만 한다. 나는 역할 속에 머무르라는 경고를 사람들에게 똑같이 적용하지 않거나, 거리를 두는 효과를 얻기 위해 인지적인 설명을 다양하게 덧붙이려고 한다. 하지만 가끔 어떤 사람들은 너무 깊은 몰입 상태에 빠

져 있었거나 여전히 빠져 있어서 그들을 천천히, 그리고 조심스럽게 데리고 나와야 할 때도 있다.

이 과정에서 중요한 것이 부드러움(gentleness), 다시 말해 친근한 목소리와 음색이다. 어떤 비블리오드라마 디렉터들은 반복할 수 있는 멜로디를 흥얼거리게 하거나 친숙한 구절을 리듬에 맞춰 암송하게 한다. 이런 방법을 통해 구성원들의 의식을 다른 방향으로 돌리려고 한다. 음악적 재능이 있는 다른 디렉터들은 기타(guitar)를 활용해서 참여자들이 현재(here and now)의 자신으로 돌아올 수 있도록 한다. 성경을 읽는 것 역시 비슷한 효과를 낼 수 있다. 여기서 핵심은 부드러움이다. 왜냐하면 그 자리에서 종종 성경이나 등장인물에 대해서, 또는 사람들이 보고 들었던 것들(세속적이든 영적이든)에 대해서 심리적 분출과 새로운 자각이 일어나고, 자기 안에서 무엇이 완화되거나 용솟음치는 것을 느끼기 때문이다. 이런 움직임이 눈에 띄지 않을 수도 있지만, 디렉터는 참여자들이 현재로 돌아오면서 서로 속삭이거나 부끄러워하는 눈빛들을 통해서 그런 분위기를 감지할 수 있다. 자연스럽게 현재로 돌아오는 것, 그것이 관건이다.[1]

역할 벗기(de-roling)를 할 때, 성경의 본래 형태(prototype)를 너무 쉽게 잊지 않게 하기 위해서 나는 빈 의자 기법을 활용하기도 한다. 빈 의자들은 성경 인물들이 영적으로 자리하는 느낌을 유지시켜 주면서, 성경 인물로서

가 아니라 그들 자신의 목소리로 성경 인물과 관계할 수 있도록 도와준다.

나는 집단 앞에 의자들을 놓으면서 말했다. "여기에 방금 성경 인물들이 채웠던 빈 공간들이 있습니다. 우리가 다루었던 인물들 중 여러분이 몇 마디 나누고 싶은 사람이 여기에 앉아 있다고 상상해 보십시오. 그리고 나서 우리는 무대를 치우고 우리의 비블리오드라마를 되돌아보겠습니다."

"나는 요셉, 당신에게 말하고 싶어요. 사실 나는 그동안 당신이 어떤 일을 겪었는지 잘 몰랐어요. 그러니까, 나는 당신의 이야기를 생각 없이 읽었던 것 같아요. 그러니까…… 어쨌든 그래요. 정말 놀라웠어요."

"아스낫, 난 당신에게 말하고 싶어요. 내 아들이 당신과 결혼을 했어요. 그러니까 내 아들은 유대인인데, 그 아이가 유대인이 아닌 소녀와 결혼했어요. 내가 당신을 연기해 보기 전에는 당신이 어땠는지…… 전혀 이해하지 못했어요……. 나는…… 그녀에게 사과하고 싶어요."

"나는 요셉, 당신에게 말하고 싶어요. 당신이 가족 없이, 가족들의 승낙 없이 결혼하는 것이 어땠는지 알겠어요. 그 이상은 말하지 않을게요. 그냥 이해할 수 있을 것 같아요."

"나는 보디발에 대해서 할 말이 있어요. 난 아이가 없어요. 아들을 가진 적도 없고요. 그런데 내가 요셉에 대해서 이야기할 때, 그러니까 보디발이 그에게 있어 아버지처럼 느껴진다고 했을 때, 나는 내 자신에게 이야기하는 것처럼 느껴지더라고요. 아내와 나는 요즘 입양을 생각하고 있거든요."

"나는 하나님께 하고 싶은 말이 있어요. 아시죠? 하나님은 우리에게 혼란스러운 메시지를 주실 때가 있잖아요. 우리가 비유대인과 결혼해서는 안 된다고 하시면서도 아브라함은…… 그 여자와 결혼하잖아요……. 그 여자가 누구였죠?"

내가 도와주었다. "그두라요."

"맞아요. 그두라. 난 그 사실에 대해서 모르고 있었어요. 그것이 진짜로 성경에 있는 내용인가요?"

"네, 있어요. 원한다면 나중에 그 부분을 보여 드리죠."

"아니에요. 괜찮아요. 그냥 믿을게요. 아무튼 아브라함이 이방인과 결혼했어요. 아브라함이 말이에요! 그리고 요셉은 또 다른 이방인인 아스낫과 결혼했어요. 이 사람들은 우리 믿음의 조상이잖아요. 그냥 이해가 잘 안 돼요."

"난 바로에 대해 이야기하고 싶어요. 나는 선입견을 가지고 있었다 싶어요. 난 이집트 왕들이 모두 나쁜 사람들이라고만 생각했거든요. 바로라 하면 모두 모세 이야기에 나오는 바로처럼 뭉뚱그려서 생각했어요. 하지만 요셉 이야기에서 나오는 바로는 꽤 특별한 왕이었던 것 같더라고요. 나는 국가 공무원들에게 실망하곤 했어요. 좀 냉소적이 되곤 했는데, 오늘 바로를 보면서 거기에는 좋은 사람들도 있다는 생각을 하게 되었어요."

여기 마무리하는 과정에서 나타나듯이, 사람들 중에는 성경 인물에게 직접 이야기하는 사람들도 있고, 성경 인물에 대해서 이야기하는 사람들도 있다. 둘 다 괜찮다. 나는 특정 방법을 사람들에게 강요하지 않을뿐더러, 지금 내 관심사는 사람들로 하여금 비블리오드라마에서의 몰입을 느슨하게 해서 거기에서 벗어나게 하는 것이기 때문이다.

"나는 요셉과 이야기하고 싶어요. 요셉, 난 성공이 무엇인지 잘 알아요. 사람들이 당신을 대단한 사람으로 생각하죠. 때로는 당신 자신조차도 그렇게 생각하겠죠. 하지만 당신이 외로워하고 있다는 것을 잘 알고 있어요. 권력이 있다는 것이 모두 근사한 것만은 아니죠."

이전과 마찬가지로 너무 길어지지 않게 끊고자 하면서, 이것으로 드라마에서 집단이 등장인물들과 이야기를 나눌 때 할 만한 샘플들을 충분히 다루었다고 생각한다.

"여러분, 이제 모두 마쳤습니다. 다들 일어서서 숨을 크게 들이마시고, 잠에서 깨어나듯 스트레칭을 하기 바랍니다. 어린아이가 앞에 있는 게 진짜

인지 궁금해할 때 하는 것처럼 눈을 비벼 보세요. 가능하면 하품도 해 보시고요. 그리고 들어 보세요. 이 위대한 이야기가 어떻게 계속되는지 한번 들어 보세요."

이집트 땅에서 일곱 해 동안 이어 가던 풍년이 지나니, 요셉이 말한 대로 일곱 해 동안의 흉년이 시작되었다. 온 세상에 기근이 들지 않은 나라가 없었으나, 이집트 온 땅에는 아직도 먹거리가 있었다. 그러나 마침내, 이집트 온 땅의 백성이 굶주림에 빠지자, 그들은 바로에게 먹을 것을 달라고 부르짖었다. 바로는 이집트의 모든 백성에게 "요셉에게로 가서, 그가 시키는 대로 하여라" 하였다. 온 땅에 기근이 들었으므로, 요셉은 모든 창고를 열어서, 이집트 사람들에게 곡식을 팔았다. 이집트 땅 모든 곳에 기근이 심하게 들었다. 기근이 온 세상을 뒤덮고 있었으므로, 다른 나라 사람들도 요셉에게서 곡식을 사려고 이집트로 왔다. 야곱은 이집트에 곡식이 있다는 말을 듣고서, 아들들에게 말하였다. "애들아, 왜 서로 얼굴들만 쳐다보고 있느냐?"(창 41 : 53-42 : 1, 새번역)

"이제 비블리오드라마의 다음 단계로 넘어갈 준비가 되었습니다. 그 부분에 대해서는 다음 시간에 다루도록 하겠습니다. 지금은 뒤로 몸을 기대고 다시 원을 만들어서, 비블리오드라마를 하면서 어땠는지 이야기하는 시간을 갖겠습니다."

나는 이 시점에서 종종 비밀을 유지해야 하는 사안에 대해서 언급한다. "그리고 우리가 오늘 나눈 것에 대해서 이야기할 것이 있습니다." 무대가 이제 교육의 장으로 바뀐다. "때로는 비블리오드라마가 진행되면서 혹은 비블리오드라마를 돌아보면서 개인적인 감정이나 문제를 다루게 되기도 합니다. 우리는 성경에 대해서 배웠을 뿐 아니라, 서로에 대해서도 알게 되었습니다. 해석을 나누는 것은 즐거운 일이기 때문에, 이야기에서 배운 것은 그 누구와도 나눌 수 있습니다. 하지만 다른 사람들에 대한 것들은 공개적으로 나눌 만한 것이 아닙니다. 여기에 모두 동의하십니까?" 나는 모든 사람들이 동의하는 고갯짓을 할 때까지 기다린다. "좋아요. 감사합니다. 자 이제 우리가 배운 것들에 대해 이야기를 나눠 봅시다."

미주

1. 종결에 대한 자세한 내용은 Ⅲ부 '6. 종결(마무리)의 몇 가지 방법'을 참조하라.

SCRIPTURE WINDOWS

9장
성찰

기억하고 있겠지만 성찰은 비블리오드라마의 마지막에 역할극에서 일어났던 일에 대해 돌아보고, 반성하기 위해 지정된 시간을 말한다. 이 시간은 당신이 참여자들을 도와주는 시간이다.

1. 역할 벗기(de-roling) : 드라마 몰입으로 인한 영향을 털어 버린다.
2. 소감 나눔(sharing) : 이 활동이 자신들에게 끼친 의미를 서로 나눈다.
3. 성경 해석(exegesis) : 성경 본문의 의미를 좀 더 생생하게 접근할 수 있는 방법을 살펴본다.
4. 기타 자료(consulting other sources) : 본문에 대한 다른 접근방법을 학습한다.
5. 진행 방식에 대한 논의(processing) : 비블리오드라마 진행 과정에 대해 반성한다.

성찰의 다섯 요소 중에서 역할 벗기는 반드시, 그리고 가장 먼저 진행되어야 한다.

1. 역할 벗기

사람들이 역할 연기에서 벗어날 수 있도록 하는 방법에는 여러 가지가 있다. 역할 벗기는 역할극 중간에, 한 장면에서 다른 장면으로 혹은 한 역할에서 다른 역할로 전환하려고 할 때에도 필요하고, 드라마의 마지막에도 필요하다. 깔끔한 역할 벗기는 비블리오드라마 디렉터에게 꼭 필요한 기술이다.

역할이 몸속으로 스며든다는 것을 기억해야 한다. 역할극을 하는 경우, 의자에서 일어나지 않고서도 우리는 우리가 맡을 역할이 지시하는 위치나 자세로 이동할 수 있다. 이때 우리의 숨소리는 살짝 변하기도 하고, 또는 자신도 모르게 긴장도 한다. 따라서 사람들로 하여금 일어서서 깊게 숨을 들이마시고 자유롭게 그들의 몸을 움직이도록 하는 것은 역할에서 벗어날 수 있게 하는 아주 좋은 방법이다. 나는 자주 "다 떨쳐 버려요."라고 아주 단순하게 명령한다. 그다음 나는 사람들이 자신의 이름을 말하고, 집단에 자신을 다시 소개하게끔 한다.

아주 생생하고 현실감 있었던 등장인물들과 차분하고 자연스럽게 작별을 고하도록 하기 위해 나는 잠시 동안 그들이 숨을 고르며 자유롭게 주변을 걷게 한다. 그 뒤, 자기 이름을 소개하도록 하고 나서 다음과 같이 말한다.

"이제 눈을 감고 이 자리에 모였던 인물들이 집에 가는 상상을 해 보세요. 그러니까 그들이 있어야 하는 성경으로 말이죠. 우리가 그들을 처음 발견했고 또 발견하게 될 성경 속 자신의 자리로 돌아간다고 생각해 보세요." 나는 잠시 동안 사람들이 상상할 시간을 준다.

"자, 이제 눈을 떠서 그들이 여기에 있다고 상상해 보세요." 이때 나는 성경을 꺼내 손에 들고 모든 사람들이 눈을 떠서 함께 읽었던 성경을 바라볼 때까지 기다린다. 나는 성경을 들어 모두가 볼 수 있도록 한다. 나는 성경의 페이지를 넘기면서 "자, 보시다시피 성경 인물들은 모두 이 지면 속으로 돌아갔습니다."라고 말했다.

"자." 나는 이렇게 마무리한다. "이제 돌아가면서 각자 자신의 이름을 말하도록 합시다. 혹시 중간 이름이나 어렸을 때 불렸던 애칭이 있다면, 그것을 포함해서 말씀해 주세요." 이 요청은 자기인식을 하도록 함으로써 남아있던 성경 인물과의 연결 고리를 끊어 버린다.

마지막으로 내가 30명 이상의 대집단에서 비블리오드라마를 진행할 경우, 나는 각자 자신의 옆자리에 앉아 있는 사람과 비블리오드라마를 경험하면서 흥미로웠던 점이 무엇인지 잠시 이야기 나누라고 한다. 사람들로 하여금 인지적이고 반성적 활동을 하도록 하는 방법은 그들이 드라마에서 빠져나오도록 도와주는 역할을 한다. 서로 드라마에 참여하면서 흥미로웠던 일을 나누라는 마지막 요청은 비록 회중 앞에서는 아닐지라도 소감을 나누는 자리로 인도하는 방법이다.

2. 소감 나눔

소감 나눔은 역할 벗기가 끝난 후에 이루어진다. 20명가량의 소집단의 경우, 전체 참여자들이 돌아가며 소감을 말할 수 있다. 대부분의 경우 사람들은 디렉터인 당신을 바라보고 말하려고 할 것이다. 지금까지 참여자들은 자기 정체성을 되찾게 되고, 자신의 이름을 말하면서 그 사실을 확인했다. 드라마 내내 그랬듯이, 이 시점에서 디렉터는 남은 시간을 확인하면서 참여자들에게 지금이 소감을 나누는 시간이라고 알려 줘야 한다.

각 개인이 나눌 수 있는 시간은 한정되어 있으며, 그 사실을 사람들에게 분명히 말해 주어야 한다. 디렉터는 다음과 같이 말을 이어 갈 수 있다.

"감사합니다. 다들 정말 훌륭했어요. 참여하지 않으셨던 분들도 집중해 주신 것 자체로 도움이 되었어요. 역할에 참여했든 하지 않았든 모두가 최소한 잠깐이나마 드라마의 리얼리티(현실)를 체험했으리라 확신합니다. 드라마가 여러분에게 말하고 또 여러분이 드라마에 반응했던 경험은 참 놀라운 경험이었을 겁니다."

"이제 우리에게는 마치기까지 15분 정도의 시간이 남았습니다. (이 정도의 시간은 내가 집단과 보내는 시간의 1/4 정도를 가리킨다.) 비블리오드라마 중에 느꼈던 것을 나누거나 하고 싶은 말이 있는 사람은 누구든지 말씀해 주시기 바랍니다. 비블리오드라마의 지금 과정은 소감 나눔(sharing)이라고 불립니다. 이제 원하시는 분이 자신에 대해서 이야기하는 시간입니다. 소감을 나눌 때, 우리는 다른 사람들에 대해서, 다른 사람들이 어떻게 연기하였는지, 그리고 그것에 대한 어떤 생각이 들었는지 평가하지 않기로 합시다. 그리고 소감을 나누는 시간은 성경 본문에 대한 통찰을 나누기 위한 것이 아닙니다. 지금 이 시간은 우리가 비블리오드라마를 통해서 개인적으로, 감정적으로, 영적으로 받은 감흥을 다른 사람들에게 과감하게 털어놓는 시간입니다. 자신의 역할을 통해서 느낀 것도 좋고, 다른 사람의 역할을 통해서 받은 느낌도 좋습니다. 소감을 꼭 말하지 않아도 괜찮습니다. 개인적으로 경험을 간직하고 싶은 분이 있다면, 그것도 괜찮습니다.

"내게는……." 가끔 나는 내가 먼저 말함으로써 어색한 분위기를 부드럽게 하고 또 내가 기대하는 모습을 몸소 보여 주곤 한다.

"내게는 근친혼에 대한 이야기가 아주 흥미로운 주제였습니다. 아내 수잔과 결혼했을 때, 나는 유대인의 정체성이 그리 크지 않았고, 수잔은 전형적인 기독교인이었거든요. 그런데 수잔이 우리 결혼식에 유대 전통의 혼례 순서를 조금 넣자고 했어요. 아마 그녀는 내가 유대인이라는 걸 알고 있었기 때문에 결혼식에 그 일부를 넣고 싶어 했던 것 같습니다."

이 정도면 자기 노출의 세기가 적절하게 시작되었다고 생각한다. 사람들은 자신의 부모, 소외감, 권력 다툼, 하나님과의 씨름, 절망, 근친혼, 멀어졌던 가족과의 화해, 아직 해결되지 않은 불화, 동화되고자 했던 유혹 등에 대해 이야기하기 시작한다. 이 모든 개인 이야기들은 우리가 방금 살펴본 성경 이야기와 어우러진다.

항상 그런 것은 아니지만, 나는 이 소감을 나누는 시간을 통해 우리가 흔히 가지고 있는 이야기가 가진 치유의 힘을 종종 느끼곤 한다. 다양한 참여자들이 우리가 함께 나누고 활동한 이야기와 연계해서 이야기를 나눌 때, 나는 우리가 성경 이야기의 한 지붕 아래 모여 있다는 느낌을 받곤 한다. 성경 이야기가 개인의 이야기에 형태와 깊이를 제공하는 힘을 다시 한번 느낄 수 있다.[1] 비블리오드라마를 통해서 우리가 가진 딜레마가 완전히 해소되지는 않겠지만, 두 가지 면에서 우리는 혼자가 아니라고 느끼게 된다. 한편으로 우리는 다른 사람들이 맞닥뜨리고 있는 상황이나, 우리와 유사한 상황에서 고군분투하고 있는 사람들의 이야기를 들었다. 이것을 아는 것만으로도 우리는 혼자가 아니라고 느끼게 된다. 그리고 다른 한편으로 우리는 수천 년 전부터 이야기되었고, 세대를 거쳐 전해져 온 한 사람에 대한 이야기의 틀에 우리의 이야기가 모두 포함된다는 것을 깨닫게 되었다. 부지불식중에 조상들이 함께하고 있다는 느낌을 받거나, 심리적 원형 차원에서 우리가 세월이 흘러도 변치 않는 이야기를 우리 시대에서 경험하며 살고 있다는 공통의 운명을 깨닫게 된다. 이것을 아는 것만으로도 우리는 혼자가 아니라고 느끼게 된다.

3. 성경 해석

가끔씩 방금 소개한 소감 나눔이 적절하지 않은 경우가 있다. 성경 본문 연구를 목적으로 하는 집단의 학생들에게 자신의 삶에서 자료를 가지고 오라고 요구해서는 안 된다. 이런 경우, 비블리오드라마는 일종의 문학 비평이나 성경 해석의 역할을 감당할 수 있고 또 그래야 한다.

그렇다고 해서 역할극이 사람들에게 인격적인 감동(울림)을 전해 주지 못했다고 생각한다면 그것은 잘못이다. 어떤 사람은 감동을 받거나 고민을 갖게 될 수 있기 때문에, 당신이 소감 나눔 시간을 건너뛰려고 해도 사람들은 그 필요성을 느끼게 될 것이다. 그렇기 때문에 우리는 나눔을 위한 시간을 할애해야 한다. 사람들은 자신이 비블리오드라마를 하면서 느낀 경험들을 개인적으로 나눌 수 없을 경우, 당신이 시도하는 성경 해석이나 내용 분석에 온전히 집중하려고 하지 않을 것이다. 또한 사람들이 가능하리라고 생각한다면, 당신을 기다려서라도 생각을 나누고 연구하려고 할 것이다.

당신은 사람들이 다른 시간에 당신과 함께 이야기를 나눌 가능성에 대해서 알리기 위해 다음과 같이 말할 수 있다.

"어쩌면 이런 독특한 성경공부 방법에 조금 놀라셨을지도 모르겠습니다. 수업 중에 그것들을 다루기는 어렵지만, 수업 후에 여기에 남아서 이야기를 나누고 싶은 분이 있다면 시간을 할애하고자 합니다. 바로 어딘가로 가셔야 한다면, 당신의 생각을 나누기 위해 언제든 전화해 주시기 바랍니다. 언제든 시간을 내드리겠습니다."

지극히 상징적이긴 했지만 당신은 성찰 중 나눔의 시간을 가졌다. 당신은 집단 경험에서 중요한 면을 빠뜨리지 않았다. 그리고 좀 더 개인적인 상황에서 다루어야 할 주제가 존재할 수 있다는 것을 알렸다. 이것을 다른 말로 한다면 이렇게 말할 수 있다. 사람들의 경험에 대해서 차후에 이야기 나눌 시간을 가질 수 없다면 비블리오드라마를 하지 마라!

이제 당신은 성찰의 해석 단계로 사람들을 이끌 준비가 되었고, 그들에게 당신이 무엇을 하려는지 알려 주어야 한다. 한 가지 방법은 당신의 역할이 이제 교사로 돌아오고 있다는 것을 분명히 하는 것이다. 이 변화는 당신이 칠판으로 가서 무언가를 적는다든지, 당신의 자리인 책상으로 돌아간다든지, 당신이 다시 '교사'라는 것을 보여 주는 행위를 통해 이루어진다. 당신의 역할 변화는 역할 벗기가 끝나고 함께 소감을 나눌 시간과 장소가 정해진 후에 이루어진다.

이 시점에서 당신이 디렉터에서 교사로 전환되었다는 것을 알리기 위해 할 수 있는 일은 많다. 다음은 그 예다.

"우리는 특별한 방법을 사용하여 복잡하고 흥미로운 성경 이야기를 탐험했습니다. 이야기 속에서 우리는 모두 그전까지 한 번도 보지 못했던 것들을 발견하게 되었습니다. 이 방법은 이야기의 세밀함 속에 다층적인 의미가 존재한다는 것을 알려 주고 있습니다. 이제 남은 10분 동안 여러분이 이 연구 방법을 통해 요셉 이야기에서 배운 것을 듣도록 하겠습니다."

이 토론 과정 중에는 점치기에 대한 가설이 등장하기도 한다. 예를 들어, 요셉이 나중에 술잔을 올리는 시종장의 점치는 잔을 사용해서 점을 쳤다는 것이다. 그리고 아브라함이 그두라와 결혼한 것에 근거해서 고대 가나안의 결혼풍습에 관해 말하기도 한다. 요셉이 권력을 위해 자신의 정체성을 희생한 것을 토론의 주제로 삼기도 한다. 또는 성경 속의 인물들이 얼마나 자주 가면을 쓰거나 자신을 감추는지 말하기도 한다. 근친혼의 문제가 등장하기도 한다. 유대-그리스도교 전통 속에 언제, 그리고 어떻게 근친혼이 자리 잡게 되었는가 하는 문제의 도화선이 요셉의 경우에서 비롯된 것이 아닌가 하는 이야기다.

이야기 방식과 관련하여 학생들은 간결하고 비감성적인 태도로 성경 이야기를 들려주는 방식을 새롭게 이해하게 된다. 그들은 아마 농축의 효과, 하나의 세밀한 요소가 제시하는 커다란 가능성의 힘을 비블리오드라마에서 더 생생하게 느꼈을 것이다. 의미의 불확실성이라든지 해석의 갈등 문제는 신학적인 질문을 야기할 수 있다. 이런저런 측면에서 비블리오드라마는 다른 해석 작업을 보충하는 데 유용하게 사용될 수 있다.

4. 기타 자료

나는 미드라쉬(The Midrash-랍비 전통의 주석모음집을 지칭하기 위해 대문자를 사용하였다.) 학자가 아니다. 나는 그저 현대적 형태의 미드라쉬(midrash)[역자주 : 대문자 미드라쉬가 랍비들의 미드라쉬 주석을 의미한다면, 소문자 미드라쉬는 넓은 의미에서 상상력을 통한 성경 해석을 총칭한다.]를 조금 친숙하게 느낄 뿐이다. 미드라쉬(The Midrash)를 아는 독자들은 전통적 해석을 반복하거나 확대하는 비블리오드라마의 특징을 확인할 수 있을 것이다. 그리스도교 비블리오드라마 디렉터들은 해석의 원천인 성경이 그리스도교 이야기를 조명해 줄 것을 알고 있다. 나는 이 전통에 대해 더 공부해 가면서 비블리오드라마를 마무리할 때 즈음 학생들과 유서 깊은, 또는 현대 주석(해석)을 읽어 주는 시간을 가지려고 한다. 그럼으로써 비록 우리가 정확히 인지하지는 못하고 있지만, 우리의 작업이 얼마나 과거와 현재 사이에서 대화를 추구하고 있는지 보여 주려고 한다.

나는 내가 알고 있는 흥미로운 해석을 드라마에서 거리를 두려고 노력한다. 드라마를 마무리할 때까지 감춰 두곤 한다. 이렇게 하는 이유는 연기를 하는 참여자들이 가능한 한 과거의 위대한 해석가들의 영향을 받지 않게 하기 위해서다. 그러기 위해서 연기를 하는 잠시만이라도 그 해석가들에 대해 알려 주지 않는 것이다. 내 생각에, 성경을 공부하는 학생들은 가끔 과거의 해석을 지나치게 의식한다. 학생들은 자신이 입을 열기 전에 선조들이 가졌던 지혜를 잘 알고 있어야 한다고 생각한다. 또한 기독교 공동체에서는 교리나 교훈의 문제에 사로잡혀, 참여자들이 상상력을 펼치기를 주저하는 경우도 있다. 성경학자나 설교자의 권위에 대한 경외심은 사람들의 믿음에 지나친 영향을 끼쳐서 사람들이 아무 말도 못하게 만든다. 우리는 너무 오래도록 학자들과 성직자들이 우리의 해석을 대신하도록 함으로써 우리 자신의 목소리, 성경이 우리 자신에게 주어진 것이라는 확신을 거의 잃어버렸다. 평신도들은 자신들의 무지가 즉각적으로 드러나거나 조롱거리가 될까 봐 두려워한다.

나는 비블리오드라마를 능력을 확장시키는 방법의 하나로 본다. 비블리오드라마는 평신도가 다시 성경 자료에 대해 의미 있고 적합한 해석을 할 수 있도록 돕는다. 이렇게 능력의 확장이 일어나도록 하려면, 디렉터는 어떤 전통에 대해 알고 있을지라도 그 지식을 보류시킬 수 있어야 한다. 그럼으로써 참여자들이 스스로 상상의 나래를 펼칠 수 있도록 도와야 한다. 일단 참여자들이 그들이 해야 할 말을 알게 되고 자기 동료들이 같은 본문과 문제로 씨름한다는 것을 깨닫게 되면, 그들은 과거의 통찰에 더 많은 흥미와 유익을 느끼며 귀 기울이게 될 것이다. 우리가 만일 우리의 지식이 우리의 문화, 성격, 선입견, 문화 등에 의존하고 있음을 깨닫는다면, 우리는 과거 해석자들의 탁월한 역량조차 제한적이란 것을 인정할 수 있을 것이다.

5. 진행 방식에 대한 논의

이 책은 전체적으로 비블리오드라마의 진행 방식에 대해서, 그것도 디렉터의 입장에서 설명하고자 시도한 책이다. 예를 들어 이 책에서는 비블리오드라마에서 어떻게 연기해야 하는지, 성경 인물 속으로 몰입하기 위해서 어떤 능력을 개발해야 하는지, 연구와 목소리와 몸짓에 대한 어떤 훈련을 해야 훌륭한 연기자가 될 수 있는지에 대해서는 거의 다루지 않았다.

비블리오드라마는 하나의 기법, 예술, 그리고 그와 같은 계열의 것으로서 비블리오드라마만의 차원, 기술, 용어, 행동, 그리고 전략들을 가지고 있다. 우리는 비블리오드라마를 끝내고 성찰의 여러 단계를 지나왔다. 이제는 디렉터로서 당신의 비블리오드라마 진행이 어떠했는지에 대한 평가를 들을 시간이다. 즉, 무엇이 성공적이었고, 성공적이지 않았는지, 왜 당신은 이것을 선택하고, 나머지를 선택하지 않았는지, 이런 종류의 토의는 특히 비블리오드라마를 진행하고자 훈련받기 위해 모인 사람들에게 더욱 가치가 있다. 보통 디렉터가 먼저 이야기하고 구성원들이 자기 생각을 말하도록 하는 것이 바람직하다.

훈련을 받는 집단이 아닌 경우, 참여자들 중 한두 명은 당신이 연극 혹은 예술의 시각에서 드라마를 진행한다고 느낄 수 있다. 다시 말하자면, 그들은 당신의 공연을 보았고, 그래서 그것에 대해 무엇인가 말하고 싶을 것이다. 당신은 다른 사람들이 성찰의 다른 단계들을 모두 지나왔다고 확인하기 전까지 그러한 비평적 평가를 미뤄야 한다.

사람들은 당신이 했던 일에 대해서 반대하는 경우가 생길 수 있다. 그리고 그 말을 듣는 것은 결코 수월하지 않다. 그럴 때 당신은 마음을 열고 소통하려고 해야 하며, 이들에게 수업이 끝난 후 당신과 개별적으로 이야기를 나누도록 요청하는 것이 바람직하다. 기억해야 할 것은 당신이 그러한 비평을 들을 때 그 사람들은 당신이 한 일이나, 드라마에서 발생한 일이 불편했다고 전할 방법이 그때밖에 없다고 생각했으리라는 것이다. 다시 말해서, 당신에 대한 평가는 그 사람이 자신의 감정을 이야기하는 방법 중 하나라는 것이다. 하지만 그러한 감정이 비난이나 분노 혹은 지적 우월감으로 나타날 경우에는 받아들이기 힘들다. 사람들이 역할에서 벗어나, 소감을 나누고, 본문을 해석하기 전까지 당신과 당신의 작업에 대한 토론으로 진입하지 않도록 조심하라. 그리고 지금의 활동이 과거의 활동과 연계된 것을 인식시켜야 한다. 당신의 진행에 대한 성급한 논의는 그 초점을 참여자들 자신의 경험에서 벗어나 다른 곳으로 향하게 할 수 있다.

하지만 이 모든 단계를 마친 후에도 사람들이 당신이 했던 일, 또는 하지 않았던 일에 대해서 이야기하기를 원한다면 당신은 그들의 말에 귀를 기울이도록 노력해야 한다. 당신의 사명은 그들에게 배우는 것이다. 그리고 그들과 함께 혹은 나중에 혼자라도 무엇이 당신을 움직였는지, 그리고 그것이 특정 사람들을 불편하게 하지는 않았는지 반성할 필요가 있다. 또한 비블리오드라마 활동이 개인적 영역뿐만이 아니라 성경에 대한 이해에도 혼란을 야기할 수 있다는 점을 명심해야 한다. 비블리오드라마의 감성의 세계, 그리고 상상의 세계로 사람들을 이끌고 가기 위해서는 어느 정도의 용기가 필요하며, 모든 사람들이 기꺼이 그렇게 하지는 않을 것이다. 자신을 신뢰하되, 완벽을 기대하지는 마라. 그리고 나의 경험이 당신에게 힘이 되었으면 좋겠다. 내가 만난 사람들 중에 비블리오드라마를 마치고 나자 아주 심술궂은 반응을 보였다가 어느 정도 시간이 지난 후에 그 비블리오드라마의 경험이 자신들에게 잊혀지지 않는 소중한 경험이었다는 것을 깨달았다고 전해 온 사람들도 있다.

당신이 할 수 있는 최선을 다하라. 하지만 항상 여전히 부족한 점이 많다는 겸허함을 가지라.

미주

1. 요셉의 본문을 이야기로 깊이 있게 다룬 문헌으로 조셉 루킨스키(Joseph Lukinsky)의 *The Joseph Story as a Master Story*, Conservative Judaism(1996/겨울)을 참조하라.

10장
비블리오드라마의 유익

오늘날 '영적으로 깨어 있는 사람들'(the spiritually awakening), '영적으로 갈급한 사람들'(the spiritually hungry) 같은 지성인들은 대부분 성경을 영적 자양분이나 이정표로 생각하지 않는다. 대중문화에서 영혼과 신화가 자주 거론됨에도 불구하고, 대중문화는 우리가 그토록 갈망하는 영혼의 신화(soul-myth)를 오랜 전통에서 찾으려고 하지 않는다. 강단에 관련된 전문 종사자를 제외하면 현대인의 대부분은 더 이상 성경에서 우리가 겪는 고충과 선조들이 갔던 여정을 연결시키는 모범이나 전형, 그리고 인간 경험이나 감정의 원형을 찾으려고 하지 않는다.

현대 심리학은 원시 부족(部族)의 심리학과 완전히 결별했다. 극단적으로 개인주의화 되고 비신화화 된 포스트모던 시대의 자아는 우리에게 전승된 종교적인 이야기들(narrative)과의 연결고리를 모두 잃어버렸다. 우리는 우리만의 작은 이야기에 고립되었다. 우리는 우리의 작은 이야기가 더 큰 이야기 속에 속한다는 사실을 깨닫지 못하고 있다. 오랜 역사를 통해 공동체의 매개체가 되었던 성경은 — 물론 소외와 박해의 도구가 되기도 했지만 — 더 이상 관계의 중심, 또는 연결고리 역할을 해내지 못하고 있다.

비블리오드라마는 창조적 해석 활동의 하나다. 나는 이것을 우리 개인의 삶을 성경 이야기와 연결시키고, 우리 개인의 역사를 공동체적 · 초개인적 역사와 연결시키는 시도라고 생각한다. 그리고 이런 연결 과정에 참여함으

로써 다양한 방식으로 치유가 일어난다고 믿고 있다.

비블리오드라마가 치유 역할을 감당할 수 있는 이유는 이것이다. 첫째, 포스트모던 시대의 여러 질병이 개인의 소외현상에서 비롯되었기 때문이다. 이 소외는 과거의 양식(pattern)이 제공하는 포용력과 위안을 거부함으로써 생겨났다. '유별나다'(idiosyncratic)는 것은 극단적으로 보면 '어리석음'(idiocy)을 의미한다. '바보'(idiot)라는 말의 어원인 그리스어 'idiotes'는 '개인화 된 사람'이라는 뜻을 가지고 있다. 바보는 너무 개인적이라서, 그 동료들이 이해할 수 없는 사람이다. 우리 자신의 독특한 성격이나 우리 자아상이 가지는 개인화 된 면모가 너무 중요하다 보니, 우리는 우리 영혼 안에 있는 공통적이거나 인간적인 요소들을 놓치고 만다. 비블리오드라마에서는 성경 이야기 속에 있는 인물들과의 연결고리를 구축하고자 한다. 우리가 아담과 하와, 또는 요셉이나 미리암이 되어 이야기하게 될 때, 우리는 어리석은 개인(idiocy)에서 관계(relation)의 존재로 변모한다. 그리고 조상들의 전통 안에서 우리 자신을 발견하게 된다. 그 발견을 통해 생명 없는 물질세계에 갇혀 있던 우리는 조상들이 지금도 우리에게, 그리고 우리를 통해 들려주는 이야기 세계로 돌아간다. 의식(ritual)이나 꿈에서 그렇듯이 과거는 늘 현재화된다. 상상력은 그 경계를 확장시키고, 그럼으로써 우리는 더욱 생동하게 된다.

둘째, 단순한 연극만으로 치유가 일어나기도 한다. 우리는 레크리에이션

(recreation)을 상당히 좋아하면서도 '창조하다'(create)라는 것이 이 단어의 핵심일 뿐만 아니라 문제의 핵심이라는 사실을 잊어버리곤 한다. 진정한 레크리에이션(유희)은 창조적인 놀이다. 내 생각에 비블리오드라마는 반짝이는 해석과 통찰력을 서로 나누는 집단 놀이의 일종이다. 일종의 예전적 놀이(liturgical play)라고 할 수 있다. 실제로 예전(liturgy)은 성직자들의 영역이 되기 전까지 이야기(뮈토스)를 재생산하는 형식, 즉 참여적이고 공동체 중심의 형식이었을 것이다. 오늘날 우리는 살아 있는 예전(vital liturgy), 생동감이 있고 자유를 느끼게 하는 의식(ritual), 그리고 개인적인 영적 경험을 보충해 줄 수 있는 진정한 유희(recreation)를 갈망하고 있다. 우리가 눈을 감고 숨을 쉬며, 기도와 깊은 명상 속에 빠져들 때, 거기서 하나님을 발견할 수 있다. 하지만 하나님은 우리가 눈을 열어 즉흥적으로 다른 사람과 교제하고, 그래서 새로운 협력의 공동체 경험을 하는 순간에도 함께하신다.

셋째로, 비블리오드라마는 성경 자체를 치유하기도 한다. 비블리오드라마는 자주 살아 있는 미드라쉬(living midrash)의 일종으로 불렸다. 나는 미드라쉬가 성경을 회복시키는 방법이라고 생각한다. 이것은 단순히 공백을 봉합하고 모순된 내용을 통합하면서, 본문이 가지는 난제나 의미를 찾아 헤매는 것이 아니라, 그것을 재해석함으로써 거친 부분을 완화시키고 우리의 삶에 성경이 얼마나 중요한가를 회복시키는 것이다. 살아 있는 미드라쉬의 한 형태로서의 비블리오드라마는 문자적 해석이나 집단 토론에 머물러 있는 성경을 해방시키고 우리의 중심에 회복시킴으로써, 우리의 여정과 어려움을 이겨 내는 상상력의 원천이 되도록 한다.

우리가 사람들에게 요셉이 되어 새로운 삶의 자리에서 그가 느끼는 것들을 알려 달라고 할 때, 우리는 그의 영이 활기를 찾을 수 있도록 우리 자신을 내어 준다. 우리는 그에게 우리를 내어 주고, 역설적으로 그 역시 자신을 우리에게 내어 준다. 우리는 상상력을 통해서 옛 문자에 생명을 불어넣는다. 더 정확하게 말하면 영혼을 불어넣는다. 비블리오드라마에서 다루는 단순하지만 근본적인 질문들, 그리고 거기에서 시작되는 초보적인 걸음들은 성경 이야기를 교리와 도덕주의에서 자유롭게 한다. 성경 이야기의 야성(野性)과 성경의 다양한 의미들은 모험 속에서 경험하는 신선한 풍경처럼 우리에게 갑작스럽게 열린다. 한때 성경은 최고의 상상력을 자극했던 책이다. 그 성경의 생동감이 비블리오드라마를 통해서 조촐하게나마 그 본래의 자리인 우리의 상상 속으로 돌아온다.

나는 비블리오드라마가 성전(聖戰/holy wars)과 광적인 행동이 난무하는 세상에서 종교적 관용(tolerance)을 회복시키는 섬세한 교량 역할의 책임을 부여받았다고 생각한다. 그리스도인과 유대인, 무슬림 사이의 장벽은 점점 더 높아지고 있고 힘으로 맞서고 있다. 신앙의 장벽이 있는 예루살렘 성과 같은 곳은 점점 지나기 위험한 곳이 되고 있는 듯하다.

하지만 비블리오드라마는 생생한 방식으로 서구 전통에 등장하는 이야기와 인물들이 동일한 인류의 이야기라는 사실을 상기시켜 준다. 아브라함은 이스마엘과 이삭의 아버지다. 장남 이스마엘은 무슬림 사상의 아버지이며, 이삭은 유대 전통의 선조다. 기독교 역시 그 기원을 아브라함과 그 둘째 아들에게 두고 있다. 부르심의 경험, 방황, 예언, 그리고 구원과 구속에 대한 다양한 소망(dream)은 서구 신앙 전통의 유산이자 문화이다. 나아가 서방 세계와 동아시아에서 태어난 한 사람 한 사람의 정신에 깊이 새겨져 있다. 우리는 이 인물들과 이야기를 연기하면서 우리의 목소리를 더할 때, 거룩한 이야기가 가지고 있는 인간적인 측면을 경험하게 된다. 성경에 등장하는 현인, 영웅들의 평범하고 죽을 수밖에 없는, 심지어 초라하기까지 한 모습을 만나게 된다. 이러한 맥락에서 나는 비블리오드라마가 종교 간에 공유할 수 있는 공간(inter-faith arena)을 만들어 내고 있다고 생각한다. 그 공간에서 우리는 신조나 선택 사상, 승리와 구원의 특권을 우선시하지 않은 채 서로의 전통과 글, 소중한 이미지를 탐험할 수 있다.

마지막으로, 우리는 호전적 신앙의 아픈 역사를 치유할 필요성뿐만 아니라 보편적인 차원에서 이야기를 공유할 방법을 다시 찾을 사명이 있다. 사회 구성원의 일원으로서 서로 이야기를 나눌 수 있다면, 다양하더라도 서로 공유할 수 있는 공통의 자료와 공간을 확보해야 한다.[1] 이야기는 사회를 지탱시킨다. 우리는 다른 문화의 신성한 이야기를 '신화'(myth)라고 부르며, 종종 이 '신화'를 못마땅하게 여기거나 회의적인 태도로 대한다. 하지만 우리 사회도 마찬가지로 신화에 굶주려 있다. 성경은 한때 우리의 정체성, 도덕, 영적 조명, 영혼의 신화를 알려 주는 자료집(sourcebook)이었다. 성경은 더 이상 우리의 유일한 선집(選集/anthology)이 아니며 그래서도 안 된다. 하지만 그 이야기들은 여전히 우리를 우리 자신, 다른 이들, 그리고 과거와 연결시킬 잠재력을 가지고 있다. 그러한 연결고리 없이는 이 세상에서 실패한 어리석음의 먹잇감이 될 수밖에 없다.

결코 비블리오드라마가 이런 문제에 관한 유일한 대안은 아니지만, 비블리오드라마는 우리의 종교적 삶에 다시 상상력을 활용할 수 있는 여러 자원들 가운데 하나임에 틀림없다. 이 책에서 나는 몇 안 되는 인물만을 언급했다. 그리고 아직도 무수히 많은 인물들이 우리가 거룩한 극 속에서 자신들을 구현해 주기를 기다리고 있다. 어쩌면 그들이 우리를 구현하기 위해 기다리고 있을지도 모르겠다.

나는 "서문 : 비블리오드라마 맛보기"에서 비블리오드라마가 성경과 친해지기 위해 특별한 교육을 받았거나, 열정적인 신앙을 가질 필요성이 없다고 이야기하였다. 이 말은 성경과 친해질 만한 가치가 있다는 것을 의미한다. 비블리오드라마를 마무리를 지을 때 가끔 나는 성경을 어떻게 생각하는지 한마디로 정리해 달라는 부탁을 받곤 한다.

나는 성경이 옷감을 짜듯이 다양한 자료와 전승이 복잡하게 얽혀 있다고 보는 역사 비평의 주장을 반박하고 싶지 않다. 동시에 내가 존경하는 아비바 존버그(Aviva Zornberg), 필리스 트리블(Phyllis Tribble), 유리 사이몬(Uri Simon), 존 도미닉 크로산(John Dominic Crossan), 로버트 알터(Robert Alter), 앨리샤 오스트리커(Alicia Ostriker) 같은 성경 비평가들은, 성경의 불일치, 모순, 중복을 우리의 해석 능력에 대한 도전으로 본다. 실수라기보다는 세심한 의도의 표징으로 본다. 그 표징의 의미를 찾는 과정에서 우리는 그것이 보여 주는 놀라운 지혜의 수준을 느끼게 되고, 거대한 크기와 깊이를 지닌 이야기의 윤곽에 소스라치기도 한다. 그런 작가들은 성경이 최고의 시라고, 영원히 변치 않는 상상력의 백미(白眉)라고 나를 누누이 확신시킨다.

그리고 이것은 한 명의 예술가에 의한 상상력이 아니라, 셀 수 없이 많은 무명의 사람들의 작품이다. 즉, 이야기꾼, 법률가, 시인, 사제, 가수, 현몽가, 역사가, 예배자, 예언자, 그리고 선견자들에 의해서 처음에는 구전으로, 돌판이나 두루마리에, 종이에, 민담이나 노래로 전해지다가 어느 시점에 이르러 모음집과 자료로 만들어졌다. 누가, 그리고 왜 그 모음집이 만들어졌는지는 알 길이 없지만 하나의 이야기로부터 거대한 연대기가 작성되었다. 그것이 어찌나 맹렬하게 이루어졌는지 사람들은 성경이 불로 쓰여졌다고 말하곤 한다.

사람들은 그 열기가 검은 석탄에 담겨 있다고 믿기 때문에, 이 불은 아직 문자 안에 여전히 남아 있다. 그러나 석탄의 열기처럼 성경 속에 담긴 불꽃은 어느 정도의 노고 없이, 즉 읽고 연구하고 생각하고, 페이지에 적힌 문자에 상상력을 더하는 촉매제 없이는 방출되지 않는다. 검은 불꽃은 우리의 흥미와 관심이라는 파란 불꽃을 필요로 한다. 이 두 불꽃이 어우러져서 타오르게 될 때, 그것은 거룩한 문학을 능가한다. 말씀으로서든 공간으로서든 거룩함은 사라져 가는 인간 경험을 구성하는 범주다.

마지막 이미지

　나는 성경이 낯설고 거룩한 도시라고 생각한다. 여러분은 도시를 둘러싸고 있는 인상적인 성벽에 도착해서 입구를 찾고 있다. 여러분은 곧 이 도시에 여러 개의 문이 있다는 것을 알아차린다. 하나는 신앙의 문(Gate of Faith)이라고 불린다. 이 문으로 들어가는 사람들은 이 도시가 하나님에 의해 만들어졌다고 믿는 이들이다. 또 사고의 문(Gate of Mind)이 있다. 학자들과 비평가들, 그리고 역사학자들이 들어가는 문이다. 그들은 이 도시를 연구하는 것이 상당히 매력적이라고 생각한다. 또 거기에는 마음의 문(Gate of Heart)이 있다. 시인들과 회심자들이 들어가는 문이다. 그리고 그 옆, 바로 여기, 넓고 낮은 문이 있다. 그 문에는 비블리오드라마라는 글씨가 새겨져 있다.

미 주

1. 많은 독자들은 1996년에 공중파 방송에서 빌 모이어스(Bill Moyers)가 진행한 창세기에 대한 방송 시리즈를 기억할 것이다. 모이어스는 시리즈를 진행하면서 적지 않은 부분에서 우리에게 공통된 이야기가 존재하고, 우리가 그것들을 필요로 하고 있으며, 이야기의 직접성(immediacy) 때문에 그것은 우리를 뒤흔들 수도 있고 놀라게 할 수도 있다고 말했다.

Ⅲ부
부록

부록

1. 비블리오드라마의 윤리 강령

1. 디렉터는 비블리오드라마 참여자들에 대해서 힘과 권위를 갖고 있다. 이것은 교사나 리더가 학생들과 훈련생들에게 갖는 관계와 비슷하다. 따라서 디렉터에게 윤리적으로 가장 먼저 요구되는 것은 인간관계의 한 축이라 할 수 있는 힘의 불균형을 존중하는 것이다. 디렉터는 드라마를 인도해 나가는 과정에서 개인이나 성별에 따라 적절한 영역을 제공해야 한다. 또 비블리오드라마 참가비를 받는 경우, 가능한 한 많은 사람들이 참여할 수 있도록 참가비용에 차등을 둘 필요가 있다.
2. 디렉터는 성경 본문을 가르치고 해석하는 사람이다. 그래서 디렉터가 활동을 인도하며 정보를 제공하는 과정에서 지식의 수준이나 성향, 신념 등이 사람들에게 드러나게 된다. 이때 비블리오드라마는 교화(indoctrination)의 도구가 되어서는 안 된다. 비블리오드라마는 탐험을 위한 방법이다. 비블리오드라마 활동은 본질적으로 포용적이고 다원적인 성격을 유지해야 한다.
3. 디렉터는 심리치료사가 아니다. 물론 그에 해당하는 자격증을 획득한 사람을 제외한다면 말이다. 비블리오드라마 활동을 통해 종종 개인적인 문제가 노출되곤 한다. 여러 측면에서 디렉터에게는 참여자들이 상

처 없이 평안하게 활동에 참여할 수 있도록 이끌어야 할 책임이 있다. 어떤 문제를 가진 참여자들이 있을 경우, 자격증 과정을 거친 전문가에게 조언을 구하는 것이 좋다. 개인적 차원에서 비블리오드라마를 개설하여 훈련하고 연습하는 것은 실천전문가가 되기 위한 필수 과정이다. 하지만 심리치료 과정을 겪어야 디렉터의 충분한 능력을 갖게 되는 것으로 생각해서는 안 된다. 성직자들도 어느 수준까지는 목회상담 기법에 의존해서 비블리오드라마를 인도할 수 있다. 그러나 그들이 다양한 상담 상황에 처하게 되듯이, 비블리오드라마에 관한 전문성의 한계를 스스로 인식해야 한다.

2. 드라마의 하나님

가끔 비블리오드라마에 하나님이 등장할 때가 있다. 이것은 이례적인 일이 아니다. 하나님은 성경 이야기 속에 자주 등장하는 중요한 등장인물(character)이기 때문이다. 신학적 성향에 따라 하나님을 무대에 올리는 디렉터가 있는가 하면 그렇지 않은 디렉터도 있다. 어떤 사람들은 하나님을 무대에 등장시킴으로써 하나님에 대한 경외심(mysterium tremendum)에 손상이 가지 않을까 두려워한다. 어떤 사람들은 하나님을 인격화함으로써 자기 신앙의 예법이나 다른 동료들의 신앙에 문제를 일으키지 않을까 걱정한다. 반면 어떤 사람들은 하나님이 드라마 속으로 등장할 필요성을 느끼는데, 사람들이 하나님과 대화할 수 있는 방법을 찾을 수 있기 때문이다.

보통 하나님을 무대에 등장시키는 경우, 성찰 단계에서 늘 그것의 적절성에 대한 토론이 벌어진다. 나는 드라마의 상황, 즉 이야기에 참여한 연기자들의 연기와 몰입에 대한 순간적인 느낌으로 하나님을 무대에 등장시키기로 결정한다. 나는 성경의 하나님에 대한 경외심을 충분히 가지고 있기 때문에 하나님과의 대화(God-talk)가 우스갯소리가 되지 않으리라고 확신한다. 사실 성경은 하나님과 사람의 대면(encounter)으로, 사람의 음성에 마주하는 하나님의 음성으로 가득하다. 따라서 우리는 하나님을 무대에 올림으로써 전례 없던 일을 하고 있는 것은 아니다. 오히려 미드라쉬(Midrash)의 오랜 전통을 보면, 하나님은 성경의 문자에만 갇혀 있지 않고 말씀하시고 행동하시는 분으로 자주 등장한다.

이와 함께 나는 하나님이 등장하는 비블리오드라마를 진행해 나가기 위해 특별한 전략을 하나 세운다. 역할 바꾸기 전략이다.

말 그대로 역할 바꾸기란 등장인물의 역할을 서로 바꾸는 것이다. 이것은 심리극에서 자주 볼 수 있는 기법이다. 서로 다른 견해와 감정을 가지고 있는 두 사람이 어떤 시점에서 서로의 역할을 바꾸는 것이다. A가 B가 되고, B가 A가 된다. 서로 상대방이 되어서 상대방의 말을 하고, 상대방의 견해를 경험함으로써 자신들이 옳았는지 아닌지를 바라볼 수 있다. 비블리오드라마에도 이 역할 바꾸기가 매우 유용할 때가 있다. 그러나 역할 바꾸기가 성공하기 위해서는 심리극에서 사용하는 몇 가지 훈련이 필요하다. 나는 이 책에서 비블리오드라마적 역할 바꾸기를 설명하지 않았다. 역할 바꾸기는 본문 중심의 비블리오드라마를 위해 실질적으로 유용하지 않다. 하지만 하나님을 비블리오드라마의 무대로 초대하는 경우에, 역할 바꾸기는 아주 좋은 방법일 뿐만 아니라 필수적이다. 그 이유를 잠깐 설명하도록 하겠다.

예를 들어, 미리암이 7일 동안 감금당하는 장면(민 12 : 15)을 살펴보도록 하자. 이 장면에서 미리암은 하나님을 향해 부르짖으며 탄원하고 간청한다. 디렉터로서 당신의 과제는 메아리와 인터뷰를 통해서 있는 그대로 연기자를 지원하고 격려하는 것이다. 하지만 당신도 미리암에게 물을 수 있다. "미리암, 하나님이 당신에게 응답하시나요? 하나님이 당신에게 말씀하시나요?"

보통 이 질문에 내가 듣는 대답은 "잘 모르겠어요."다. 연기자는 자주 인물의 유한성에 매몰되는 경우가 많다. 그래서 이 경우 미리암은 아직 하나님의 역할로 전환하지 못했다. 이 순간 당신은 ― 이것은 선택사항이다. ― 미리암에게 자기 역할을 떠나서 하나님 연기를 하도록 초대할 수 있다.

이런 식으로 진행된다. "자, 하나님께서 미리암의 부르짖음을 들으셨는지 보도록 합시다." 미리암을 연기하는 사람에게 당신은 이렇게 말할 수 있다. "하나님께서 이 기도를 들으셨는지 알고 싶지 않으세요?" 만일 "아니요."라고 대답한다면, 대화를 계속 진행할 필요가 없다. 하지만 만일 "예."라고 대답한다면, 다음과 같이 진행하도록 하라. "일어나서 이쪽 의자로 좀 나와 보실래요?" (그리고 당신은 그녀에게 하나님의 의자에 앉도록 한다.) 그녀가 자리에 앉는다. "이제 당신은 하나님입니다. 당신은 방금 미리암이 부르짖는 기도를 들었습니다. 미리암은 '어떻게 하나님께서 내게 이러실 수 있습니까?'라고 울부짖었습니다." (주의 : 여기서 디렉터는 미리암 역할을 연기함으로써 '하나님'이 그녀의 부르짖음을 들을 수 있도록 한다. 적어도 미리암의 부르짖는 음성을 반추〈反芻〉할 수 있도록 한다.) 미리암의 부르짖음을 메아리 기법으로 반복한 후, 디렉터는 하나님[역자주 : 역할 바꾸기를 통해 하나님 역을 맡은 미리암]을 향해 이렇게 묻는다. "그래서 하나님은 미리암의 소리를 듣고 계신 건가요?"

보통 하나님은 이 질문에 "그래요."라고 답한다.

"그럼 하나님은 그녀에게 응답하십니까? 비록 그녀가 화가 나서 지금 하나님의 말에 귀 기울일 수 없다 하더라도 말입니다."

하나님이 "그래요."라고 답한다.

그럼 난 묻는다. "그럼 하나님은 그녀에게 뭐라고 말씀하시겠습니까?"

"난 그녀가 알았으면 합니다……."

이때 디렉터는 끼어들어 '하나님'이 '미리암'이 이전에 앉아 있던 빈 의자를 향해 직접 말하게 한다. "미리암, 난 네가 알았으면 좋겠어……." 디렉터가 말한다.

"그래요. 미리암, 난 네가 알았으면 해. 내가 네 음성을 듣고 있다는 것을 말이야. 이 형벌에 대해서는 나도 유감으로 생각한단다. 하지만 지금 모세는 네 도움을 필요로 한단다. 왜 너는 모세가 구스 여인을 통해 위안을 얻으려는 것에 반대하고 있는 게냐?"

이 질문에 대답하도록 하는 디렉터는 '하나님' 역할을 맡은 자를 다시 '미리암' 역할로 되돌린다. 미리암 연기자는 하나님의 의자에서 일어나 미리암의 의자로 돌아와 앉는다.

"자." 내(디렉터)가 미리암에게 말한다. "하나님은 당신의 음성을 들으십니다. 하나님은 말씀하셨어요. 당신이 받은 벌로 가슴 아프다고 말입니다. 하지만 왜 당신은 모세가 구스 여인에게서 위로를 받으려는 것에 반대하고 있는지 궁금합니다. 당신은 하나님께 그 이유를 말할 수 있겠습니까?"

"글쎄요. 나도 내 곁에 아무도 없잖아요. 난 질투가 났던 겁니다. 난 뭘 해야 하나요? 난 누구와 함께할 수 있나요? 내겐 가족도 없고, 사랑하는 사람도 없어요. 난 모든 것을 모세와 이 백성에게 주었어요. 저 구스 여인이 내 자리를 차지하게 된 것이에요. 모세의 특별한 안식처가 된 것이지요."

내가 미리암에게 말한다. "이쪽 자리로 와서 다시 앉아 주세요. 하나님이 당신에게 뭐라고 말씀하시는지 들어 봅시다." 다시 미리암은 역할을 바꿔서 '하나님'의 의자에 앉는다.

"자, 하나님, 하나님은 미리암의 이야기를 들으셨을 겁니다. 미리암은 질투가 났다고 말했습니다. 인정을 받지도 못하고 버려진 느낌이라고 말했어요. 하나님은 미리암에게 뭐라고 말씀하시겠습니까?"

"오, 미리암, 아무도 너를 대신할 수 없단다. 네 희생은 대단한 것이었어. 사람들은 네 희생을 잘 몰랐겠지만 나는 잘 알고 있단다. 모세가 기억되는 한 너도 기억될 것이란다. 여성들은 언제나 너를 통해 능력과 영감을 얻게 될 것이야. 사실 네가 받은 형벌이 억울하다고 생각할 수도 있겠지만, 그것은 여성들에게, 그리고 남성들에게조차 이해할 수 없는 일을 간직하게 하는 힘을 줄 것이란다. 난 네 고통과 함께할 것이란다." 하나님이 말을 마친 듯하다.

디렉터인 내가 말한다. "이제 마지막 시간이 되었습니다. 다시 돌아가 미리암의 자리에 앉아 주세요. 그리고 하나님이 하신 말씀을 기억하세요." 나는 이 연기자를 하나님의 역할에서 미리암의 역할로 다시 되돌린다. 다시 한 번 하나님이 미리암에게 하신 말씀을 반복함으로써 미리암이 그 음성을 기억할 수 있게 돕는다. 그리고 미리암에게 묻는다. "미리암, 하나님에게 하고 싶은 말이 더 있나요?"

그녀가 말한다. "아니요. 난 이 형벌을 감당할 수 있어요. 이제 이해할 수 있어요."

그때 난 하나님이 앉았던 의자를 옆으로 치운다.

나는 보통 비블리오드라마에서 한 역할을 다른 사람이 연기할 수 있는 기회를 준다. 여기서 내가 하나님을 연기하도록 다른 사람을 초대하지 않은 이유는 하나님과 인물 간의 대화가 충분히 인격적으로 깊어졌기 때문이다. 미리암을 연기한 사람은 — 특별히 이 경우의 미리암은 — 자신의 고유한 방법을 통해 하나님의 음성을 듣고자 한다. 그리고 하나님이 미리암에게 말씀하시듯 상상할 수 있는 기회가 필요하고, 또 그럴 만한 가치가 있다. 하나님 역할을 다른 사람이 하게 될 경우, 그것은 유익할 수도 있고 부적절할 수도 있지만, 처음 연기자의 고유한 방식과 정확하게 일치할 수 없다. 그래서 하나님과의 대면을 연기할 경우, 나는 연기자들에게 위에서처럼 하나님의 역할과 원래의 역할을 서로 바꿔 가면서 극을 진행하도록 초대한다.

가끔 대화가 순환적이거나 반복되는 듯한 느낌이 들면, 미리암에게 묻는다. "어, 미리암, 당신은 알고 있죠? 당신이 이야기 나누고자 했던 하나님은 무척 바쁘다는 걸 말입니다. 마지막으로 하고 싶은 말이 있나요?" 그러고 나서 마지막으로 역할 바꾸기를 하며 "하나님, 하나님은 미리암에게 마지막으로 하고 싶은 말이 있으신가요?"라고 말하며 마친다.

물론 전체 장면을 하나님 중심으로 진행시킬 수 있다. 단, 하나님 중심의 드라마를 진행하려는 경우, 연기집단의 일부가 그런 식으로 연기하려는 적극성을 가져야 한다.

3. 참여자 중심의 비블리오드라마

서두에서 밝힌 것처럼, 이 책이 지향하는 비블리오드라마는 역할극을 활용함으로써 성경에 대한 새로운 시각(통찰)을 전달하려고 한다. 나는 이런 형식의 비블리오드라마를 '본문 중심'의 비블리오드라마라고 불렀다. 본문 중심의 비블리오드라마가 추구하는 핵심 전략을 간단히 표현한다면, "성경이 먼저 등장하고 우리는 연기자로서 성경에 봉사한다."이다.

하지만 종종, 그리고 특별한 상황에서 나는 아주 다른 방향의 비블리오드라마 형식을 채택하곤 한다. 내 (본문 중심의) 비블리오드라마 작업의 반대편에는 '참여자 중심'의 비블리오드라마가 있다. 나는 그것을 '성경에 관한 심리극'(Psychodrama of the Bible)이라고 부른다. 이 방식의 비블리오드라마(bibliodrama)[역자주 : 소문자 bible을 사용하고 있다.]에서는 성경이 전면에 등장하기보다는 집단 또는 개인 활동을 위한 준비 작업(웜업)으로 사용된다. 즉, 자기 탐구의 목적을 위해 성경을 사용한다. 성경은 이차적인 위치를 갖게 되는 것이다. 내가 비블리오드라마의 대문자 B를 소문자 b로 사용한 이유도 여기에 있다. 이 심리극 형식의 비블리오드라마는 소모둠으로만 진행할 수 있다. 본문 중심의 비블리오드라마와 비교할 때, 집단의 신뢰와 역동성을 훨씬 많이 요구하기 때문이다. 이 참여자 중심의 비블리오드라마는 치유를 목적으로 삼는다.

물론 현실적으로 이 두 가지 형식의 비블리오드라마는 서로 많은 공통점과 유사점을 가지고 있다. 순수 본문 중심의 비블리오드라마란 존재하지 않는다. 비블리오드라마의 해석학적 과정 속에서 사람들이 지극히 개인적인 방식으로 성경과 자신을 연결시키기 때문이다. 사람들은 연기를 통해서 자기 자신과 타인들의 역사, 기억, 연상(聯想)을 자극한다. 모든 성경 역할극은 연기자의 내면을 반영하고 있다. 디렉터가 그러한 내면의 숨겨진 의미를 억제시키려고 하거나 그 내면의 힘과 심각성을 진지하게 고려하지 않을 경우, 디렉터는 범 무서운 줄 모르는 하룻강아지 격이 되고 만다. 반면, 최고의 참여자 중심의 비블리오드라마라 할지라도 성경 본문에 강력한 빛을 내뿜을 수 있어야 하며, 비블리오드라마를 인도할 때 디렉터는 자신의 분명한 의도를 가지고 있어야 한다. 디렉터에게는 이러한 의도를 참여집단에게 분명하게 밝혀야 할 윤리적 의무가 있다.

사실 이러한 의도는 비블리오드라마가 시작하기 전에 참여집단을 소개하고 구성하는 과정에서 분명하게 드러나야 한다. 본문 중심의 비블리오드라마(Bibliodrama)와 참여자 중심의 비블리오드라마(bibliodrama)는 서로 다른 목적을 가지고 긴장관계를 형성하고 있기 때문에, 참여자들은 그 작업의 본질과 관련하여 분명하게 알아야 할 필요가 있다. 양쪽 모두를 알고 있는 사람들 중에는 한편을 지향하는 비블리오드라마 세미나에 참석하여 다른 쪽을 기대하기도 한다. 비블리오드라마를 신앙적 측면과 더불어 치유적 측면으로 더 확장시키려 한다면, 비블리오드라마가 진행될 방향을 분명하게 명시할 필요가 있다. 특별히 성경을 개인(영혼)을 알아 가고자 하는 준비 본문(pre-text)으로 사용하려고 할 때, 즉 변형과 치유 작업을 위한 준비로서 성경을 사용할 때, 이러한 의도를 명시해 주는 것은 아주 중요하다.

자기 탐구를 목적으로 구성된 비블리오드라마 집단에서는 당연히 훨씬 높은 수준의 전문적 훈련을 받고 의료적 책임성을 가지고 있는 디렉터를 필요로 한다. 따라서 디렉터는 소정의 의료적 훈련을 받아야 한다. 분명히 말하지만, 이 책은 그런 전문적인 실습을 목적으로 하지 않는다. 전문적인 기법과 정신의학적 훈련에 관심이 있는 사람들에게는 '사이코드라마' 또는 '드라마 치료'에서 개설하는 훈련 과정이 도움이 될 것이다. 이 분야에서 제공하는 특별 훈련 프로그램을 찾기는 어렵지 않다.[1]

마지막으로, 비블리오드라마에 관한 사상이나 연구에 있어서 다양한 흐름들이 존재한다는 것을 말해야겠다. 그런 흐름에 대해서 나는 겨우 전해 들은 지식에 머물러 있다.[2]

4. 만일의 상황에 대처하기

연기자가 역할에 머물려고 하지 않을 경우, 어떻게 해야 하나요?

연기 중에 역할에 머물러 있지 않으려는 사람들을 자주 보게 된다. 역할 인물의 목소리에서 벗어나 자신의 모습으로 돌아가 떠든다든지 웃거나 심지어 우는 경우도 있다. 이때 디렉터인 당신은 이런 정서적 표현이 연기하는 역할 인물(character)에 속하는 것인지 연기자 자신(player)에게 속한 것인지 물어야 한다. 보통 이런 순간이나 상황을 대처할 수 있는 좋은 방법이 있다.

하지만 먼저 그 사람이 역할에 머무르려 하지 않는 이유를 분명하게 알아야 한다. 그 이유는 대부분 불안 때문이다. 역할에서 벗어나는 것은 참여자들이 불안에서 벗어날 수 있는 지름길이다. 참여자가 연기에 두려움을 가지고 있는 경우, 자신이 아직 준비되지 않았다는 인식을 연기 중에 이런 식의 행위로 노출시킨다. 이런 불안은 무의식적인 차원에서 자주 발생하기도 한다. 그러므로 디렉터는 역할에서 벗어나는 모든 상황을 아주 진지하게 접근할 필요가 있다. 디렉터인 당신은 그 연기자(참여자)에게 무슨 일이 일어나고 있는지 모른다. 비블리오드라마의 규칙에 따라 연기하도록 냉혹하게 요구하거나 내모는 행위는 참여자가 뭔가 할 수 있도록 하기보다는 이미 안에 들끓고 있던 불안을 증폭시킬 뿐이다. 가끔 부드러운 유머 — 위협하거나 조롱하는 유머가 아닌 — 가 그 사람을 자신의 역할로 되돌아가게 하거나 불안감을 적절하게 해소하는 데 도움을 준다. 또 디렉터로서 미심쩍은 부분이 생길 경우, 참여자에게 "(예를 들어) 당신은 여전히 요셉(또는 미리암)인가요?"라고 물으며 상황을 확인할 수 있다. 그리고 이 질문에 어떤 연기자가 "아니요, 그렇지 않은데요."라고 말한다면, 당신은 이렇게 물을 수 있다. "당신은 이 역할에 머물고 싶은가요, 아니면 그 역할을 연기할 다른 사람을 초대하고 싶은가요?" 결국 역할에서 벗어나는 행위는 불안의 표시이다. 디렉터는 손님의 불편함을 금세 알아차린 주인처럼 이런 식으로 적절하게 반응해 줌으로써 안정감을 회복시킬 수 있다.

참여자가 방해가 되거나 산만한 경우, 어떻게 해야 하나요?

연기자들이 역할 해석에 어려움을 느끼듯이, 참여자들은 드라마를 보며 체험하는 과정에서 불편한 감정을 가질 수 있다. 비블리오드라마가 사전 준비나 생각을 정리할 시간 없이 말하고 행동하는 즉흥적인 과정이다 보니, 감정을 건드릴 수 있기 때문이다. 비블리오드라마 연기가 무의식이나 최소한 억압된 생활환경과 적잖은 관계를 가지고 있다는 점은 비블리오드라마에 역동성을 제공한다. 일반적으로 우리는 이러한 환경 속에서 죽음이나 유배, 하나님과의 논쟁이나 형제들 간의 갈등, 그리고 성경에 편만한 인간 문제의 원형(原形)을 연기하려고 하지 않는다. 따라서 이 사실을 기억하자. 누군가 방해가 되거나 산만한 경우, 내용이나 연기 과정을 불편해하는 표지(기호)로 여겨야 한다.

연기자가 역할에서 벗어나려는 경우, 디렉터가 연기를 멈추게 하는 것은 잘하는 일이다. 하지만 주변의 방해 요소 때문에 연기를 중단시키는 것은 지혜롭지 못한 일이다. 어떤 활동에서든 집단 안에 방해요소가 존재한다는 것은 정상적이고 자연스러운 현상이다. 그 방해요소를 바로잡기 위해 반복해서 연기를 중단하는 것은 그리 좋은 생각이 아니다. 그것은 자칫 비블리오드라마를 선로에서 이탈시켜 더 이상 진행할 수 없는 단계에 이르게 할 수 있다. 디렉터로서 당신이 몰입을 방해하는 ― 예를 들어, 트집을 잡든가, 질문을 하든가, 곁길로 빠지든가, 서로 속삭이든가, 또 끼어들어 설명을 덧붙이든가, 농담을 하든가, 사람들의 주목을 끌 만한 몸짓을 함으로써 ― 몇몇의 참여자들에게 너무 많은 시간을 허비하게 된다면, 다른 참여자들은 진행하고 있는 작업에 대해 몰입하지 못하고 산만해질 것이다. 그리고 디렉터 당신의 권위도 떨어지게 될 것이다.

가장 좋은 전략은 그 저항을 드라마 속으로 끌어들일 방법을 찾는 것이다. 예를 들어 방해가 되는 사람을 드라마 속에서 저항적인 인물 연기자로 참여시키는 것이다. 또는 명시되지는 않았지만 이야기에서 부정적이고, 분노하고, 불순종적인 느낌을 자아낼 수 있는 연기자 내면의 일부를 연기하게 하는 것이다.

두 가지 예를 소개하도록 하겠다.

- 당신은 아브라함이 하갈을 내쫓는 장면의 드라마를 인도하고 있다. 역할을 맡지 않고 있는 두 참여자끼리 말을 시작한다. 사람들의 주의가 그들에게 쏠리자, 당신은 이렇게 말할 수 있다. "거기 두 분이 이 장면이 벌어지고 있는 아브라함 가정에 속한 두 사람의 내면 일부를 연기해 줄 수 있을까요? 아마 당신들은 이 장면에 대해서 약간의 분노를 표출하고 싶은 듯한데요. 아니면 하갈과 이스마엘을 그냥 내쫓는 것에 동감하십니까?"

이 방법은 많은 문제들을 한번에 해결한다. 첫째, 디렉터가 산만한 참여자들을 주목하고 있고, 드라마 속으로 그들의 에너지를 끌어들이고자 한다는 것을 알려 준다. 둘째, 표류하게 될지도 모르는 상황을 처리할 건설적인 방법을 제공한다. 셋째, 디렉터로서 내가 전체 과정을 이끌어 나갈 수 있게 한다.

대체로 이 방법은 효과적이다. 잘못할 경우에는 질책처럼 보일 수 있지만, 잘한다면 사람들을 연기에 참여시키는 데 도움이 된다. 보통 이 방법은 우리가 장면을 연기하는 데 다시 집중할 수 있도록 도움을 준다.

- 미리암이 모세와 다툰 뒤 악성피부병에 걸려 자기 천막에 혼자 갇혀 있다(민 12:15). 킥킥거리거나 휘파람을 불며 산만하게 하는 사람들이 있다. 이 경우 나는 이 사람들에게 다음과 같이 말할 것이다. "당신이 미리암의 일부가 되어서 한번 말해 볼래요?" 어떤 사람은 이런 반응을 보인다. "우리는 여기서 뭘 하고 있는 거죠?"

나는 그것을 메아리 기법을 통해 재해석하여 말한다. "그래요, 나는 여기 앉아 있는 미리암의 일부분입니다. 도대체 우리가 여기서 무엇을 하고 있는지 궁금하네요. 이 상황은 우습군요. 저 밖에 있는 사람들은 놀이를 하듯이 이 문제를 다루고 있어요. 하지만 우리는 지금 말 그대로 내 피부에 대해서 말하고 있답니다." 그 사람은 이렇게 말할지도 모른다. "내 생각에 미리암이 이런 식으로 취급받는 것은 부당합니다." (그는 역할 속에서가 아니라 해석자로서 말하고 있다.) 나는 이 부분을 이런 식으로 말한다. "나는 미리암의 일부분입니다. 미리암이 부당한 취급을 받은 것 때문에 감정이 상해 있어요. 결국 난 내 동생과 하나님의 사역을 위해서 존재했던 겁니다."

디렉터가 항상 재빠르게 대처하기는 쉽지 않다. 하지만 당신은 현장의 저항에 대처하는 기술을 터득하고 있다는 것을 알게 될 것이다.

산만함은 좀 더 정면으로 대응할 때 효과적이다. "별로 관심이 없어 보이긴 하지만, 이런 형태의 성경공부를 시도하고 있는 사람들을 좀 지원해 주지 않겠습니까?" 이때 해서는 안 되는 일은 당신이 드라마 진행에 너무 신경을 쓴 나머지, 연기에 쉽게 따라오지 못하는 참여자들의 일부를 향해 기분 상해하거나 화를 내는 일이다. 디렉터가 그룹 내에서 발생하는 방해요소를 어떻게 다루는가가 부지중에라도 참여집단이 디렉터에게 신뢰를 보내게 되는 가장 중요한 기준이 된다. 방해가 되는 자를 항상 존중하라. 그것은 자아(ego)가 불안하다는 증거다. 자아는 안정감이 느껴지는 순간에 자기방어를 풀게 된다. 참여를 강요하거나 부끄럽게 하는 일은 가장 파괴적인 방식으로 역효과를 낼 것이다.

"어쩌면"이라는 표현을 자주 사용하는 사람의 경우, 어떻게 해야 하나요?
디렉터는 누군가 자신의 역할극이 부족하다는 표현을 사용할 때 주의 깊게 바라봐야 한다. 그것은 불안과 저항의 표현이기 때문이다. 어떤 사람들은 아직 역할극이 무엇을 의미하는지 제대로 이해하지 못한 경우도 있다. 그럴 경우 사람들은 보통 역할극 중에 "어쩌면 난…… 느끼는지도 몰라요." 또는 "아마 내가 요셉이라면, 그는…… 느낄 거예요."라는 식으로 말을 하곤 한다. 이런 식의 표현은 전체 참여자들이 역할 속으로 몰입하는 것을 방해한다.

이런 경우, 나는 보통 그들이 역할에 견고하게 머물 수 있도록 부드럽게 지적하거나 메아리 기법을 사용한다. "'어쩌면'이란 것은 여기 존재하지 않아요. 난 내가 이 순간 어떻게 느끼는지 정확히 알고 있어요. 내 느낌은…….' 이런 식으로 내가 빈 공간을 남겨 두면, 상대방은 좀 더 집중력과 열정을 가지고 역할을 넘겨받는다. 또는 연기자에게 이렇게 말할 수도 있다. "잠깐, 당신은 요셉이에요. 요셉 당신이 어떤 느낌인지를 우리에게 말해 주세요."

이런 식의 접근은 보통 연기자들에게 자신감을 줄 뿐만 아니라 내가 연기자들에게 기대하는 것을 명확하게 전달할 수 있다. 가끔씩 어떤 연기자가 "나는 요셉의 심정을 모르겠다."라고 말할 때 나는 그 말에 이런 식으로 대꾸한다. "당신이 요셉이에요. 아마 당신은 말하기 어렵거나 이상한 느낌을 가지고 있을 거예요. 하지만 내 생각에 당신은 당신이 무엇을 느끼고 있는지 알고 있어요. (그러리라고 예상된다면) 지금 두려운가요? 아니면 (어떤 가능성을 제시하려고 한다면) 화가 났나요?" 이런 식으로 나는 연기자들이 내면을 바라볼 수 있도록 돕고 지원한다. 또 나는 요셉의 심정을 이해하기 위해서 다른 참여자들에게 더블(이중자아) 기법을 제안함으로써 힘들어하는 연기자의 짐을 덜어 줄 수 있다.

가끔 등장인물의 감정을 표현할 적절한 말을 찾는 데 어려움을 겪는 사람들은 생활에서 똑같은 어려움을 겪는다. 그래서 디렉터는 이들을 인내심을 가지고 이끌어 주고 새 가능성을 제공해 주는 것이 드라마를 위해서나 실제 삶을 위해서 모두 도움이 될 것이다. 하지만 저항심, 부담, 불안감 등이 작용하는 경우, 디렉터의 목소리와 태도는 진심 어린 관심과 공감을 반영해야 한다. 과정이 결과보다 중요하다는 것을 기억하자. 디렉터는 쇼를 위해서 연기자들의 감정을 희생시켜서는 안 된다.

감정적으로 과도하게 몰입되었을 경우, 어떻게 해야 하나요?

비블리오드라마의 디렉터를 처음 경험하는 사람이나 앞으로 희망하는 사람들이 가장 자주 묻는 질문이다. 내가 이 책에 쓴 내용 중 상당 부분은 사람들을 가라앉히기(down)보다는 열망을 불러일으키는 것(up)과 관련이 있다. 하지만 숙련된 디렉터는 참여자들이 드라마에 깊이 몰입하도록 도울 때조차 감정적인 거리를 유지할 수 있게 도울 수 있다.

드라마의 열기를 가라앉히는 가장 좋은 방법은 참여자로 하여금 역할로부터 한 걸음 물러설 기회를 주는 것이다. 예를 들어 얼굴빛이 변하고, 눈물이 고이면서, 말이 떨리기 시작하는 — 이것은 역할에 대한 정서적 몰입이 최고치에 달했다는 증거다. — 감정적 사람에게 디렉터는 이렇게 말해 줄 수 있을 것이다. "요셉, 내가 보기에 당신의 아버지와 함께 등장하는 이 장면에서 당신은 특별한 감정을 느낀 것 같군요. 계속 진행하겠습니까? 아니면 여기서 멈추도록 할까요?" 비록 이 질문이 역할 인물(요셉에게 한 말이므로)에게 한 것이지만, 이것은 연기자로 하여금 몰입을 멈추고 잠깐 동안 느낌에서 벗어나 생각할 수 있게 하는 좋은 방법이다. 연기자는 드라마 과정 속에 머물 것인지 빠져나올 것인지 선택해야만 한다. 만일 '요셉'이 내 말을 듣지 않는 것 같다면, 나는 "토머스(Thomas), 토머스."라고 연기자의 이름을 불러서 몰입을 멈추게 한다. 그러면 요셉을 연기했던 토머스는 눈을 깜빡이며 약간은 부끄럽게 미소를 지을 것이다. 그러면 나는 이렇게 말한다. "그래요, 토머스, 요셉을 연기했던 이 짧은 장면이 당신을 감동시켰나 보군요. 계속 진행해 나가겠습니까?" 선택의 기회를 다시 준다.

하지만 너무 성급하게 드라마를 가라앉히는 경우 감정이 막 일어나려는 것을 방해할 수도 있다. 이 제동(制動) 과정은 감정에서 지성으로 움직임으로써 끝이 난다. 여기에 법칙이 있다. 지성이 많이 개입할수록 감정은 약해진다는 것이다.

그러므로 드라마의 어느 부분에서든지 연기자에게 상황에 대해서 어떻게 느끼는가 대신에 어떻게 생각하느냐고 물을 수 있다. "사실, 나는 이 장면을 생각할 때마다 왜 요셉이 자기 아버지의 생사를 확인하려고 하지 않는지 궁금합니다."라고 하면서 드라마 작업을 잠시 멈출 수 있다. 또 지성을 불러오는 방법으로는 전통적인 주석을 찾아보게 하거나, 특정 구절을 히브리어로 무엇인지를 물어보거나, 관련 정보나 아이디어를 찾아보도록 하여 개입할 수 있다. 이뿐만 아니라 역사적 관점으로 초대하거나 지식을 요구함으로써 정서적인 과정을 줄이고 상상을 멈추게 할 수도 있다.

비블리오드라마에서 너무 튀는 사람의 경우, 어떻게 해야 하나요?

이런 부류의 참여자들이 있다. 비블리오드라마가 어떻게 진행될 것인지 즉시 이해하는 사람들, 무대에 대한 엄청난 열망을 가진 사람들, 그리고 심지어 주연 역할을 소화할 수 있는 능력을 가진 사람들이 그들이다. 이들 중 제일 좋은 경우는 디렉터의 정중한 요구와 통제에 응답하는 사람이다. 반면 최악의 경우는 어떻게든지 주목을 받으려는 사람이다. 그런 사람들과 비블리오드라마 과정을 함께해 나가는 것은 여간 어려운 일이 아니다. 그들로 하여금 일반적인 방법으로 다른 사람들이 연기하도록 기다리게 하거나, 연기 시간이나 차지하는 공간을 줄이라고 설득하기는 너무 힘들다. 이런 사람들이 흔치는 않지만 그들은 항상 당신의 역할과 권위에 도전할 것이다. 이를 위한 몇 가지 제안은 다음과 같다.

- 만약 당신이 사전에 이러한 사람이 참여하려는 것을 알았다면, 미리 그 참여자를 한쪽으로 불러서 다른 사람들을 포함시키려는 당신의 열망을 직접 알리도록 하라.
- 당신은 미리 이 참여자의 역할을 남겨 두는 것을 고려할 필요가 있다. 그리고 전체 참여집단 앞에서 그 사람에게 특별한 역할을 염두에 두고 있다는 것을 말해 주도록 하라.
- 당신은 사전에 이 참여자에게 당신의 보조 디렉터 역할을 맡길 수 있다. 다음과 같이 말하면 좋을 것이다. "당신도 알다시피 이 사람들은 다루기 쉬운 집단이 아니에요.", "오늘 내 컨디션이 좋지 않네요.", "당신이 나를 좀 도와줄 수 있을까요? 같이할 만한 사람이 없네요. 당신이 참여자들의 연기를 잘 듣고 나를 도와주면 좋겠군요."
- 만약 이 사람을 사전에 알지 못했다면, 당신은 드라마 과정 중에 어려움에 봉착하게 될 것이다. 만일 이 사람이 손을 들어 올리거나 계속해서 손을 흔드는 것을 인지하지 못하거나 피해 버린다면, 이 사람은 더 공격적으로 변하거나, 제멋대로 행동하게 될 것이다. 가장 좋은 해결책은 이 참여자에게 보조 역할을 주고, 그 역할 속에 가둬 버리는 것이다.

예를 들어 보자. 그 참여자에게 에덴 동산 이야기에 나오는 선악을 알게 하는 나무 역할을 맡긴다. 시작 시점에서 사람들에게 이 역할이 아주 중요한 부분이기 때문에 이야기 끝부분에서 사람들의 이야기를 들을 것이라고 말하라(이것을 위한 시간을 남겨 두도록 하자). 이런 작은 역할을 찾아내기 위해서 디렉터에게는 꽤 빠른 판단이 필요하다. 대부분의 경우, 이야기에는 물건이나 부차적 인물이 등장하기 때문에 그들의 시각에서 스토리를 바라보거나 스토리에 대한 그들의 입장을 나눌 수 있다. 결국 항상 드라마를 장악하고 싶어 하는 사람의 욕구를 가장 효과적으로 통제하기 위한 방법은 잠시 격리시키는 것이다.

- 모든 시도가 실패로 돌아갈 경우, 마지막 한 가지 시도가 남았다면 그것은 직접 말하는 것이다. "어윈(Irwin), 당신도 알다시피 나는 당신의 열정에 약간 압도되어 있어요. 당신의 그런 모습을 고맙게 생각해요. 하지만 나는 당신이…… 해 줬으면 좋겠어요."(예를 들면 "조금만 천천히 해 주면 좋겠어요." 또는 "다른 사람에게 기회를 주면 좋겠어요." 또는 "좀 더 경청해 주면 좋겠어요." 등)

전통적인 성경 해석에 머무르려는 사람의 경우, 어떻게 해야 하나요?

가끔 참여자들 중에는 상당한 지식을 가지고 있거나 지식을 과시하려는 사람들이 있다. 당연히 이 사람들은 자주 비블리오드라마가 지나치게 감정적이라고 여긴다. 곧 비블리오드라마가 지나치게 상상력과 감성을 자극하기 때문에 위험하다고 생각한다. 그 사람들은 현학적이고 논증적인 경향을 보이고, 본문에 대한 이런저런 주석가의 의견을 말하곤 한다. 대체로 이런 참여자들은 늘 자기 앞에 성경을 펴 놓고 있다.

다시 한번 강조하고 싶은 말은 존중이다. 이런 공부 방식에 대한 그들의 관용 수준을 존중하라. 그리고 배우고자 했던 그들의 노력을 존중하라. 그 사람들이 뭔가 공헌하고 싶어 한다는 것을 인정할 필요가 있다. 문제는 그들을 참여시켜서 몰입 상황으로 연결시킬 방법이다.

내가 취한 첫 번째 방법은 그들이 너무 오랫동안 토론의 장에 머물지 못하게 하는 것이다. 일단 그 사람들의 배경을 파악했다면, 난 이런 식으로 말할 것이다. "들려주신 말씀에 감사를 드립니다만, 해당 본문에 대한 공부를 마칠 때까지 여러분의 통찰과 질문을 잠시 기다려 주시겠습니까? 마지막에 전혀 다른 방식의 토론을 준비하고 있습니다. 당신이 말하려고 하는 것은 그때 아주 중요하게 다뤄질 것입니다."

가끔 나는 상대방을 무시하지 않는 선에서 유머로 말하기도 한다. "아하, 우리는 오늘 라쉬(Rashi 또는 어거스틴)와 함께하고 있습니다. 라쉬, 당신이 이 본문과 관련해서 이야기하고 싶은 것을 말해 주십시오." 이런 식으로 나는 주석가를 역할 연기자, 즉 라쉬 연기자로, 극으로 초대함으로써 연기의 상상의 영을 살아 있게 한다. 그리고 아주 명확히 말해야 할 때가 생긴다. "잠깐만요. 시작할 때 말씀드린 것처럼, 우리는 성경 해석과 관련해서 굉장히 다른 접근을 시도하고 있습니다. (이 사람에게 당신이 멍청이가 아니라는 것을 확인시켜 주기 위해서 어려운 단어를 사용해야 할 절호의 기회다.) 이 특별한 과정을 완성할 수 있는 기회에 감사합니다. (아니면 이 과정을 완성할 수 있도록 자제를 요구할 수 있다.) 끝에 가서 이 접근방법과 특별한 관점에 대해서 질문할 수 있는 시간을 드릴 겁니다. 괜찮겠습니까? 감사합니다."

이런 경우 어떻게 해야 하나요? : 정리

디렉터에게 도움이 필요한 모든 상황을 고려할 수는 없다. 하지만, 여러분이 비블리오드라마 활동을 일종의 탐험(exploration)으로 규정한다면, 기본적인 원칙은 다음과 같다. 활동 중 참여집단 안에서 저항하는 모습이 느껴질 경우, 계속 진행을 해 나가되 참여자들에게 조금 더 익숙한 방법을 사용하도록 하라. 즉, 성경으로 돌아가 성경에 대한 이야기를 나누도록 하라. 당신에게 유머 감각이 있고, 무엇을 해야 할지 확신이 서지 않을 경우, 그 상황을 인정하고 참여자에게 지원과 도움을 요청하라. 반복해서 말하자면, 당신이 겸손하게 머물려고 하고, 그래서 실제 당신의 모습보다 더 드러내려 하거나 능수능란한 모습을 과시하려고 하지 않을 때 당신은 오히려 재치와 은혜로 어려운 상황을 극복해 나갈 수 있을 것이다. 디렉터가 자신에게, 그리고 집단을 향해 솔직하지 않을 때 어려움에 봉착하게 된다. 디렉터는 비블리오드라마를 이끌어 가는 것이 자기 능력 밖의 일이며, 그래서 방향 설정에 혼란이 생길 수 있다는 것을 인정할 수 있어야 한다.

    비블리오드라마는 협력의 과정이며, 늘 그래야만 한다. 비블리오드라마는 디렉터가 주문을 외운다거나 집단을 장악해서 끌고 나가는 과정이 아니다. 오히려 비블리오드라마는 디렉터가 약간의 불안감을 가지고 참여집단에게 도움을 요청할 때 더 안전하다. 본문을 연구하는 비블리오드라마의 방식은 그 본질에 있어서 놀이와 같다는 것을 기억하자. 놀이는 마땅히 즐거워야 한다.

5. 강단에서 진행하는 비블리오드라마 : 비블리오드라마로 설교하기

    일반적으로 강단에서 진행하는 비블리오드라마는 두 가지 점에서 교실에서 하는 비블리오드라마와 차이가 있다. 하나는 모임의 크기고, 또 하나는 시간이다. 교실에서 진행하는 모임은 4명에서 30명 사이의 인원인 데 반해, 교회의 회중은 오륙백 명에 이를 수도 있다. 그리고 아주 짤막한 비블리오드라마 외에는 다른 것을 할 시간적 여유가 없다.

    교실에서는 한 사람이 역할을 맡았다가 쉽게 다른 사람에게 역할을 넘겨줄 수 있고, 무대로 나왔다가 언제든지 다시 무대를 떠날 수도 있다. 그러나 크고 성스러운 공간에서는 주의를 기울여 듣고 보기가 쉽지 않고, 좌석에 앉아 있는 사람을 불러내어 연기를 하게 하는 것도 좋은 방법이 아니다. 강단에서 비블리오드라마를 할 때, 나는 거의 독백과 메아리, 그리고 인터뷰의 방법을 사용한다. 나는 먼저 스토리텔링 방식을 통해 회중을 웜업시킨 후, 회중을 그날의 스토리로 이끌고 들어가 등장인물들에게 어떤 사건이 일어날 것이며, 그들이 아직 알지 못하는 미래를 펼쳐 보인다. 나는 이야기(구연) 또는 성경 읽기를 멈출 자리를 찾아 그곳에서 연기를 시작한다. 나는 그 정확한 순간을 찾아 그 순간에 비블리오드라마를 시작한다. 비블리오드라마로의 전환은 다음과 같은 방식으로 이루어진다.

자, 지금 우리는 모세가 젊었던 시절로 가고 있습니다. 성경은 이렇게 기록하고 있습니다. "세월이 지나, 모세가 어른이 되었다. 어느 날 그는 왕궁 바깥으로 나가 동족에게로 갔다가, 그들이 고되게 노동하는 것을 보았다. 그때에 그는 동족인 히브리 사람이 이집트 사람에게 매를 맞는 것을 보고" 우리는 출애굽기 2 : 11에 와 있습니다. 이제 여러분이 모세가 되기를 바랍니다. 그리고 여러분이 밖으로 나가서 형제들의 고통스러운 모습에 대해서 보고 느끼고 생각하는 것들을 말해 주기 바랍니다.

내가 선택한 이 시점은 모호하면서 복합적인 가능성으로 가득하다. 이것은 모세 인생에 있어서 전환점이다. 그 상황은 추측할 만한 것들을 많이 가지고 있다.

(주의 : 나는 이 이야기를 현재 시제로 풀어 감으로써 사람들을 역할 속으로 이끌고 있다. 여기 도입 부분에서 이야기를 하나하나 펼쳐 나가야 할 대상으로 소개하고 있다. 만일 사람들이 이야기를 앞서 나가려고 한다면, 나는 "그 일은 아직 일어나지 않았습니다."라고 그들에게 상기시킬 것이다.)

조금씩 사람들이 손을 들어 올려 반응하기 시작한다. 사람들은 이 순간 모세의 목소리로 말한다(독백). 그러면 나는 그들이 말한 것을 메아리로 반복한다. 가끔 나는 관련된 질문을 던지거나 간단하게 대화를 이어 간다(인터뷰). 나는 단순히 그 가능성들을 모은다. 그러고 나서 다음과 같이 말하면서 다음 단계로 나아간다.

자, 모세 여러분, 아시다시피 여러분에 대한 이런 기록이 있습니다. "그때에 그는 동족인 히브리 사람이 이집트 사람에게 매를 맞는 것을 보고" 이 광경을 본 당신의 심정은 어떻습니까? (다시 독백과 메아리〈반복〉가 이어진다.) 그리고 그다음에는 이런 기록이 있습니다. "좌우를 살펴서 사람이 없는 것을 확인하고, 그 이집트 사람을 쳐 죽여서 모래 속에 묻어 버렸다"(출 2 : 12). 분명 이것은 충동적인 행동이 아닙니다. 당신은 좌우를 둘러보고 있었어요. 모세 당신에게 다시 묻습니다. 이 순간 당신에게 어떤 일이 일어나고 있는지 말해 주세요.

드라마는 계속 진행된다. 난 랍비도, 성직자도, 목회자도, 아니기 때문에, 이 본문을 설교로 이끌어 갈 필요가 없다. 나는 새로운 방식의 읽기를 보여 줄 뿐이다. 나는 성경 이야기에 숨겨져 있는 풍요로움의 경험을 이끌어 낼 수 있다. 또 나는 다른 주석을 인용함으로써 회중에게 우리가 지금 무엇을 기대하고 있었고, 과거의 해석을 어떻게 확장시켰는지 보여 줄 수 있다. 또 나는 성경의 다른 장면으로 이동할 수도 있다. 예를 들어, 모세가 미리암이 죽은 후 돌을 내려쳤던 순간으로 이동하여 두 이야기를 비교할 수 있다. 이 외에도 강단에서 이러한 활동을 종결시키고 지속시킬 수 있는 많은 방법들이 있다.

가끔 나는 전체 회중을 몇 개의 구역으로 분할한 후, 서로 다른 등장인물을 연기하도록 하거나, 같은 인물의 다른 측면을 연기하게 한다. 예를 들어, 이드로가 그의 딸 십보라와 그의 손자 게르솜과 엘리에셀을 광야에 있는 모세에게 데려오는 장면이 있다. 나는 전체 회중을 넷으로 구분하여, 가장 원편에 앉아 있는 회중으로 하여금 이드로를 연기하도록 한다. 그 옆에 앉은 회중에게는 십보라 역할을 맡도록 한다. 그리고 그다음 회중에게는 게르솜 역할을, 가장 오른편에 앉아 있는 회중에게는 엘리에셀 역할을 맡긴다. 나는 역할을 맡은 각 회중에게 각자의 심정을 묻는다. "이곳까지 가자고 한 것은 누구의 생각이었나요?", "집을 떠날 때의 느낌은 어땠나요?", "그리고 모세를 만나리라는 것에 대한 느낌은 어떤가요?"

또는 어떤 인물의 심한 내적갈등이 있는 곳에서 나는 회중을 두 부류로 나누고, 각 부류로 하여금 갈등하는 한 측면을 말하게 한다. 예를 들어, 가나안으로 떠나라고 아브람을 부르시는 장면을 보고 나서 — 그것은 그의 아버지를 남겨 두고 떠난다는 것을 의미한다. — 나는 회중을 둘로 나누어 가나안으로 가고 싶어 하는 아브람의 모습과 가려고 하지 않으려는 아브람의 모습을 연기하게 할 수 있다.

대규모의 회중과 활동할 때에는 무선 마이크를 가지고 청중들 사이를 이동하는 것이 더 효과적이다. 당신의 움직임이 청중들의 에너지를 불러일으킬 것이다. 모든 사람들을 참여시킬 수는 없다. 많은 사람들은 자기 좌석에 가만히 앉아 있으려고 할 것이다. 하지만 당신의 움직임을 통해 대부분의 청중들이 가지고 있는 정적(靜的)이고 수동적인 태도를 완화시킬 수 있을 것이다.

나는 대규모의 회중이 여러분의 기대 이상으로 비블리오드라마 연기를 지속해 나갈 수 있다는 것을 깨달았다. 본문 말씀과 회중의 열정에 의지한다면, 그리고 특별히 디렉터인 당신이 메아리 기법을 통해 얼마나 열정을 지속시키는가에 따라, 회중의 에너지는 보통 20~30분간의 설교를 지속시켜 준다. 또한, 강단에서 설교의 일부로 몇 분간 비블리오드라마를 활용하는 것만으로도 아주 새로운 방식으로 회중을 말씀에 참여시킬 수 있다. 많은 랍비들과 목회자들이 설교 중에 그들의 청중들과 대화를 하곤 한다. 점점 그런 사례가 증가하고 있는 요즘, 비블리오드라마는 아주 쉽게 설교를 대화적 형태로 이끌 수 있을 것이다.

6. 종결(마무리)의 몇 가지 방법

당연한 이야기겠지만, 모든 디렉터의 관심은 비블리오드라마를 어떻게 마무리 지을 것인가, 그리고 특별히 어떻게 하면 예술적으로, 감성적으로 만족할 만한 종결을 이끌어 낼 것인가 하는 것이다. 드라마 속에서 우리가 슬픔, 분노, 상실 또는 상처와 같이 힘든 감정에 빠져들었을 때, 당신은 사람들의 감정을 추스르고자 할 것이다. 다시 말해서 성경 본문 본연의 감정을 가질 수 있고, 드라마와 통합될 수 있는 방식을 찾고자 할 것이다. 하지만 그런 식의 종결이 제대로 안될 경우 어떻게 해야 할까?

여러 번 이야기했지만, 비블리오드라마는 성경이라는 환경 안에서 이루어진다. 이 말은 바로 이 영적인 말씀 안에 디렉터에게 도움이 될 만한 재료, 그리고 문제 해결과 확신을 줄 수 있는 재료가 있다는 것이다. 이 자료들은 종결의 상황에 아주 유용하다.

기도

가장 강력한 방법 중 하나는 기도이다. 어떤 상황에서든지 성경의 인물들이 기도하는 모습을 상상할 수 있다. (그것이 내면의 기도라든지 무의식중의 기도라 할지라도 말이다.) 즉, 어떤 순간이라 할지라도 비블리오드라마의 등장인물을 기도의 상황으로 초대할 수 있다. 많은 비블리오드라마는 등장인물이 자신과 다른 사람들을 위해서 기도한 후에 무대를 떠남으로써 끝이 난다. 심지어 쫓겨나는 가인이나 바로에게 넘겨지는 사라의 경우와 같이 등장인물이 아주 외롭고 버려진 감정으로 떠나게 될 경우에도 성경의 영적인 재료는 의지할 만하다. 그런 경우, 최소한 "당신은 혼자가 아닙니다."라고 말할 수 있는 욥과 같은 사람이 늘 있기 마련이다. 만일 누군가 스스로 기도할 수 없다면, 다른 사람을 기도의 자리로 초대할 수 있다. "가인, 당신은 당신의 자녀와 자손들을 위해 뭐라고 기도하겠습니까?", "디나, 이번 사건으로 당신이 아이를 낳게 된다면, 당신은 뭐라고 기도하겠습니까?"

공감되는 인물

종결의 또 다른 방식으로, 이 순간 자신과 비슷한 처지에 있다고 생각되는 성경 인물을 찾게 하는 방법이 있다. 같은 드라마에 여러 인물이 등장하지만, 그들이 소외되거나 외롭다고 느껴진 한 인물에게 뭔가를 말하려고 할지 모른다. 집단참여자들 간에는 공감이 형성되곤 한다. 참여자들은 그 공감을 표현할 방식을 찾고자 한다. 디렉터인 당신은 참여집단에게 이렇게 물을 수 있다. "요셉이 버려졌을 때, 성경의 이야기 중 누가 요셉과 비슷한 처지에 있었을까요?" 이스마엘이 등장하고, 곧이어 에서도 등장한다. "아들을 잃을 위기에 있었던 사라와 비슷한 처지에 있던 사람으로는 누가 있을까요?" 리브가와 한나가 등장한다. "장막에서 노아가 술에 취해 있었을 때 그의 처지와 비슷한 사람으로는 누가 있을까요?" 아들 압살롬을 잃은 것을 한탄하는 다윗이 등장하고, 욥도 거기에 등장한다.

하나님의 위로

하나님이 비블리오드라마의 마지막을 장식하는 것도 하나의 가능성이 될 것이다. 아니면 천상의 존재가 등장해도 좋다. 당신은 "이 순간 한마디 해 주실 하나님의 전령사가 있나요?"라고 하며 천사나 천상의 목소리를 초대함으로써 사람들의 관점에 변화를 줄 수 있다. 이 방법은 참여자들이 울적해하는 순간을 색다르게 느낄 수 있게 해 준다.

거리 두기

가끔 비블리오드라마가 불러일으킨 우울함이나 상실감을 도저히 해소시키지 못할 때가 있다. 그때 드라마에서 우리 자신의 현실로 돌아오기 위한 몇 개의 단계, 즉 역할극의 감정에서 우리를 벗어나게 하는 단계들이 있다. 등장인물들은 우리에게서, 우리는 등장인물에게서 벗어날 필요가 있다. 사람들이 처음 앉았던 빈 의자가 중립적 의미로 다시 등장해야 한다. 디렉터는 참여자들을 초대하여 빈 의자 뒤에 서게 한다. 참여자들은 자신이 연기했던 등장인물을 자기 자신의 말로 위로해 준다. 우리는 하나의 집단이 되어 등장인물을 분석할 수 있다. 우리는 등장인물이 아직 알지 못하는 미래 사건을 말해 줄 수 있고, 심지어 연령별로 그 등장인물이 되어 그에게 말할 수 있다. 그렇게 함으로써 우리는 어떻게 그 인물이 고통스러운 상황을 견뎌 냈는지 아주 새롭게 이해할 수 있다. 그러고 나면 참여자들은 다시 청중의 자리로 돌아간다. 당신은 이제 빈 의자만 남아 있는 것을 확인하며 의자를 옆으로 치운다. 이제 성경을 펴고 참여자들로 하여금 상상하게끔 한다. 마치 등장인물들이 큰 저택의 방에서 참여자들을 기다리고 있는 것처럼 말이다. 그들은 오랫동안 그곳에서 우리를 기다리고 있다. 그렇게 하면서 성찰을 시작할 수 있다.

침묵과 음악

차분하면서도 충분한 종결을 원한다면, 성찰은 반성적이면서도 조용한 분위기에서 시작해야 한다. 가끔 성경암송을 하거나 약간의 음악을 들음으로써 전체 참여자들이 현실 속에서 다시 만나듯 서로를 향해 관심을 되돌릴 수 있다. 가끔 방의 주변을 원형으로 둘러서서 명상하며 걷는 움직임은 이러한 전환을 더 쉽게 해 줄 것이다. 또 창문을 여는 것만으로도 (꿈같은 방식의) 몰입에서 자연스럽게 벗어나는 데 도움을 주며 여전히 우리의 안팎에서 바쁘게 돌아가고 있는 삶을 되돌아보게 해 준다.

미주

1. 관심이 있는 독자는 출판사를 통해 저자와 연락을 취하면, 저자가 지도하는 훈련에 참여할 수 있는 기회를 얻게 될 것이다. 또, 뉴욕 대학교 드라마 치료학과에는 공인된 프로그램이 있다. 그 프로그램에 참여하면, 적어도 이 책에 등장하는 비블리오드라마 기법들을 학습할 수 있다.
2. 나는 성 메리 대학(St. Mary's College)의 크론도르퍼(Bjorn Krondorfer) 교수에게 큰 빚을 지고 있다. 그는 상당히 유용한 시각과 정보를 제공해 주었다. 서문에서 이미 그에 대해 언급했지만 그는 이 책의 원고를 읽고 중요한 조언을 해 주었을 뿐만 아니라 그의 책 *Body and Bible*[역자주 : 한국어로는 「비블리오드라마」(황헌영·김세준 옮김, 서울 : 창지사, 2008)란 제목으로 번역되었다.]이 큰 도움이 되었다. 크론도르퍼 교수는 독일과 핀란드의 비블리오드라마 활동에 대한 중요한 지식들을 내게 알려 주었다. 그곳의 비블리오드라마는 참여자 중심의 비블리오드라마 특징을 가지고 있다. (그런 점에서 유럽의 비블리오드라마는 소문자 비블리오드라마다.) 아래의 내용은 크론도르퍼 교수가 제시해 준 주요 참고문헌이다.

- Gerhard Marcel Martin, *Sachbuch Bibliodrama : Praxis und Theorie*, Stuttgart : Kohlhammer, 1995(「몸으로 읽는 성서」, 손성현 옮김, 서울 : 라피스, 2010.)

  크론도르퍼에 따르면, 마르틴은 독일에서 비블리오드라마의 '아버지'로 알려져 있다. 마르틴은 1970년대 후반부터 비블리오드라마와 관련된 많은 논문을 발표했고, 여러 백과사전류에서 '비블리오드라마'에 대한 항목을 집필했다. 최근 저서에서 그는 비블리오드라마를 '한 명 또는 여러 명의 디렉터를 통해 성경의 전통과 집단 참여자(12-18명) 사이에서 상호소통이 일어나는 열린 프로그램'이라고 규정하고 있다.

- Jurgen Bobrowski, *Bibliodramapraxis*, Hamburg : Rissen, 1991.
- Antje Kiehn 외 (편), *Bibliodrama*, Stuttgart : Kreuz Verlag, 1987.
- Heidemarie Langer, *Vielleicht sogar Wunder : Heilungsgeschichten im Bibliodrama*, Stuttgart : Kreuz Verlag, 1991.

· Samuel Laeuchli, *Die Buhne des Unheils*, Stuttgart : Kreuz Verlag, 1988. 그리고 *Das Spiel vor dem Dunklen Gott*, Neukirchen-Vlugn : Neukirchner Verlag, 1987.

크론도르퍼 교수가 편지에서 지적하고 있는 흥미로운 점은 이 책들이 모두 "기독교적 시각에서 쓰여졌다는 것이다. 유럽에서는 오직 기독교적 비블리오드라마만 존재하는 듯하다. 유대적 관점에서 시도된 사례는 거의 없는 것 같다".

SCRIPTURE WINDOWS

에필로그 : 비평

마지막으로 나는 이 책에서 서술하며 소개한 비블리오드라마의 한계를 몇 가지 말하려고 한다. 이 책에서 설명했지만, 내가 현장 경험을 통해 발견한 비블리오드라마의 세 가지 특징이 있다. 첫째, 비블리오드라마에는 개인에 대한 강한 의존성과 그로 인한 디렉터의 편향성(bias)이 나타난다. 둘째, 비블리오드라마는 (형식과 구성, 종결과 관련하여) 분명한 심미적 원칙을 고수하려고 한다. 셋째, 비블리오드라마는 참여자의 경험, 환상, 과장보다는 말씀에 복종한다. 각각의 요소들이 비블리오드라마를 구성하고 있는 특징이자 과제이다. 이 요소들은 넓은 의미에서 비블리오드라마라고 하는 체제를 책임지고 있다.

첫 번째로, 이 책에서 설명하고 있는 디렉터의 역할은 여러 측면에서 성직자나 랍비의 역할에 비견할 만큼 중요하다. 그러나 디렉터는 모두에게 인정받을 만한 공적 지위를 가지고 있지 않으며, 합법적인 디렉터 사역이나 분명한 역할에 대한 제도적 인증이나 자격의 부담을 받지 않는다. 그러므로 비블리오드라마 디렉터는 정경(canon)을 보호하는 사람이되 (역할에 있어서) 느슨한 의무를 지고 있는 사람이다. 디렉터는 감독 없이, 그리고 인증에 대한 책임 없이 활동한다.

감독(auteur)[역자주 : '오띠르'(auteur)는 창의성이 뛰어난 영화를 만드는 감독을 일컫는 말이다.]이 갖고 있는 모든 위험들, 즉 자아, 권력, 강요, 그리고 변질에 대한 위험은 비블리오드라마 디렉터에게도 해당한다. 권위(authority)라는 같은 말과 동일한 어원을 갖고 있는 오띠르는 권위주의로 치달을 수 있는 모형(model)에 속한다. 이 같은 상황에서 개인적인 노력은 자주 권위적인 요소에 예속된다. 비록 비블리오드라마가 다원적이고 다양한 목소리를 내고 끝이 열려 있는 이야기의 탐험 과정으로 보일지 몰라도, 실제 비블리오드라마는 디렉터의 의지를 펼치는 작업이 될 수 있다. 디렉터는 자신도 자각하지 못하는 상태에서 집단의 참여 과정을 통제하고, 특정 해석들을 배제하거나 특정 해석에 특권을 부여할 수 있기 때문이다.

두 번째로, 비블리오드라마가 다소 관습적인 드라마적 미학(감성) — 그 미학에는 성격, 갈등, 통찰, 약간의 해결 감각, 종결이 있다. — 을 선호하다 보니, 즉흥적인 역할 연기가 자아내는 에너지를 쉽게 산만한 것으로 여길 때가 있다. 이 책이 지향하는 비블리오드라마의 형식은 비블리오드라마 실천가들을 지나치게 연극의 노예로 만들 가능성이 있다. 만약 디렉터가 청중들을 즐겁게 해 주려는 데 관심을 가진 나머지, 참여집단에게 멋진 한 편의 연극을 보여 주려고 한다면, 그는 이 감성적 형태의 제단 위에서 행해지는 즉흥적 탐험을 희생시키고 말 것이다. 비블리오드라마는 지극히 탐험적이고, 경계를 넘나들며, 통합될 수 없어 보이는 즉흥적 요소를 가지고 있기 때문이다.

세 번째로, 본문 중심의 비블리오드라마의 주요 강조점은 정경화된 이야기에 봉사한다는 것이다. 본문 이야기에 대한 의문을 제기한다든가, 본문에 반(反)하는 의미를 제시한다든가, 열정적으로 항거하거나 하는 일이 역할극의 상황에 항상 존재할 수는 없다. 비블리오드라마의 세계로 들어온다는 것은 성경을 있는 그대로 받아들이는 태도를 전제로 한다. 성경에 등장하는 다양한 권력의 구도, 성적(性的) 편향, 사회적 관계, 인종 차별 등의 문제는 도전받기보다는 그것들을 있는 그대로 받아들이고, 성경이 인정하는 기본적인 틀 안에서 드라마가 전개된다. 어떤 면에서 비블리오드라마는 급진적으로 보이는 반면, 또한 현재 상황을 지지하는 것처럼 보이기도 한다. 그리고 그러한 현재 상황의 지지는 지식층에 의해서 선호되고 있는 실정이다.

비블리오드라마는 정경에 봉사할 뿐만 아니라 참여자들에게도 봉사한다. 참여자들은 다양하고 복잡하며 서로 차이가 있다. 비록 비블리오드라마가 성경을 존중하고 동시에 참여자들을 존중하는 사잇길을 걸어가려고 시도하지만, 그 사잇길에서 넘어질 때 문제가 발생할 수 있다. 그 둘을 모두 섬길 수 없다는 점에서 현재보다는 과거를, 참여자들보다는 본문을 선택해야 하는 문제가 발생한다.

두 가지 다른 문제를 언급할 필요가 있다. 비블리오드라마는 그 방향성에서 다원적일 뿐만 아니라 상대적이다. 그것은 절대적 확신을 약화시킨다. 이러한 사고의 전도(顚倒)를 건전하고 적절한 것으로 파악하는 사람들이 있는 반면, 전통과 권위에 반기를 드는 것이라고 느끼는 사람들이 있다. 아마도 비블리오드라마 과정의 분산적이고 안정을 뒤흔드는 특징 때문일 것이다. 비블리오드라마 탐구 과정과 관련하여 현장에서 제기되는 문제는 성경해석의 타당성이다. 무엇이 이 사람의 해석을 다른 사람의 해석보다 더 타당하다고 여길 수 있는가 하는 문제다. 비블리오드라마는 관용을 요구한다. 관용은 사람들에게 놀이하듯이, 그리고 열정적으로 해석에 참여할 수 있는 힘을 촉발시킨다. 그리고 비블리오드라마는 상상력을 통해서 성경 본문에 대한 연구에 참여시킴으로써 참여자들의 에너지를 생동적이면서 거칠게 (wild) 만든다.

끝으로, 비블리오드라마와 같이 아직 미숙하고 특이한 분야를 학문이라고 부를 수 있다면, 학문으로서의 비블리오드라마는 비평이 필요하다. 비블리오드라마에 대한 지식을 갖춘 실천가들의 모임을 통해 비블리오드라마를 관찰하고 의심하고 대화를 나누고 반성해야 한다. 아무리 비블리오드라마가 개방적인 분위기에서 진행된다고 하지만, 비블리오드라마는 지나치게 신비적인 느낌을 준다. 그리고 주의와 성숙의 징표이긴 하지만 사람들을 비판적 불신이란 긴장 속에 몰아넣는다.

비블리오드라마가 강력한 학문으로 성장하기 위해서 필요한 것은 도전과 질문에 겸손해지는 것이다. 원칙을 점검하고 전략을 정돈하고 윤리와 목적과 형식을 엄격하게 바라보아야 한다. 비블리오드라마 활동이 공적인 영역의 일부가 될 수 있도록 매뉴얼을 출판해야 하고, 다양한 훈련의 가능성을 개발해야 한다. 세상에는 남용(abuse)이나, 어리석음, 극도의 무책임으로부터 우리를 지켜 줄 보호막이 존재하지 않지만, 그것들에 대항하는 최선의 방어책은 비판적인 동료관계를 만들고 재평가하는 것이다. 이러한 방법들을 배우고 실천하는 우리들이 반드시 기억해야 할 것이 있다. 비블리오드라마를 가지고 노는 것은 불(fire)을 가지고 노는 것이란 사실이다[역자주 : 불이 가지고 있는 유익함과 해로움의 양면성을 지적하고 있다].

감사의 글

비블리오드라마 전문가로 사역하며 보냈던 지난 15년의 세월을 돌아볼 때, 정말 많은 사람에게 감사해야 할 것 같다. 사역을 시작한 이래, 비블리오드라마는 나 자신과 다양한 회중 간의 대화로 발전하였다. 비블리오드라마 사역을 할 때마다 나는 동역자의 중요성을 배운다. 비블리오드라마가 무엇인지 내게 가르쳐 준 사람들을 일일이 언급할 수는 없다. 그렇지만 많은 동료들과 친구들이 내 비블리오드라마 사역을 격려해 주었고, 내가 이것을 가르치고 이에 대한 글을 쓰도록 도와주었다.

언제나 인자한 동료인 랍비 슈피츠(Eli Spitz)는 자기 수업에서 비블리오드라마의 필요성을 발견하고는 처음부터 나를 응원해 주었다. 그는 다른 여러 랍비들과 공동으로 나를 초대해서 회중에게 내 사역을 소개하도록 하였다. (여기서부터 본문 중심의 비블리오드라마가 발전하게 되었다.) 이 사역의 든든한 후원자 가운데 랍비 몰린(Jack Moline)이 있다. 그는 유대인이자 예술가로서, 내 인생의 선구자이다. 그는 비블리오드라마를 향한 열정과 전문적인 이해를 가지고 있었으며, 비블리오드라마가 얼마나 파급력이 강한지 일찍부터 내게 알려 준 사람이다. 유대인 신학교의 미드라쉬 교수인 랍비 비소츠키(Burton Visotzky)는 내가 불안해할 때마다 나의 사역을 축복해 주었다. 그의 격려는 내게 지속적인 자산이었다.

히브리 연합신학교의 교수인 랍비 코헨(Norman Cohen)의 경우도 마찬가지다. 그는 자주 내 사역을 현대 미드라쉬에 관한 자신의 수업과 연계시키자고 제안했다. 그는 내가 히브리 연합신학교의 목회학 박사과정에서 강의를 할 수 있도록 가교(架橋) 역할을 담당했다. 그 덕분에 나는 역동적인 신앙소통의 장에서 비블리오드라마를 몇 년간 가르칠 수 있었다. 목회학 박사과정의 학장이었던 랍비 올리츠키(Kerry Olitzky)는 내가 필요로 하는 것들을 지원해 주었을 뿐만 아니라 충분한 자유를 허락하였다.

유대교 대학(University of Judaism)의 휘진 연구소(Whizin Institute)도 여러 번 나를 초대하였다. 월프슨(Ron Wolfson)과 훌륭한 스태프들이 나와 나의 사역을 환영했다. 그곳에서 나는 오랜 친구이자 공동 연구자인 조엘 그리스하버(Joel Grishaver)를 만났다. 그는 후에 내 책의 출판인이 되었다. 조엘의 탁월함 덕분에 나의 비블리오드라마는 멋지게 꾸며질 수 있었다. 우리는 휘진 연구소에서 함께 가르쳤고 서로에게서 많은 것을 배웠다. 휘진 연구소의 팀장이었던 브루스 휘진(Bruce Whizin)은 비블리오드라마에 즉시 매료되었고, 내가 일찍이 인도했던 가장 풍성한 비블리오드라마에 연기자로 참석하기도 했다. 또 그는 나와 직접 만나거나 글을 통해 비블리오드라마가 매료시키는 것들에 대한 느낌을 말하곤 했다. 나는 그와 그의 아내 셀리(Shelley)의 우정과 관심에 큰 빚을 지고 있다.

유니온 신학교(Union Theological Seminary)의 "심리학과 종교" 파트장인 울라노프 박사(Dr. Ann Ulanov)는 나를 겸임 교수로 초청하였다. 유니온에서 개설한 비블리오드라마 과정은 비블리오드라마 방법을 심화시키는 연구실 역할을 했다. 볼티모어의 기독교-유대 연구소장인 레이튼 박사(Dr. Chris Leighton)는 내게 다종교적 상황에서 이 사역을 수행할 수 있는 뜻깊은 기회를 제공하였다. 비블리오드라마에 대한 레이튼 박사의 깊이 있는 성찰은 비블리오드라마가 어떻게 기독교 공동체를 섬길 수 있는지 이해하는 데 큰 도움이 되었다.

여러 동료들이 내 곁에서 내가 이 사역을 계속해서 발전시켜 나갈 수 있도록 도와주었다. 동료이자 열정적인 교육자인 슈라이버(Jonathan Schreiber)는 비블리오드라마를 아주 빠르게 자신의 것으로 만들었고, 비블리오드라마를 가르치는 자신만의 고유한 방법을 내게 알려 주었다. 내 학생이자 나의 선생이기도 한 제비트(Shawn Israel Zevit)는 제1비블리오드라마 훈련소(Bibliodrama Training Istitute/약자로 BTI1)의 교수로 섬기고 있다. 이 연구소의 동료 교수인 브라이트먼(Barbara Breitman)은 비블리오드라마의 정치학에 도움을 주었다. 랍비 펜드릭(Sue Fendrick)은 이 사역을 위한 절친한 친구이자 비블리오드라마를 가르치는 데 귀중한 관점을 제공하는 동역자이다. 재능 있는 학생이자 최고의 선생인 벌먼(Phyllis Ocean Berman)은 비블리오드라마를 배우는 데 빨랐던 사람들 중 한 명이었으며, 비블리오드라마를 가르치는 나의 능력에 자신감을 주었다. 1996년에 설립한 비블리오드라마 훈련소에 참석했던 많은 학생들이 내 원고에 대한 피드백을 제공하였다. 그들의 많은 제안들이 지금 이 최종 원고에 포함되어 있다. 그중 헤른슨(Lev

Herrnson)의 생각이 이 책에 가장 큰 영향을 주었다. 랍비 골드버그(Paula Goldberg)는 그녀가 강력하게 경험했던 비블리오드라마 과정의 유익을 내게 전해 주었다. 그녀가 참가자들의 경험에 대해서 내게 전해 준 시간에 깊이 감사한다.

개인적인 친분 관계에 있다가 현재 비블리오드라마 사역의 동역자가 된 친구들도 있다.

그중에 윈터스(Larry Winters)는 원고를 읽고 유익한 조언을 해 주었을 뿐만 아니라 그동안 내가 비블리오드라마 전문가로서 자신감을 가질 수 있도록 지켜봐 주었다. 시인이자 교사인 오스트리커(Alicia Ostriker)는 내가 저자로서 자유로울 수 있도록 격려해 주었고, 이를 통해 내가 시인이 되는 새로운 길을 보여 주었다. 랍비 코완(Rachel Cowan)은 나의 친구이자 커밍스 재단의 임원으로, 오래전부터 나와 비블리오드라마 작업을 지지해 주었다. 커밍스 재단의 도움으로 제1비블리오드라마 훈련소를 설립할 수 있었다.

많은 분들이 「비블리오드라마로의 초대」를 읽고 도움을 주었다. 전에도 그랬지만, 하더웨이(Dick Hathaway) 교수의 비판적 지성에 큰 빚을 지고 있다. 랍비 커샨(Neil Kurshan)은 초벌 원고를 읽고 조언을 해 줌으로써 수정 원고에 큰 도움을 주었다. 작가이자 수녀인 살라스(Jo Salas)도 이 책의 첫 원고를 읽었다. 나는 그녀의 제안을 기초로 이 책을 수정했다. 크론도르퍼(Bjorn Krondorfer) 교수는 원고를 읽고, 비블리오드라마 전문가다운 시각과 경험으로 내게 많은 도움을 주었다. 그는 나에게 유럽의 기독교 비블리오드라마 전문가들을 소개시켜 주었다. 크론도르퍼는 비블리오드라마에 대한 다른 시각을 가지고 나와 아주 귀중한 대화를 나누었다. 그 대화는 나 자신을 조금 더 명확하게 볼 수 있도록 해 주었다.

   책의 헌사(獻辭)에서 언급한 네 명의 사람들은 비블리오드라마의 내적 지지자가 되어 주었다.

   모레노 여사(Zerka Moreno)는 심리극의 세계로 나를 안내해 주었다. 나는 그녀에게서 비블리오드라마 작품을 만드는 다양한 기술들을 배웠다. 랍비 스티브 쇼(Steve Shaw)는 자신의 연구소에서 매년 내가 가르칠 수 있는 기회를 제공하였다. 나는 그곳에서 매주 유대 회중과 만나 그들로부터 많은 것을 배울 수 있었다. 연구소에서 비블리오드라마를 가르치면서 나는 학생 및 연구소 직원들로부터 많은 것을 배울 수 있었다. 월튼(Rivkah Walton)은 비블리오드라마 교사로 내 작업에 가장 깊은 영향을 미쳤다. 그녀는 거의 혼자서 비블리오드라마 훈련소의 커리큘럼을 디자인하고 나의 작업들을 비평해 주었다. 그녀는 이 책 「비블리오드라마로의 초대」의 원고를 읽으며 책의 구조와 디자인의 발전에 도움을 주었다. 비블리오드라마에 대한 그녀의 열정은 내가 그것을 전달하는 방법을 계속해서 발전시켜 나가도록 만들었다. 골드버그(Lisa Goldberg)는 「비블리오드라마로의 초대」를 정말 꼼꼼하게 읽었다. 그녀는 내가 지나치게 가르치려 하는 어색한 글을 수정해 주었다. 남아 있는 결점들에 대한 책임은 모두 나에게 있다. 그녀는 얼마나 많은 예술적 감각이 편집 과정에 필요한지를 깨닫게 했다. 그것은 내가 지금까지 한 번도 생각하지 못했던 방식이었다.

    마지막으로 두 사람에게 감사를 표하고 싶다. 내 아내 수잔(Susan)에게 감사한다. 그녀는 독자이자 동료이자, 냉철한 비평가이다. 그녀가 없다면 아무것도 할 수 없었을 것이다. 그녀는 나의 비블리오드라마를 홍보하는 데 함께해 주었다. 그녀는 항상 이 일 속에 빠져 있는 나와 내가 빠져 있는 이 일을 사랑해 주었다. 그리고 1996년 10월에 세상을 떠난 내 아버지에게 감사한다. 아버지는 내가 글을 쓰는 동안 그 누구보다 나를 존경해 주고 사랑해 주었다. 그리고 그 누구보다도 나에게 창작의 기쁨과 가치를 알려 주었다.

성경을 여는 창

비블리오 드라마로의 초대

초판인쇄 2016년 9월 10일
2쇄발행 2024년 3월 15일

지은이 피터 핏젤
옮긴이 고원석
펴낸이 진호석
펴낸곳 한국장로교출판사
주 소 03128 서울특별시 종로구 대학로3길 29, 신관 4층(연지동, 총회창립100주년기념관)
전 화 (02) 741-4381 / 팩스 741-7886
영업국 (031) 944-4340 / 팩스 944-2623
등 록 No. 1-84(1951. 8. 3.)

ISBN 978-89-398-4144-4 / Printed in Korea
값 21,000원

책임편집 정현선 **편 집** 이슬기 김효진 **표지·본문디자인** 최종혜
경영지원 박호애 **마 케 팅** 박준기 이용성 성영훈 이현지

※ 이 출판물은 저작권법에 의해 보호를 받는 저작물이므로 무단전재와 무단복제를 할 수 없습니다.